《发挥博物馆在公共文化服务体系中的重要作用：江苏省博物馆学会2015学术年会论文集》

编辑委员会

发挥博物馆在公共文化服务体系中的重要作用

江苏省博物馆学会2015学术年会论文集

江苏省博物馆学会　编

文物出版社

图书在版编目（CIP）数据

发挥博物馆在公共文化服务体系中的重要作用：江苏省博物馆学会2015学术年会论文集／江苏省博物馆学会编.—北京：文物出版社，2016.12

ISBN 978－7－5010－4825－0

Ⅰ.①发… Ⅱ.①江… Ⅲ.①博物馆事业－江苏－学术会议－文集 Ⅳ.①G269.275.3－53

中国版本图书馆CIP数据核字（2016）第281140号

发挥博物馆在公共文化服务体系中的重要作用

——江苏省博物馆学会2015学术年会论文集

编　　者：江苏省博物馆学会

责任编辑：王　媛　崔　华
封面设计：程星涛
责任印制：张道奇
责任校对：赵　宁

出版发行：文物出版社
社　　址：北京市东直门内北小街2号楼
邮　　编：100007
网　　址：http：//www.wenwu.com
邮　　箱：web@wenwu.com
经　　销：新华书店
印　　刷：北京京都六环印刷厂
开　　本：787mm×1092mm　1/16
印　　张：16.75
版　　次：2016年12月第1版
印　　次：2016年12月第1次印刷
书　　号：ISBN 978－7－5010－4825－0
定　　价：90.00元

序　言

博物馆是收藏、研究、展示和传播人类文明的重要场所，是为社会发展和社会公众服务的公共文化机构，承担着弘扬中华文化、传承地域文明、增强民族凝聚力和自信心、促进经济社会协调发展的重任，是公共文化服务体系的重要组成部分。博物馆要提升服务能力，必须明确自己的定位、创造优质的文化产品、提高服务公众的水平、发挥自身教育的功能。保障公益性博物馆更好地为公众和社会服务，应该是博物馆从业人员和各级人民政府共同努力的目标。

近年来，博物馆承担了越来越多的社会责任。2015 年 11 月，联合国教科文组织在巴黎召开第 38 届大会，通过了《关于保护与促进博物馆和收藏及其多样性、社会作用的建议书》，强调博物馆的重要作用和应承担的社会责任。2016 年上半年，国务院颁布《关于进一步加强文物工作的指导意见》，召开“全国文物工作会议”和“推动文化文物单位文化创意产品开发座谈会”，要求博物馆应在经济社会发展过程中发挥积极作用，让创意开发的有传统符号和价值的文化产品融入人们的生活中。这一系列举措传递的是博物馆外延的扩大，博物馆的作用不仅仅是展览和服务，还要提升社会文明程度，让传统的美好生活走进人们的生活。

在江苏建设高水平小康社会的过程中，博物馆应该在公共文化服务体系中发挥重要作用。“十二五”期间，江苏博物馆在提供公共文化服务方面取得了新的进展和突破。主要表现在：一是在全国先行提出的“县县有博物馆”的发展目标基本实现，促进了城乡基本公共文化服务均等化，在满足基层群众基本精神文化需求方面有所提升。二是积极落实博物馆（纪念馆）免费开放工作，博物馆陈列展览提升工程、全省馆藏文物巡回展、博物馆青少年教育试点项目顺利实施，数字化展览项目、智慧化博物馆项目逐步启动，展览展示水平得到较大提升，有 3 个博物馆陈列展览项目获得“全国博物馆十大陈列展览精品奖”。南京博物院改扩建工程竣工，全面开放后观众如潮，成为精彩江苏的重要品牌、亮丽名片和新地标。三是博物馆公共文化服务发展动力不断增强。全省新增非国有博物馆 22 座，各级各类博物馆志愿者数量增加，社会力量参与博物馆事业的热情高涨。在全省相继开展了非国有博物馆规范化建设评估、非国有博物馆运行评估，南京、苏州等地出台支持非国有博物馆发展政策，设立了专项资金。江苏省博物馆学会依托南京博物院，组建了江苏省博物馆商店联盟、展览联盟、社会教育联盟、博物馆新技术联盟，带动中小博物馆提升相关业务水平。全省博物馆公共文化服务和社会教育功能不断增强，有力推动了文化强省建设和经济社会协调发展。

“十三五”期间，全省博物馆要牢记使命、坚守职责，进一步提升公共文化服务能力。殷切希望全省博物馆从业人员和管理干部，一是要按照“博物馆是为社会发展和社会公众服务”的目标去开展工作，要让博物馆成为文化艺术的殿堂，能够让观众在此欣赏藏品之美、领略展览之美、体验服务之美。二是要共同思考怎样更好地提升博物馆的社会效能，要不断发掘馆藏资源优势，推出各种有地域特色的展览与活动，开发优质文化产品，唤起民众参与保护、推广和增强地域文明的意识，让他们在博物馆看到历史也看到未来，增强对本地区文化的了解与热爱。三是要提升博物馆的“品质”和服务公众的“品质”，建立大馆带小馆、国有馆帮助民办馆的机制，整体提升江苏博物馆的品质，引导和规范社会力量参与博物馆事业发展。四是要考虑藏品的“多样性”与博物馆发展定位的“多样性”，让博物馆更加多姿、更加精彩，提升社会文明水平，为实现江苏博物馆事业的高品质均衡发展，推动“文化建设迈上新台阶”，实现中华民族伟大复兴中国梦发挥出更多更好的作用。

江苏省博物馆学会2015学术年会以“发挥博物馆在公共文化服务体系中的重要作用”为主题，充分探讨了博物馆公共服务体系与信息化、现代管理、宣传教育、展览、新技术、文化遗产保护研究的相互关系，具有重要意义。特别是年会吸引了许多青年才俊的参与，相信江苏的博物馆事业发展会有更美好的前景，江苏的公众能享受到博物馆更好的公共文化服务。

是为序。

中国博物馆协会副理事长
江苏省博物馆学会理事长　龚良
南京博物院院长

2016年12月

目　录

博物馆公共服务体系与信息化

博物馆公共服务体系与现代管理

博物馆公共服务体系与宣传教育

博物馆展览与新技术

文化遗产研究与保护

“互联网 +”时代博物馆信息化服务的思考

施　慧

（南京市博物总馆　江苏南京　210000）

内容提要：“互联网 +”时代带来了社会变革，也给各行各业注入了新的生命力。博物馆作为公共文化教育机构，在“互联网 +”时代面临着新的发展契机。博物馆信息化服务通过互联网迅速发展，在不断地探索与创新中，寻求新的思路与空间，从而更好地服务观众、服务社会。

关键词：“互联网 +”时代　博物馆信息化服务

一　“互联网 +”时代的解读

2012 年 11 月，易观国际董事长兼首席执行官于扬在第五届移动互联网博览会上首次提出“互联网 +”理念。[1]

“互联网 +”将互联网作为当前信息化发展的核心特征，通俗来说，“互联网 +”就是“互联网 + 各个传统行业”，这不是简单的两者相加，而是利用信息通信技术以及互联网平台，让互联网与传统行业进行深度融合，创造新的发展业态，从而推动社会发展新形态的演进。[2]

2014 年 11 月，国务院总理李克强出席首届世界互联网大会时指出，互联网是大众创业、万众创新的新工具。其中“大众创业、万众创新”正是此次政府工作报告中的重要主题，被称作中国经济提质增效升级的“新引擎”，可见“互联网 +”对中国发展的重要作用。[3]

二　博物馆信息化服务

博物馆是社会公共文化教育机构，在“互联网 +”时代不可避免地受到信息化应用技术革新的影响。如何用信息化助力完善博物馆公众服务，是当下博物馆关注及思考的问题。

评价一个博物馆是否受到观众欢迎和社会认可，并不是光看它的藏品数量和保管水平，还要看服务能力的优劣。

2015 年颁布的《博物馆条例》第三十四条明确指出：“博物馆应当根据自身特点、条件，运用现代信息技术，开展形式多样、生动活泼的社会教育和服务活动，参与社区文化建设和对外交流合作。”

可见，信息化已经成为博物馆社会服务发展的必然趋势，深入博物馆各项工作，也渗透在博物馆服务的方方面面。在笔者看来，博物馆信息化服务提升包含三个方面，分别为藏品信息化、信息资源共享互通和社会服务信息化。

三　藏品信息化

藏品信息化是博物馆信息化服务的基础。“互联网＋”时代，藏品信息化不但适应当前信息社会发展的大环境，推动博物馆信息文化的传播能力，更重要的是它符合人们对当下博物馆的要求，能使博物馆在社会发展及同行业竞争中走在前列。

1. 藏品信息化是信息化时代的要求

习近平总书记明确提出：“要系统梳理传统文化资源，让收藏在禁宫里的文物、陈列在广阔大地上的遗产、书写在古籍里的文字都活起来。”藏品信息化利用计算机技术，摆脱文博场馆对藏品信息的局限，以高效、快速、受众面广的优势扩大文物保护单位的公共文化服务作用，提高藏品的社会认知度、博物馆的社会影响力，适应时代和观众对博物馆服务的要求。

2. 实现藏品数据资源管理科学化

“互联网＋”时代，以电子技术挖掘藏品信息，并建立藏品资源信息数据库，转变博物馆信息载体。同时，又便于博物馆内各部门以及博物馆之间藏品信息的交流和传播，实现馆藏信息的科学化管理。除了具有安全性、经济性的特点，更有助于博物馆进行现代化馆藏数据的整理、提取与保存。

四　信息资源共享互通

“互联网＋”时代，博物馆信息化服务不是某一个部门的事务，而是博物馆各部门通力协作的共同任务。博物馆应建立部门间信息互通管理机制，确保信息工作有条不紊地进行。除了建立馆内信息化管理机制外，还应注重馆际间的信息沟通，加强博物馆之间多种交流与合作。如搭建馆际间信息交流平台，打破地域、行政级别的限制；整合馆藏文物、藏品资源；通过博物馆区域间合作、总分馆制等办法，形成博物馆馆藏资源共享平台，有针对性的解决大馆、省馆文物藏品闲置，而基层中小博物馆藏品匮乏、缺少基本陈列的问题，真正意义上让博物馆的文物活起来。

五　社会服务信息化

博物馆社会服务信息化的目的是建立信息服务机制，完善服务水平，从而满足观众的需求。服务的主要方式包括与观众的互动、服务信息采集、博物馆服务定制三个方面，这也是未来博物馆服务质量提升的方向。

1. 与观众的互动

互联网改变了传统博物馆与观众沟通的讲解说教方式，拓展了社会服务的空间，打破了博物馆开放时间、展厅面积和人力资源不足的限制。达到了博物馆开放不限时，馆内外皆可参观以及互联网“线上线下”有效互动的效果。

（1）向社会宣传博物馆

博物馆官方网站、微博、微信依靠互联网而发展，只要有网络和移动设备，博物馆观众可以随时随地享受博物馆各类信息服务。这种宣传方式，一改传统博物馆“高大上”的形象，用“平实、幽默”的语言贴近百姓，快捷、及时地将文博信息及活动在群众中推广。同时，还可以节约博物馆宣传成本，高效、迅速地向世界传播博物馆的声音，吸引更多观众，提升博物馆的社会影响力。这是传统博物馆场馆无法达到的。

（2）虚拟、实体博物馆结合，延伸博物馆服务

大部分博物馆都拥有自己的官方媒体，亦称“自媒体”。开发自媒体，建立虚拟博物馆，用与实体博物馆相结合的方式宣传博物馆信息，同时可弥补实体博物馆在展陈设计、开放时间、导览等方面的局限。除了展示博物馆展览外，还可以延伸实体展览内容，让实体展览更生动、更立体，真正意义上让观众获得知识。在导览方面，参观者可利用移动通信设备扫描二维码，下载APP进行自助语音导览，还可以预订门票、分享展览体会。

（3）“线上线下”互动共荣

通过信息化服务，可以开展博物馆“线上线下”活动。如活动开展前，先在媒体上宣传造势，开展期间运用图片、文字、视频等方式对活动内容做实时报道，活动结束反馈观众感受，并给予获奖观众相应的奖励。通过这种方式增加博物馆的社会关注度，还能吸引更多的观众走进博物馆。如南京市民俗博物馆今年3～5月开展的“网友节”活动，暑期“我是小小传承人”活动，围绕“弘扬民俗文化、保护非物质文化遗产”的主题，在博物馆及官方微信、微博、网站开展了“线上线下”相呼应的社教活动。这种方式更为立体地宣传了民俗馆的文化特色，与观众积极互动，受到好评。

2. 服务信息的采集

观众信息可以通过讲解员现场听取、场馆问卷调查、信息平台收集三种方式获得。其中，利用信息平台收集信息是最有效也最经济的方式。通过采集信息可让工作人员了解展览的实际效果，从观众的角度，设计开发出更受欢迎的展陈方式及博物馆社会活动，真正实现博物馆服务“从观众中来，到观众中去”。

3. 博物馆服务定制

博物馆服务定制，是通过虚拟网络社区信息，制定出符合不同观众群体需求的博物馆服务，有的放矢的开展博物馆展览相关社会服务，使更多观众关注、分享博物馆服务。这种方式是博物馆服务从传统“供给型”转为“需求型”的升级，除了满足社会大众对博物馆的普遍需求之外，还可针对不同年龄层面的观众制定参观方案、策划社会活动，实现更人性化、更专业化的公众服务。

六　解决信息化服务面临的问题

1. 技术、资金、人才资源不足

博物馆需要借助信息化获取真实且有价值的观众反馈，指引博物馆服务水平发展。在纷繁的数据中提炼观众的喜好、预测观众的心理需求，是提高博物馆服务的手段。

做好这项服务，需要强大的技术、资金及专业人员的支撑。我国的绝大多数博物馆都是公立博物馆，在财政、人事政策上受到客观因素的制约。如果通过招标，采取与第三方专业公司合作的方式，在优化资源、节省开支的同时还能用专业信息技术完善博物馆信息化建设，释放博物馆信息的巨大潜力，提升博物馆信息化服务的水平。

2. 信息平台的安全维护

信息平台是博物馆对内共享信息资源、对外做好信息化社会服务的基础，对其维护尤为重要。如保养硬件设备，建立网络安全防护系统；采用安全性高的非移动存储设备对数据进行保存等。

在进行信息共享、实现信息化服务提升的同时，也要确保博物馆信息安全。对员工进行信息专业培训，强化网络安全及防范意识；做好信息访问权限的设置，防止内部信息的外泄；建立博物馆网络防火墙并做好信息备份工作。

七　结语

2015 年国际博物馆日的主题是“博物馆致力于社会的可持续发展”。在“互联网 +”时代，博物馆应当顺应时代进步的感召，用更快捷、更高效、更先进的方式拓展服务领域，用信息化弥补博物馆发展过程中出现的财力、人力资源的不足，提升公众服务的能力，增加博物馆的综合实力，为博物馆注入新的生命力。

“信息化助力博物馆服务”是当代博物馆工作的核心。“科技兴邦，信息强馆”，博物馆除了与时俱进加强硬件、软件的建设，还应掌握并适应信息化工作方式，完善公众服务，履行博物馆社会责任，更好地服务于公众，服务于社会。

注释：

［1］马化腾：《“互联网 +”激活更多信息能源》，《光明日报》2015 年 5 月 9 日。

［2］尹亮：《新华网评：中国有了“互联网 +”计划》，新华网，2015 年 3 月 6 日。

［3］赵竹青：《学者热议：李克强提的“互联网 +”是个啥概念》，人民网，2015 年 3 月 5 日。

基于“大数据”思维建立地方博物馆“个性化服务”系统的研究刍议

张彩英

（武进区博物馆　江苏武进　213100）

内容提要：地方博物馆只有牢牢抓住观众需求，才能实现其公共文化服务职能。大数据分析与应用技术为地方博物馆的发展提供了一个新方向，利用已有物联网、网络社交平台，建立以观众为核心和导向的数据框架，并以此向观众提供更具个性化的服务系统。

关键词：大数据　物联网　服务

一　“大数据”支持下的“个性化服务”

从2013年起，大数据分析与应用技术逐渐成为各行业关注和热议的焦点，其潜在的巨大价值也逐渐被人们认可接受。

2014年热播的美剧《纸牌屋》，不仅成功地运用大数据分析应用技术为普通受众提供了高品质的影视娱乐服务，也成为大数据时代服务新模式的开端。该剧由视频网站Netflix投资，该网站在开拍之前分析了大量的网站用户观影数据，从用户爱好、观看记录、搜索记录、用户评分、用户评论等分析出了用户喜欢的风格、题材、导演以及演员；同时，通过分析海量影片数据，根据类似题材影片播出的空档期选择上映时间，依据目标用户群的观影习惯选择播出及推广方式。该网站将数据分析贯穿始终，凭借以用户需求决定目标产品的大数据分析技术获得了空前成功。

进入2015年，“互联网+”模式已在多个传统行业、领域大放异彩，其背后或多或少都以“大数据”为主推手，地方博物馆要更好地发挥自身的社会服务功能，必然需要更加积极地融入“大数据”时代。

首先，必须清晰地了解何为大数据。大数据具有四个“V”特性，即Volume（容量）、Variety（种类）、Velocity（速度）和Value（价值）。Volume（容量）是指互联网、移动互联网记录人们生活过程中形成的海量数据；Variety（种类）是指这些海量数据是可以细分的；Velocity（速度）是指这些数据是实时的、动态的、可扩展的；Value（价值）是指这些数据可以通过数据挖掘、云计算等分析方法，形成有价值的数据以供决策。大数据的四个特性之间具有关联性，其关联性正是我们从千变万化的数据中分析挖掘价值的关键所在。

其次，还应明确如何将大数据技术应用与博物馆发展结合起来。博物馆作为公共文化服务机构，为公众提供文化服务是基本职能，而对于地方基层博物馆而言，提供更具个性化与针对性的小群体服务，应该成为其特色甚至制胜法宝。此外，将馆内展品纳入大数据管理体系，能够将公众关注度较高或一段时期内热度较高的文物系列集中展示，从而激发公众走进博物馆的热情。

因此，如何为参观公众提供“个性化服务”，如何让馆内展品或临时展览符合大众需求，应该是大数据技术应用于博物馆领域的研究重点。

二　地方博物馆数据本体分析

1. 基于观众行为的数据资源

观众行为数据是博物馆最重要的数据之一。博物馆的年观众数量，每个临时展览的观众数量，参与交流活动的观众数量，不同时间段的观众数量，观众的年龄层、来源、类型、消费情况以及观众留言等，这类观众行为数据已普遍被地方博物馆纳入日常数据的收集范围。在这些数据中，除了观众留言为非结构化数据外，其余都是结构化数据。在当下非结构化数据占总数据90%以上的大数据时代，要研究观众的心理和行为，这些数据是远远不够的。目前，国内已有不少博物馆建立了网站、数字化博物馆、智能导览系统等，这些集知识性、互动性、娱乐性于一体的新媒体平台，增进了博物馆与观众之间的互动与交流，同时也产生了数量庞大且能有效反映观众行为的非结构化数据。观众在博物馆参与的活动，感兴趣的展品，进行的点评，在博物馆商店购买的纪念品，在博物馆网站上浏览的页面……通过收集这些数据，博物馆的数据类型将更加多样化。

2. 基于馆藏文物的数据资源

随着信息化工程、信息数据库的不断深入与完善，博物馆已经拥有了大量的馆藏文物基础数据。博物馆的藏品信息不仅包括对藏品名称、时代、质地、外形尺寸、出土地点、流传经过、所属关系、用途、保存情况、评价、征集者和征集时间等文字类描述，还包括图片、视频、平面扫描、三维立体扫描等影像类信息。同时，各种研究成果和在历次陈列展览中所形成的文本、图片、音频和视频等数据，也是博物馆基础数据的重要组成部分。博物馆的这些基础数据数量庞大，而且随着藏品和展览数量的增加以及新研究成果的产生而不断增长。

3. 基于社交网络的数据资源

根据最近两次中国互联网络发展状况统计报告显示，博客、微博、社交网站在中国网民的网络使用率中名列前茅。随着社交网络的蓬勃发展，近几年许多博物馆相继开通了官方博客、微博、微信等，借助互联网的社交平台积极与公众进行互动与交流。自2011年以来，已有数百家博物馆在新浪开通了微博，博物馆的微博粉丝数量也逐日攀升。博物馆在利用微博平台策划线上主题活动、宣传博物馆文化的同时，也收获了大量与公众互动交流的非结构化数据。这些非结构化数据虽然数量庞大、价值密度低，但数据的真实性和利用率却高于博物馆通过抽样调查等传统方式所收集的数据。对于尚未开通官方微博、微信的地方博物馆而言，从第三方的社交网络平台上获取相关数据也不失为一种经济有效的好方法。例如利用微博、论坛和一些本地生活服务类点评网站的搜索功能，搜索具体的博物馆名称，可以获得不少真实而有价值的观众数据。

三　地方博物馆大数据应用思路

1. 博物馆“个性化服务”模式的服务原理

大数据时代关注的是针对某一现象或事件的全部数据，依靠全部数据搭建的数据分析模型，才能够挖掘出数据间的关联性以及数据深层次的服务意义。目前，全面覆盖的物联网系统和便捷的社交网络平台可以满足地方博物馆重建结构化数据的需要。

物联网是通过二维码识读设备、射频识别（RFID）装置、红外感应器、激光扫描器等信息传感设备，按约定的协议，解决物与物、人与物、人与人之间的互联。具体而言，借助无处不在的末端设备和设施，通过通信网络，真正挖掘事物之间的内在联系，从而获取新的感知。物联网信息在地方博物馆数据收集系统中主要负责收集文物本体信息和环境信息，而观众行为信息收集则需在物联网的基础上，辅以社交网络平台。

物联网和社交网络平台的结合，对建立观众行为分析系统，全面记录观众参与博物馆活动的各类行为信息，并根据观众行为为观众提供更好的服务具有重要意义。观众行为分析系统包括观众预约、信息查询、票务管理、导览服务、教育服务、互动等功能模块。首先，观众通过互联网或社交网络平台实现预约登记，系统会将观众姓名、性别、身份信息、年龄、预约时间等信息记录在案，并向观众提供二维码，观众可将二维码存入智能手机或自行打印。参观时，观众持身份证或二维码信息，在博物馆入口处换取具有自动识别功能和自动跟踪功能的 RFID 标签门票，观众持此门票自动感应入场，系统根据预约信息自动记录每个观众在博物馆的参观路线、停留时间，并实时记录每个区域内的观众总量。至此，便完成了数据的收集环节。

汇总一段时间内的观众行为数据样本，博物馆可以根据观众停留时间，分析记录每个观众的参观习惯、导览习惯、消费习惯、阅览习惯，并以此分析出不同年龄、不同地域、不同性别观众喜欢的展览类型、展品特点、教育活动和互动项目，博物馆可根据观众需求，有针对性地设计展览、活动及相关的宣传推广活动。

2. 观众个性化需求的预测模型

进入大数据时代后的公众需求，已不再能够束缚在规模化、统一化、无差别化的牢笼，作为博物馆，必须将发展视野从群体、大众需求转向个体需要。精准、实时把握个体观众需求，不仅要求把握观众的馆内需求，更要掌握观众的未来需求，即能够做到对观众需求的预测。

各大地方博物馆都在努力成为全民终身学习的第二课堂，每年均会投入大量精力开展各类教育互动活动，但并未达到预期效果，普遍呈现出活动不具针对性、受众人群少、内容枯燥、缺少创意等缺点。而通过大数据进行数据分析后，地方博物馆可根据每个独立受众的需求，向其推送、定制与之相关的知识信息。例如，物联网系统检测到某位观众正在参观书画展厅，根据数据模型算法，系统可根据该名观众的年龄、身份信息、停留时间等自动向其终端设备推送书画相关知识、作者身份背景，甚至系统还可进行智能分析，将区域内开展的类似展览、文化活动、网络资源推送给公众。

除此之外，预测模型还可通过网络和移动平台提供单项型、选择型、交互型远程活动，让公众可以随时随地参加博物馆活动。

3. 全民参与学术科研领域的大数据保障

各类文物信息数据在学术研究领域一直都发挥着重要作用。应用大数据技术，对海量的藏品数据和以往的研究数据进行分析挖掘，大量非结构化数据的补充，将会给博物馆的藏品管理和研究以及其他专业研究带来新的发现。此外，来自互联网、移动设备和智能系统的大数据使得公众参与和跨领域合作成为可能，更广泛的参与者群体为博物馆的学术研究带来了新的资源和启示，从而提升博物馆的学术研究水平，推动博物馆各项业务工作的发展。

4. 智慧博物馆建设的数据之路

近年来热度极高的“智慧博物馆”概念，核心就是“数字博物馆”。其以数字化为基础，充分利用云计算、大数据、移动互联网等新技术，以全面感知为核心，分析、整合博物馆运行核心系统的各项关键信息，使其更加智能化。地方博物馆在能力有限的情况下，可以借助已有数据库，建立一套参观前、参观中、参观后的智慧观众服务系统。具体而言，参观前，该系统可为观众提供包括展览时间、行车路线、展览展品简介、相关出版物等信息在内的指导服务；参观中，利用现实增强技术、虚拟现实技术等帮助观众体验历史环境或文物的制作过程；参观后，为观众提供某一知识的获得线索，或提供下一场次展览的预告信息。

四　地方博物馆运用大数据技术可能遇到的难题

1. 地方博物馆无法为大数据技术应用提供稳定的资金支持

大数据分析应用技术不仅需要对数据库进行构建和维护，需要强大的硬件和软件支持，还需花费大量时间和经济成本完成对海量数据高效的采集、存储、处理、挖掘和利用。因此，仅凭地方博物馆的一己之力，无法支持如此庞大的工程。地方博物馆想要独立开展大数据项目，不妨采取与第三方专业技术公司合作的方式，联合区域内具有一定规模的公立、私立博物馆，共同推动博物馆的大数据模式，通过释放博物馆的大数据潜力，提升区域博物馆的综合实力。

2. 缺乏专业人才队伍，短期内难以发挥作用

从海量数据中发现价值，寻找隐藏在大数据中的模式、趋势和相关性，揭示其中的事

物现象和发展规律，需要极强的数据洞察力。由于大数据的应用是技术难度极高的集成应用，涉及多个学科领域，因此，在大数据时代，数据管理人才成为数据密集型科研环境下的稀缺人才。博物馆无论是独立运行大数据项目，还是与第三方合作开发，都应及时组建一支具备较强博物馆专业知识同时又懂得数据管理的人才队伍。只有通过相关人才队伍的建立，才能保证博物馆大数据项目的顺利开展。

3. 大数据应用必须正确面对数据安全和数据隐私问题

数据让我们面向更开放社会的同时，也让我们面临着时刻暴露在“第三只眼”之下的困境。博物馆通过应用大数据技术为公众提供更优质服务的过程中，获取并分析了大量的数据，这些数据有相当一部分会涉及公众的个人隐私，如何有效地管理这些数据，是博物馆在应用大数据技术时需要谨慎考虑的问题。在互联网时代，关于安全和隐私的数据使用往往通过“告知与许可”的公式化系统达成，而在大数据时代，因为数据的价值很大一部分体现在二级用途上，而收集数据时并未做这种考虑，所以“告知与许可”就不能再起到好的作用了。在尚无明确的数据安全和数据隐私方面的规范出台以前，《大数据时代》一书的作者维克托提出由数据的使用者成为责任的承担者，无疑是当下最合理的解决方式。这就需要博物馆在应用大数据时建立安全的数据收集、保存、利用机制，而博物馆工作人员也应具备更高层次的职业道德和专业素养，在保护公众个人隐私的前提下，为公众提供优质的个性化服务。

五　结论

借助新技术为观众提供个性化服务，理应成为未来地方博物馆的发展道路，这也应该是地方博物馆有别于大型博物馆的特色所在，符合“了解观众、熟悉观众、争取观众、组织观众、为观众服务，满足观众的需求”的发展宗旨。

然而我们也必须认识到，对大数据技术应用的盲目推崇和不屑一顾都不是明智的态度。我国大数据技术应用尚在起步阶段，国内博物馆应用大数据技术的更是寥寥无几，该技术的应用还面临着诸多实际问题，博物馆的数据处理还缺少深入细致的科学研究，也没有有效可行的实践探讨。但是，随着大数据技术在各个行业领域的不断发展和趋于成熟，相信博物馆也将在大数据时代释放巨大的潜能，进一步提升博物馆的整体工作水平，为公众创造更大的文化价值，更好地服务于社会。

参考文献：

1. （英）维克托·迈尔－舍恩伯格、肯尼思·库克耶：《大数据时代》，浙江人民出版社，2013 年。
2. 王宏钧：《中国博物馆学基础（修订本）》，上海古籍出版社，2001 年。
3. 李晓丹：《基于物联网的博物馆观众服务新模式》，《创意科技助力数字博物馆》，中国传媒大学出版社，2012 年。
4. 刘竹沛：《浅谈云计算和大数据与博物馆的关系》，《中国电子商务》2013 年第 5 期。
5. 吴宁宁：《浅析大数据时代博物馆的服务创新与发展》，《中国纪念馆研究》2014 年第 1 辑。

公共文化传播新视野下的博物馆

——从中国珠算博物馆谈起

张　蕾

（中国珠算博物馆　江苏南通　226000）

内容提要：步入新世纪以来，中国的博物馆面临新的压力与挑战。博物馆在数量不断攀升的同时，更加注重软实力的塑造。博物馆的“源头活水”在于公众，如何在大众传媒时代充分发挥博物馆的文化传播功能，成为博物馆界普遍关注的课题。本文以中国珠算博物馆为例，探讨博物馆的文化传播与社会责任。

关键词：公众服务　文化传播　珠算文化　大众传播

一　博物馆的文化传播功能

博物馆在西方语言中的原意是人类知识与文化的“记忆殿堂”，是传播文化记忆的重要工具。经历了三个多世纪的发展，博物馆已成为世界历史文化的宝藏，其保护、研究和传播文化遗产的科学性、有效性、持久性，成为沟通历史和未来的重要桥梁。站在人类记忆的殿堂，将历史长河中的点点滴滴、习焉不察的片断采撷、咀嚼、珍视，通过实物物证烙印人类集体记忆，通过布展陈列表达特有的文化情结。

康有为曾讲过，博物馆的意义在于启发国人之聪明，感动国人之心智。美国博物馆协会认为，博物馆的中心是教育和为公众服务，而藏品仅仅是一个手段。从博物馆学理论来看，博物馆的本质在于收藏的“物”，而永久收藏的价值更在于向社会传播“物”的信息。随着社会经济的发展、时代浪潮的前进，博物馆怎样更好地传播文化、如何将传统与现代自然地融合、适应社会以及承担更多的社会责任，是博物馆面临的时代挑战。历史的奥妙，在于它可以包含无穷无尽的假设；历史的冷峻，又在于它把假设永远置于假设。过去、现在与未来，正可以通过博物馆的桥梁串联起来。时光不可逆转，但价值与意义历久弥新。对于过去、现在和未来，我们都需要去面对。从当今的问题意识出发，对传统资源进行再阐释，做文明再现的守望者。

随着博物馆理论与实践的不断进步，博物馆从以物为本向以人为本转变，公众服务成为博物馆的活力源泉。而为观众服务的最主要方面，就是要为观众提供有价值的信息。文化是人的文化，正如钱穆先生所言：“文化是精神的、内涵的。其本质是人文教化。”文化传播，不仅仅是博物馆的静态化呈现，更是基于现实、融入生活的文化，也是传播的生命力所在。

美国传播学者贝雷尔森等认为："运用符号——词语、画片、数字、图表等，来传递信息、思想、感情、技术以及其他内容，这种传递的行为或过程通常称作传播。"传播是指人与人之间、人与社会之间，通过有意义的符号进行信息传递、信息接收或信息反馈等活动的总称。传播的根本目的是传递信息。博物馆传播是一个综合性的信息传递行为，它既是信息的共享，又是信息的交流互动。

博物馆藏品信息传播的职能已经不亚于藏品信息保管的职能。从某种意义上说，传播能力的大小在很大程度上决定了一个博物馆的成功与否。立足于文化传播的目标，最大程度地开放和吸引观众，激发主客体的有效互动，共同完成对文化的传播，让博物馆真正成为人类记忆的现场与文化殿堂，是博物馆事业努力的方向。

以中国珠算博物馆为例，自东汉徐岳在《数术记遗》中最早记载珠算至今，已经走过了两千多年的风雨历程。那些可视、可听、可闻、可感的实物，都镌刻着从计数萌芽到算具雏形，从刀耕火种到信息革命的每一个环节。作为一家专题博物馆，如实保护、客观研究和终身教育，成为中国珠算博物馆努力践行的职能。

二　文化传播方式：教育为基

国际博物馆协会在2007年新修订的《国际博物馆协会章程》中，将"教育"列为博物馆的首要职能。博物馆的教育在于有效地将藏品和社会公众联系、融合，发挥文物这一"人类和人类环境见证物"的作用。

从中国珠算博物馆谈起。算盘，不仅仅是计算的工具，更是一种文化和精神。曾几何时，一把算盘，可以养活一家人；一把算盘，可以传达很多道理和做人做事的规矩与准则。珠算是我国古代劳动人民的伟大创造，自15世纪中期取代筹算成为我国社会主要计算方法后，对促进社会经济、科学技术发展发挥了不可估量的作用。目前，珠算已被列入世界非物质文化遗产名录。随着信息技术的代代更迭，珠算的计算功能已逐步被计算机所取代，但在传统珠算基础上发展起来的、有着独特启智功能的珠心算，则是对珠算文化的创新式发展，在荡涤千年之后仍以新的方式展现出蓬勃的生命力。

博物馆公众服务的教育对象中，青少年学生占据了最重要的分量。珠心算精英式的教育在打开珠心算发展局面上功不可没。珠算博物馆组织培训的学员，在江苏省少儿珠心算比赛中连续八年获得团体及个人第一名，两次参加全国珠心算比赛均获得团体二等奖，两次参加世界"城市杯"三算全能竞赛均获得金奖。

但是，我们不能仅仅让珠心算呈现在竞技舞台上，更要让珠心算走进课堂，让更多的少年儿童学习珠心算，受益于珠心算。以中国珠算博物馆为依托，由各学校自主申请，成立珠心算实验学校，形成了一个完整的教学网络。定期举行珠心算教研活动，研究如何在新课程改革背景下开展好珠心算教育普及工作，努力提高办学水平。自开展珠心算普及实验以来，约有7万人次参加了少儿珠心算的学习和培训。

我们通过对学生免费开放、免费讲解、免费提供资料的形式，吸引学校组织学生参观珠算博物馆；在参观的过程中，根据不同年龄青少年的需求，通过三维动画、多媒体系统、互动游戏等一系列“体验式”环节，吸引他们参与互动项目，尊重受众的主体意识，引导他们自主思考传统文化资源的现实价值。

三　丰富多元的传播方式

1. 博物馆与口述历史的结合

口述历史，简要来说，就是“以录音访谈的方式搜集口传记忆以及具有历史意义的个人观点”或者“指口头的、有声音的历史，它是对人们的特殊回忆和生活经历的一种记录”。以鲜活的方式进行描述与记忆历史，可以生动地传达文献资料中很少涉及的历史细节。

以中国珠算博物馆为例，对于越来越稀缺的珠算家以及濒临散失的珠算史料，博物馆作为历史资料的收藏、保管、研究机构，应有超前意识、担当与责任意识，主动将口述历史纳入资料收集中，为社会发展积累更多的历史材料。中国珠算博物馆收集珠算家们口述的历史，还原社会历史情境，将他们与珠算的渊源与故事呈现出来，饱含真实的情感与生活的原味，可以拉近博物馆与观众之间的距离，让观众们从口述者的人生轨迹中寻找启示、取得共鸣，以他人为镜鉴，从而丰富自己的生活经验。

珠算并不是由一个人一次发明出来的，而是经过许多人许多代的努力才逐渐产生、发展和完善起来；同样，珠算人的梦想也不是仅靠一个人一次就能完成，而是需要无数人无数代的传承与努力。对于为珠算事业躬身耕耘的老一辈们，珠算博物馆的存在，不仅仅是一幢建筑、一个记忆库，更应该成为珠算之友的精神支柱，让他们一生的珍藏与经验得以继承和流传。

2. 以人为本的传播理念

博物馆的布展陈列要秉持以人为本的传播理念。如何提升博物馆的亲和力、吸引力，需要从内在实实在在地提升，并通过布展陈列恰如其分地表现出来。让文物会说话，关注公众的知识与情感需求，有观众参与的博物馆才能有真正的生机。

在布展陈列中，要强调历史与现实之间的联系，让观众获得跨时空的生活体验。文物是古代人生活的一部分，现代的参观者隔着时空玩赏文物，是体会古代人思维智慧的有效途径。置身于博物馆，在感受历史的宏大与浩瀚的同时，也会被古人生活的精致所折服，每一个文物背后的小故事，都是超越时空的惊喜。在珠算文化的展陈中，可以着眼于历史文化与民俗风情、东西方文化的对照、珠算文化与精神的提炼；可以从主题性方面入手，如60后、70后、80后的回忆，教学算盘，大手牵小手，亲子陪伴等；也可以在展陈中体现脉络的发展，例如算盘在工商业进程中的意义。观看展览之余，还可以参与博物馆的文化活动，对文化分配与享受，形成一种文化互动。博物馆既可以被当作散步的场所，也可以成为进修的教室，体现其功能的多元化。

在讲解服务中，要贯彻以人为本、因人施讲的理念。着重于观众的情感需求，引发共鸣与思考。为满足不同层次观众的学习需求，要撰写不同类型的讲解词，专家型、团队型、中小学生型、幼儿型等，而且在讲解过程中要善于“察言观色”，想观众所想，讲观众所好，解观众之所惑，时时关注观众的真实感受，了解不同观众对展览、对讲解的需求，灵活处理时时发生的种种情况。例如在团队讲解过程中，发现观众特别感兴趣，就要立即由“团队型”转为“专家型”，把所展示内容的来龙去脉详细介绍，以满足观众深入了解这一内容的好奇与期望。再如对学生讲解时，不是千篇一律地平铺直叙，而是采取设问、自问自答、反问及解答学生的提问等方式来讲解，不断提高讲解效果和社会教育效果。

3. 大众传媒时代的文化传播

在当今的传媒时代，大众传媒覆盖面广、速度快、影响力大。如果能够充分利用传媒优势，就能快速扩大博物馆的社会影响。博物馆如何借助大众传媒的力量找准自身的定位与需求，如何畅通无阻地架起过去、现在与未来的桥梁，是博物馆人面临的时代挑战。

美国传播学者詹姆斯·W. 凯瑞在20世纪70年代提出“传播仪式观”的思想。仪式观主要在于三点：首先，“传播”在本质上是一种“互动”，一种以符号为中介的人与人之间的交流；其次，大众传媒为受众描绘了一个人人能参与其中的世界，每个人在这个世界中都扮演了不同的角色；最后，传播的目的不是为了能传递多少信息，而是通过交流，使参与其中的受众形成一个和谐的共同体。这就要求博物馆不断提高自身的融合力，打通博物馆与公众的隔阂。

博物馆扩大传播对象、丰富传播媒介，通过官方网站、微博、微信、报纸、电视、电台等多种方式，发布公众感兴趣的讯息，建立有效的信息反馈，可以引导公众理解和欣赏博物馆展品，激发公众参观博物馆的兴趣和期望，让更多的人参与到博物馆的文化活动中。

博物馆是人类收藏过去的记忆殿堂，是一个国家、一个城市的文化名片，也要成为公众精神与文化的后花园。现代传播形态的不断发展，为博物馆的公众服务提供了新的维度和契机。博物馆可以从中获得持续发展与创新的灵感与力量，将承载的历史文化和媒介信息有效地传播给公众，从而实现博物馆真正的价值，推动社会的发展。

参考文献：

1. 王宏钧：《中国博物馆学基础》，上海古籍出版社，1990年。
2. （美）威尔伯·施拉姆、威廉·波特：《传播学概论》，北京大学出版社，2007年。
3. （美）詹姆斯·W. 凯瑞：《作为文化的传播》，华夏出版社，2005年。
4. 吕睿：《传媒时代博物馆的信息研究——以地方综合性博物馆为例》，重庆大学硕士学位论文，2010年。

博物馆公共服务的内涵与创新研究

——以明孝陵博物馆为例

张春子

（明孝陵博物馆　江苏南京　210000）

内容提要：本文从国内外对博物馆定义与评价标准的变化入手，指出公共服务正日益成为博物馆的重要职能；并以明孝陵博物馆为例，讨论博物馆公共服务的主要类型、内容与特点；就如何创新公共服务产品提出了若干思考。

关键词：公共服务　文化教育　馆校合作　服务创新

一　博物馆定义与评价标准的变化

不论是国内还是国外，在不同历史时期对博物馆的认识是不尽相同的，但总体呈现出从重视收藏研究到重视非营利性服务的变化趋势。这一变化很好地反映在国内外对博物馆的定义和评价上。早在1956年，国际博物馆协会对博物馆的定义如下："博物馆是一所常设机构，收藏具有文化或者科学意义的物件，并为研究、教育、和娱乐目的的来维持及陈列为目的来维护及陈列这些物件。"但是到了2007年，其定义已经被修订为："博物馆是一个为社会及其发展服务的、向公众开放的非营利性常设机构，为研究、教育、欣赏的目的征集、保护、研究、传播并展出人类及人类环境的物质及非物质遗产。"

中国对博物馆的认识，也同样有一个逐步深入的过程，对其定义也有多次修改。20世纪30年代中期，中国博物馆协会认为：博物馆是一种文化机构，不是专为保管宝物的仓库，是以实物的论证而作教育工作的组织及探讨学问的场所。中华人民共和国成立后，对博物馆的定义进行了两次大的讨论和修改，直到1979年，全国博物馆工作座谈会通过的《省、市、自治区博物馆工作条例》中才明确规定："本条例所称博物馆，是指为研究、教育和欣赏的目的，收藏、保护、展示人类活动和自然环境的见证物，向公众开放的非营利性社会服务机构。"

通过上述对博物馆定义的变化可以清晰看出，之前国内外更加强调博物馆的收藏和研究功能，但现在越来越强调其公共服务的职能。这种职能的转变也更明显体现在对博物馆的评价中，例如，古德（G. B. Goode）认为："博物馆不在于它拥有什么，而在于它以其有用的资源做了什么。"美国博物馆协会1990年在解释博物馆的定义时，将"公众服务"作为博物馆的核心要素之一。对于博物馆的评价，2010年起，中国博物馆协会首次开展国家一级博物馆运行评估（2008～2009 年试点）和 2010 年度国家一级博物馆运行评估，并发布了首份国家一级博物馆运行评估报告。在这项评估报告中，采用了众多评分标准，其中，公共服务成为分值比重最大的评价标准之一。

二 博物馆公共服务的类型与内涵

那么，博物馆应该提供哪些类型的公共服务呢？在提供公共服务过程中又有哪些内容和特点呢？下面将以笔者工作多年的明孝陵博物馆为例进行讨论与分析。

明孝陵是江苏省南京市唯一一处世界文化遗产，2003 年被列入世界遗产名录，为宣传、展示它的历史文化内涵，明孝陵博物馆于 2003 年成立，作为中山陵园风景区重要的对外文化展示窗口。2009 年 2 月 18 日，利用原南京手表厂厂房改造而成的博物馆新馆正式对公众免费开放。在博物馆发展大潮流下，作为中小型博物馆之一，明孝陵博物馆利用自身资源和优势，形成了具有自身鲜明特点的公共服务体系，主要包括文明倡导、文化教育、馆校合作、历史文化普及、志愿者服务、公共服务数字化等多项内容。

1. 现代文明的倡导与示范

社会的现代化归根结底在于人的现代化，而言谈举止是衡量个人文明程度的主要标准之一，也是现代文明社会的必然要求。基于此，明孝陵博物馆充分利用场馆内容，大力开展现代文明的倡导与示范，为加强观众的现代文明程度起到很好的作用。例如，为营造文明和谐的博物馆参观环境，宣教部讲解员在游客高峰时通过展厅广播播放“博物馆文明参观须知”，劝阻乱扔垃圾、大声喧哗等不文明行为，真正发挥了博物馆文化熏陶、文明教育的社会功能。在双休日积极组织开展以“我是现代文明人　文明体验明文化”为主题的博物馆文明参观倡议活动。通过在景区网站和博物馆网站公开发布“明孝陵博物馆文明参观倡议书”、营造和谐舒适的参观环境，提升博物馆参观质量。除此之外，博物馆“以人为本”的服务宗旨还体现在细微处，讲解员总是细心观察游客需要，如主动为观看环幕电影的老人提供座椅，搀扶行动不便的老人参观讲解等等，在服务过程中涌现了不少可圈可点的好人好事。

当然，要进一步做好现代文明的示范与引领，博物馆工作人员自身的专业素质、业务能力与服务意识是必不可少的。为加强讲解员专业知识储备，培养其自主学习和再学习能力，明孝陵博物馆定期组织讲解员通过自主命题、自主编写授课内容，给馆内青年员工上课，并组织专业人员点评。制定讲解员考核奖惩、上岗流程、仪容仪表规范、文明服务规范等一系列制度。在日常工作中，以制度管人，靠制度办事，从源头上确保了博物馆现代文明倡导职能的充分发挥。

2. 以馆校合作为特点的文化教育

合作是指个人或者集体之间为了达到特定目标而形成的一种相互效力共担责任的方式，而博物馆和学校合作就是为了实现某个共同的教育目标而彼此效力、承担共同责任的过程。

明孝陵博物馆自开馆以来，一直致力于以馆校合作为主要内容的历史文化教育的服务工作。例如连续多年坚持开展“文化宣传进校园”活动，与南京工业职业技术学院、南京理工大学、应天职业技术学院商学院、南京师范大学中北学院、南京工程学院、南京林业大学家具与工业设计学院、南京师范大学社会发展学院、钟山职业技术学院、南京农业大学等10多所高校开展历史文化宣传，宣传形式包括讲座、流动展览、问卷调查等，内容包括打造“我身边的世界遗产”和“南京明文化”、“南京孙吴文化”宣传教育品牌及钟山风景区文化，希望高校年轻人起到文化接收和再宣传作用，以所有高校为试点最后推广到各个方面，循序渐进宣传博物馆文化事业，扩大文化宣传范围，使博物馆真正成为文化传播的中间人。

同时，积极与市、区、郊县教育部门合作，力争将博物馆传统文化教育纳入中小学日常教育体系中。实行“走出去”与“引进来”的合作模式。“走出去”即以传统文化普及为出发点，到社会开展历史文化知识宣讲活动，如与共建小学开展“我看身边的世界遗产”六一儿童节和夏令营系列活动，邀请南京地区知名专家定期向市民开展明式家具审美、字画鉴赏、陶瓷鉴定等传统文化知识讲堂。“引进来”，即组织共建单位中小学校来馆开展长期固定的历史文化教育活动，将博物馆打造为中小学生学习传统文化知识的“第二课堂”。

3. 以志愿者为特色的文化普及与服务

志愿者是现代社会的新生事物，在当代社会公共服务中扮演着越来越重要的作用。与此同时，由于志愿者多为从小学生到大学生的各个年龄段的年轻人，因此开展志愿者服务工作不仅有助于博物馆历史文化的推广与服务，更加有利于志愿者本人文化素养和能力的提高。

明孝陵博物馆深刻意识到这一点。自2009年2月开馆以来，就逐步发展出一套成熟的博物馆志愿服务工作体系，并成为一大特色。在2294个博物馆开放日中，有320名志愿者参与了各项工作，为近两百万海内外游客提供服务，其中义务讲解就达到1789场，深受广大游客欢迎，赢得了社会各界的好评。

同时，博物馆志愿者服务工作形成了自身特色：其一，加强志愿者文史培训。研究部专业人员定期为志愿者开展文史培训，并请专家为志愿者们进行讲解技巧培训，通过培训充实志愿者服务内容、提高志愿者服务质量。其二，表彰优秀志愿者。每年年底选出一批工作突出、表现优秀的志愿者，颁发荣誉证书以示鼓励。其三，策划“南京明文化经典之旅”夏令营活动。通过组织共建单位学生代表参观南京地区最具代表性的明代文化遗存以及开展室内活动和有奖征文活动，丰富志愿者工作内容，真正做到博物馆与志愿者工作互帮互助。其四，志愿者选拔。在大学开展“义务讲解员选拔赛”，在小学开展“小小讲解员选拔”活动，公开招募、选拔、培训一批各具特色的优秀义务讲解员。作为博物馆对外服务的“第二力量”，身着黄色志愿者服装的他们已经成为博物馆一道亮丽的风景线，对游客进行展馆义务讲解，在游客高峰期维护参观秩序，疏导游客合理安排参观路线，获得了一致称赞。其五，根据博物馆志愿者工作的开展和实践，制定《志愿者管理办法》，对志愿者服务内容、服务范围以及如何丰富志愿者工作等方面进行了详细的要求和规范。

4. 公共服务数字化的初步尝试

互联网的出现深刻改变着现代社会人们的日常生活和行为方式，智能手机日益成为人们日常生活的必需品，更加深刻地改变着人类行为与思维方式，以及人类生态环境的状态。博物馆的公共服务不能不对信息社会的这种趋向做出回应。

在此背景下，明孝陵博物馆深刻认识到公共服务数字化的重要意义，并且在数字化的方向上做出一系列初步的努力和尝试。例如，考虑到“微信”成为人们日常获得信息和交流沟通的工具，博物馆开展“微信扫一扫，半价优惠看电影”活动，运用手机终端拓展营销渠道，宣传景区形象。游客只需在明孝陵博物馆服务台、书吧、超市以及孙权纪念馆内用手机扫描“二维码”关注博物馆官方微信，便可享受环幕电影半价优惠。

另一方面，数字化不仅仅局限于网络和手机使用，对馆藏文物的登记造册也是数字化的基础性工作。例如，明孝陵博物馆开展了馆藏文物建卡登记造册工作，为现有总计三百多件文物制作“身份证”，内容包括档案号、文物名称、照片、年代、完好度、挖掘地点以及简介。做到馆藏文物每件一卡，通过文物卡片及详细信息的记录，图文并茂，更为直观的了解每一件馆藏文物，有利于掌握和科学评价文物资源情况和价值，健全文物登录备案机制和文物保护体系，保障文物安全，加大文物保护力度，进一步促进文物资源整合利用和丰富文化服务内容，提升文物保护管理水准。通过馆藏品的建卡工作，寻找相互的关系和故事。形象化、动态化、拟人化、故事化可以通过展览展示出来，使文物不再在库房沉睡，而是要让文物活起来。

三　博物馆公共服务创新的若干思考

博物馆作为社会文明进步的标志，承载着传播历史文化的重任，发挥了重要的教育意义，为了继承这一神圣的事业，博物馆要在科学发展观的指导下不断地探索自身发展的新思路、新办法，谋求发展之路。创新是博物馆谋求发展的灵魂。博物馆面向社会公众，只有不断创新与发展，才能在潜移默化中对人们的思想和言行产生积极的作用，体现博物馆的存在价值。

那么，应该如何进行创新以进一步完善博物馆的公共服务职能呢？首先，一定要树立以公共服务为宗旨与导向的博物馆发展定位。正如前文所指出的，博物馆日益从收藏、研究之馆开始转变为公共服务和文化教育普及之场所。博物馆的整体框架与陈列品具有形象、直观的特点，其丰富而形象的藏品在陈列与展示当中往往不经意间引起人们的好奇，给人以启迪。因此，以明孝陵博物馆为代表的中小型博物馆一定要树立好公共服务的宗旨，在博物馆系统中发挥自身优势，努力成为博物馆公共服务系统不可或缺的组成部分。

其次，博物馆公共服务的创新离不开丰富的服务内容与扎实的基础工作。以明孝陵博物馆为例，该馆较早意识到公共服务的重要性，开展了大量具体丰富的公共服务工作，正是在大量基础性工作，特别是正在开展的馆藏文物的登记造册等工作的前提下，才能够总结提炼出公共服务的宝贵经验，为中小型博物馆提供借鉴。

最后，数字化与信息化将是博物馆公共服务的方向。互联网改变了世界，已经上升为国家战略。博物馆的发展一定要适应数字化和信息化的时代要求，“让收藏在禁宫里的文物、陈列在广阔大地上的遗产、书写在古墓里的文字都活起来”。在这方面，中小型博物馆有进一步发挥的空间。以明孝陵博物馆为例，虽然已经进行了“微信”平台建设，但这仅仅是数字化的初步努力。在不远的将来，以馆藏文物的数字化、历史文化教育的信息化、馆校合作的互联网化以及公共服务思维的信息化等为内容的公共服务体系的信息与数字化建设，必将成为中小型博物馆创新公共服务的重要领域。

发挥博物馆在构建公共文化服务体系中的重要作用

——基于服务创新视角的探讨

刘　洪

（连云港市博物馆　江苏连云港　222000）

内容提要： 构建公共文化服务体系，提供公共文化基本服务，是当前社会主义文化建设大发展大繁荣的重要任务。经济社会的快速发展，也需要把理论和各种科技成果快速应用于实际，创造出直接经济效益和社会效益。博物馆作为公共文化服务的重要力量，是公共文化服务体系的重要组成部分，承担着公共文化事业服务的重要责任。因此，如何创新博物馆的服务，发挥其社会服务职能和知识信息资源优势，服务于国家和地方经济社会建设，已成为博物馆的一项重要任务。

关键词： 公共文化服务体系　博物馆　服务创新

构建公共文化服务体系是新时期、新形势下的一个重大命题。自党的十六届五中全会首次提出构建公共文化服务体系以来，我国陆续颁布《关于加强公共文化服务体系建设的若干意见》（2007 年）、《关于加快构建现代公共文化服务体系的意见》（2015 年），专门部署和推进公共文化服务体系的构建。服务是博物馆工作永恒的主题，博物馆服务体系建设是整个公共文化服务体系建设的重要组成部分，具有十分重要的作用。博物馆如何进行持续有效的服务创新，为民众提供均等、开放、便捷、无障碍的公共服务，是博物馆学研究中的一个现实而重大的课题。

一　构建公共文化服务体系的战略意义

公共文化服务体系是以政府主导、社会参与、公共财政为主要支撑，以公共文化设施、公益性文化事业单位为主体，以传播先进文化和保障公民基本文化权益为目的，向公民提供公共文化产品与服务的体制和系统的总称。当下，加快建立覆盖全社会的公共文化服务体系，是保障公民文化权利的必然要求，是提高民族素质的客观需要，是实现中华民族伟大复兴的中国梦的重要保证，有着极其重要的现实意义。

1. 构建公共文化服务体系是保障公民文化权利的必然要求

文化权利是人权的重要组成部分，主要体现在政府对广大民众的文化关怀和基本文化权益的保障。人类有史以来第一个提到文化权利的正式文件是1948年12月10日联合国大会通过的《世界人权宣言》，该《宣言》第27条规定：人人有权自由参加社会的文化生活，享受艺术，并分享科学进步及其产生的福利；人人对由于他所创作的任何科学、文学或艺术作品而产生的精神的和物质的利益，有享受保护的权利。《宣言》还指出，人人有权通过国家的努力和国际合作实现自己的文化权利，文化权利是尊严和人格自由发展中不可剥夺的一部分。正是以此为基础，联合国大会最终于1966年12月16日通过了《经济、社会、文化权利国际公约》和《公民权利和政治权利国际公约》，这两个公约与《宣言》一起构成了公认的“国际人权宪章”。两公约在序言中都确认：“按照世界人权宣言，只有在创造了使人可以享有其经济、社会及文化权利，正如享有其公民和政治权利一样的条件和情况下，才能实现自由人类享有免于恐惧和匮乏的自由的理想。”这就是说《宣言》的精神是：公民的政治权利和经济、社会、文化权利是完整的人权的两个不可分割的组成部分，两者缺一不可，尊重、实现、维护、发展人权，评价人权状况，必须坚持人权的全面性。这是《宣言》反映各国普通劳动者特别是广大经济文化落后国家人民的要求，而获得的国际人权观念的又一大进步。《公民权利和政治权利国际公约》是联合国制订的最重要的国际人权文书之一，1998年10月5日，中国政府签署了《公民权利和政治权利国际公约》，但迄今为止尚未得以批准。《经济、社会和文化权利国际公约》是最有影响的国际人权文书之一，我国政府于1997年10月27日签署了该公约，并于2001年2月28日批准了该公约，2001年7月1日在我国开始生效。

保障公民的基本权益，是对一个健康文明社会最为起码的要求，而作为公民的基本权益之一，文化权益的实现与彰显，既是社会走向文明的必然过程，也是社会进步的基本动力。保障公民的文化权利，必须大力加强公共文化服务体系建设。通过完善公共文化服务的设施和载体，建立健全公共文化服务网络，拓展文化信息资源共享等一系列文化惠民工程，提高公共文化单位的服务能力，扩大服务范围，完善服务机制，向广大人民群众提供更多优质的公共文化产品和文化服务，确保人民群众享受、参与和创造文化的基本权利。

2. 构建公共文化服务体系是提高民族素质的客观需要

民族素质是一个民族在经济、政治、文化、心理、身体方面诸因素的综合，作为一个发展着的动态系统，它既是历史发展的传承，又有现代社会的新定位。在当代，民族素质主要包括教育科学文化素质、思想道德素质、心理素质以及身体素质。提高民族素质，通常主要是指教育科学文化素质和思想道德素质。教育科学文化素质能有力地促进科学技术水平的提升，推动生产力的发展。英国经济学家哈比森在《作为国民财富的人力资源》一书中强调：“人力资源——是国民财富的最终基础。资本和自然资源是被动的生产要素；人是积累资本、开发自然资源、建立社会、经济和政策组织并推动国家向前发展的主动力量。显而易见，一个国家如果不能发展人民的技能知识，就不能发展任何别的东西。”思想道德素质能够激励人的积极性、主动性和创造性，促进人的内心的自律，成为人们前进的精神动力，从而成为推进经济社会发展的动力。马克思曾经指出，在再生产的行为本身中，生产者也改变着，炼出新的品质，通过生产而改造着自身，造成新的力量和新的观念，造成新的交往方式，新的需要和新的语言。这就是说，人的素质是社会实践的结果，是历史发展的产物。然而，人的素质又给历史以巨大的影响。一个国家的发展，不仅取决于经济发展水平，而且取决于公民的素质。一个民族的腾飞，不仅表现在经济发展水平上，而且表现在人民素质的提高上。

提升民族素质，必须大力加强公共文化服务体系建设。一个民族有什么样的文化，就有什么样的历史、现实与未来。民族的伟大复兴，必然伴随着文化的大发展；国家的繁荣富强，必然要有强大的文化来支撑。构建公共文化服务体系，加强文化建设，不仅可以潜移默化地陶冶人的情操，改变人的气质，端正人的思想，强化人的道德，净化人的心灵；而且可以开发人的智慧，增强人的能力，开阔人的视野，拓展人的胸襟，从而提高民族的整体素质。

3. 构建公共文化服务体系是建设和谐社会的重要保证

实现社会和谐，建设美好社会，始终是人类孜孜以求的一个社会理想。根据我国社会主义建设的实践经验、新世纪新阶段我国经济社会发展的新要求和新特点，我们所要建设的社会主义和谐社会，应该是民主法治、公平正义、诚信友爱、充满活力、安定有序、人与自然和谐相处的社会。21 世纪前二十年对我们来说，既是现代化建设的重要战略机遇期，也是矛盾凸显期，在城乡之间、地区之间以及个人之间产生出越来越大的发展与分配差距，在人均 GDP 不断增长的同时，基尼系数在增大，社会和谐程度有所降低。国际经验表明，任何一个国家从一种体制转变为另外一种体制时最为脆弱，容易发生使社会矛盾不断泛化、分化和细化的问题，给社会管理带来相当难度。面对这种复杂的社会形态，以什么方式来感化人、凝聚人、激励人、引导人，进而维系整个社会的和谐运行，是值得深入研究的一个现实问题。中国历史表明，优秀文化是维护社会稳定、打造和谐社会的精神动力。受优秀文化熏陶的民众才有可能超越自身物质利益的困扰，净化心灵、陶冶情操、理顺情绪、化解矛盾、凝聚力量，形成浩然正气和厚重人格，才能在当代社会转型时期心态平衡，行为规范。有相关专家形容：人本是散落的珠子，随地乱滚，文化就是那根柔弱又强韧的细丝，把珠子串连起来成为社会。

通过构建公共文化服务体系，建设社会主义和谐文化，能确保人民群众共享文化发展成果，更好地满足人们的精神需求，丰富人们的精神内涵，培育人们的文明风尚，提高人们的道德情操，引导人们用正确的立场、观点和方法去观察社会，培养人们用宽容、友善的态度看待和处理各种问题，避免思想认识上的片面性和极端化，形成尊重劳动、关爱他人、维护和平、相互关爱、团结互助的社会风尚，巩固和谐社会建设的精神支撑，打牢全党全国各族人民团结奋斗的共同思想基础，从而奠定和谐社会的精神根基，促进社会和谐发展。

二　博物馆服务创新的内涵

1. 服务理念创新

服务理念创新是博物馆服务创新的先导和基础。理念决定成败，有了创新服务的理念才会有创新服务的内容和服务方式，不断产生适应领先时代发展的新思路、新理念，并具体落实到博物馆服务工作中，博物馆才能得到持续不断的发展，否则就会在市场竞争中被淘汰。

服务理念决定博物馆服务面貌。要在现代理念支配下，将以人为本的服务问题提到战略高度来认识，采取多种形式营造氛围，使全体工作人员从思想上提高对服务创新工作重要性和紧迫性的认识，打破旧观念，把全心全意为观众服务作为博物馆的核心理念和根本宗旨，不断挖掘、开发与利用新的服务因素，强化服务意识，提升服务质量，使每一个博物馆工作人员都能以观众为中心，倾心尽力为观众服务，满足观众的知识信息需求。

2. 服务手段创新

服务手段创新就是运用高新技术手段，即计算机多媒体技术、现代网络技术和通信技术，为公众提供跨学科、跨地域、跨时空的知识信息需求的虚拟化服务，实现知识信息资源虚拟化和检索的智能化。如可以运用现代计算机和网络通信技术来开展网络知识信息服务和网络咨询服务。公众只要提供本人的 E - mail 地址及与其课题相关的关键词，便能定期收到由服务人员直接传送到其电子信箱内的相关知识信息，使公众足不出户就能完成网上预约及参观；还可以采用即时视频通信技术来实现知识信息技能培训和远程教育服务。这样可以帮助公众掌握网络环境下检索、获取、利用知识信息的技巧，提高公众的现代知识信息意识和知识信息技能。

3. 服务内容创新

博物馆服务内容的创新是以本馆的展示教育、社会服务、专业特色、藏品管理和科学研究为基础的，集中体现在服务内容的拓展上。它主要包括加大知识信息服务和主动服务的内容，构建多功能、全方位、立体化的服务模式。

在知识信息服务方面，应尽力加大以网络为基础的公众服务，努力探索本馆服务和远程服务相结合的服务模式，进一步扩展网上知识信息导航服务，完善“一站式服务”模式，加大咨询服务的力度，努力从文物服务向知识服务推进，提高博物馆服务的知识含量。

在主动服务方面，应紧紧围绕满足民众知识信息需求这个宗旨，进行有针对性的创新，并在继续搞好传统咨询服务的基础上，主动对民众参观行为、参观习惯、参观心理、参观倾向及需求特征方面进行调查、分析和研究，实现知识信息的推送服务和咨询服务的创新。同时，还应进一步调动民众的参与热情，深化知识信息服务内容。大力提高博物馆知识信息利用率，通过知识信息服务手段的创新，真正实现馆际信息互通、资源共享，通过深化馆际合作突破封闭式服务造成的资源传播障碍，最大限度地满足民众的知识信息需求。

4. 服务范围的延伸

博物馆应扩大服务范围，博物馆员工应改变过去坐等观众上门的服务模式，应走出博物馆，走进公众中间，与公众互动交流，开展公众活动。博物馆应根据当代公众的特点，开展丰富有趣而实用的公众活动，如小小讲解员培训、汽车博物馆、鉴宝咨询会、主题讲解会、《博物馆条例》解读会、《文物保护法》解答会等；同时针对公众感兴趣的一些课题，开展多种多样的知识讲座，如书画鉴赏、瓷器鉴赏、佛道教造像鉴赏等等。博物馆也可以因地制宜与附近社区合作，开设社区分馆或为附近居民提供馆内服务，吸引更多公众，扩大知识信息服务范围。对公众来说，博物馆应该成为一个参观的地方、一个自由获取知识信息的地方、一个文化休闲的地方、一个提供研究帮助的地方、一个免费提供计算机以及网络服务的地方。

5. 服务环境的创新

博物馆服务是整体性和全方位的，在馆舍建设、设施设备、内部布局、环境卫生、服务制度等环节上也应当充分体现观众至上、服务第一的根本宗旨，不断进行优化和创新，使广大观众能在高雅、安静、亲切、质朴的文化氛围中，尽情享受参观、学习与研究的乐趣，充分感受博物馆工作人员给予的尊重、关怀和温馨的服务，实现服务环境的优化和创新。其最终目标还是为了创造良好的人性化服务环境，以实现整体的最佳服务效能。

三　博物馆服务创新的具体对策

1. 加强员工创新服务理念

博物馆的一切工作都是围绕观众的需要而开展的。在服务过程中应以观众为中心，密切关注观众需求变化趋势，整合博物馆各种资源和服务功能，形成一个以服务为导向，以观众需求变化为动态响应的服务体系，让人性化服务理念成为员工的自觉行为准则，使人性化服务渗透到每一次服务、每一个环节、每一个细微之处，让观众真切地感受到博物馆的温馨，体会到使用博物馆是一种欢乐，是一种满足，是一种权利，而不是外在的约束。

2. 加强观众服务工作

强化员工面向观众、服务于观众的意识，根据观众不同特点，开展多层次的观众服务活动，培养他们广泛的参观兴趣。致力于改进服务质量，建立以观众满意为核心的服务观，做到服务多样化、个性化、规范化，强化服务的针对性与实效性，尽量满足观众对各类知识信息的需求。要营造舒适的、更具人性化的服务环境与参观环境，使博物馆成为观众获取知识信息的重要课堂。

3. 加强监督检查力度

要真正使以观众为本的原则落到实处，对观众的评价必须予以足够的重视。建立一套科学合理的评价体系来验证博物馆创新服务所取得的效果是非常必要的，开展观众满意度调查是一种较好的效果检测方法。可采用网上问卷、发放调查表的调查方式进行有针对性的观众调查，在对调查结果进行实事求是、认真细致分析的基础上，肯定成绩，奖励先进，对存在的不足之处及时提出整改措施，以促进服务创新的有效开展，更好地为广大观众服务。

4. 提高员工的创新能力

随着新形势下博物馆服务观念、服务内容、服务手段的创新与变化，对员工的专业素质和创新服务能力有了更高的要求。努力造就一支创新型的博物馆专业人员队伍，提高他们的创新能力，是实现博物馆服务创新的关键。面对不断变化发展的新形势，博物馆员工要不断拓宽学习领域和调整知识结构，除了要具备良好的敬业精神、优良的服务态度、掌握各种知识和技能，还必须具备良好的智能素质，善于从浩如烟海的网络信息中发掘、分析、选择整理出最有价值的信息。博物馆应积极培养和引进高层次的专门人才，通过岗前培训、外派学习、做访问学者、交流学习等方式提升员工的素质。要对骨干员工加强培养，使他们能够独当一面，带动全体员工为博物馆事业的发展不断提高自身素质。

5. 加大对公益性文化事业的财政投入

政府的资金投入从某种意义上说决定着博物馆事业的发展。博物馆建设是政府实现文化关怀、建设优质公共文化服务体系的重要内容。为此，政府应加大对公益性文化事业的财政投入，保障博物馆的运行经费，推动博物馆的综合管理与基础设施、展示教育与社会服务、藏品管理与科学研究等工作进程步入快车道。同时各级政府应明确在博物馆服务体系中的责任，全面落实各项文化政策，形成政府与社会各界都来关注扶持博物馆事业的局面。

6. 推进文化共享工程和博物馆数字化建设

文化信息资源共享工程建设是构建公共文化服务体系的需要，也是改善城乡基层群众文化服务水平的重要途径。共享工程开辟了一条不受地域、时空限制的崭新的文化传播渠道，也为博物馆的发展拓宽了工作思路和服务领域。政府应加大资金投入，加快基层服务网点建设，并以多种传播方式为手段，保障公众尤其是广大农村地区的民众享受公共文化服务的权利。

加快数字博物馆建设，有计划、有步骤地建立本地区特色专题数据库，对网上的免费资源进行收集加工，实现网站的统一检索，借此提高博物馆数字化、网络化、自动化建设水平，建设覆盖城乡，为社会经济、文化教育、科技生产服务的文博信息服务平台。

7. 拓展博物馆的文化教育服务和休闲文化服务功能

博物馆从有偿服务转变为开放免费，已成为越来越多的博物馆人的理论共识并已普遍实践。近年来，有识之士也逐步认识到，博物馆建设应该拓展其服务范畴，尽快转变为面向广大民众的休闲娱乐服务，与民众的生活融为一体，让民众切实享受到博物馆舒适的环境、海量的资源和优质的服务。此种转变已在经济发达的省区有所体现。博物馆应当始终如一地奉行的理念之一就是“观众永远都是正确的”，这应该是博物馆人具备的一种信念。为此就要不断了解观众需求，主动自觉地提供优质服务，提升观众对博物馆的忠诚度。为观众提供优雅舒适的参观环境，一切为了观众，为了一切观众，为了观众一切，要尊重观众，方便观众，时时处处为观众着想；要以观众的自身利益和需求为出发点，切切实实地为观众提供多样化、人性化的服务。

8. 服务向农村推进，关注弱势和特别需求群体

党的十八大以来，文化建设得到明显加强，但基层工作总体薄弱的状况还没有根本扭转。习近平总书记强调，宣传思想工作要扎实做好抓基层、打基础的工作，使基层工作薄弱的状况在较短时间内有明显改观。为此，中宣部将 2015 年作为“基层工作加强年”，联

合文化部等部委出台《关于加强基层宣传思想文化工作的意见》，江苏省委、省政府也把加强基层宣传文化建设作为推动文化建设迈上新台阶的重要环节。当前，基层博物馆普遍存在基础薄弱、建设分散、文物匮乏、沟通不畅、资金不足、人才缺乏等问题，而农民对知识信息的需求逐渐呈现多元化，休闲娱乐意识逐步提高。建议以省市博物馆为中心馆，选择有一定硬件设施和管理条件的基层博物馆作为流通分馆，增加博物馆服务覆盖率，通过巡回展览、博物馆流动车、设立农村博物馆等方式，切实解决农民群众参观博物馆难的问题；积极构建博物馆信息服务网络，通过科普宣传、知识讲座、“5·18”国际博物馆日活动等拓展服务领域；进行面向县乡村的特色博物馆建设，实现知识信息资源的交流；建构由上而下的博物馆网络服务体系，形成网络全覆盖，资源进万家。研究老年人、残疾人、儿童等社会弱势群体的特点与知识需求，让其享受博物馆的便利和个性化服务。

社会弱势群体虽然相对整个社会来说是少数，但是关乎能否公平地享受知识服务和文化产品，是博物馆服务体系建设的重要一环。拓宽社会弱势群体服务的辐射面，同时加大相关服务设施的配置，真正体现博物馆公平、开放的精神，在这方面，创立流动博物馆是一个很好的模式。

9. 加强协作，共同构建

在博物馆服务体系建设中，建立区域博物馆联盟、总分馆制等服务模式，实现点线面结合的一体化服务网络，也是服务创新的重要方面。由本地政府部门来统筹协调，将其纳入到公共文化服务体系视域之下，采取统一的博物馆业务管理平台、标准，在知识信息资源、数字资源建设和特色数据库建设方面进行共建与共享，避免重复建设。通过馆际合作、整合资源，增强博物馆的社会覆盖面与服务半径，缩小资源差距，实现资源共享，提升整个地区博物馆的服务水平。如数字博物馆的宗旨应该是让每一位公民在本地区任何能上网的地方，都能免费获得数字博物馆知识信息资源的查询、浏览、下载、原文原图传递和知识导航等服务。再如由省级博物馆牵头，省内绝大多数博物馆一起合作建设联合咨询网与知识信息传递网，必定可以获得良好的口碑。

四　结语

加强公共文化服务体系建设是我国经济社会发展的一项长期战略任务。博物馆作为公共文化服务体系的重要组成部分，应当开拓思路，加强创新，努力增强公共文化产品供给和服务能力，不断满足人民群众日益增长的精神文化需求。

博物馆的服务创新是一项系统工程，是知识经济社会的必然要求。而公共文化服务体系建设为博物馆的服务创新提供了新的发展机遇。对此，博物馆人应该认真调研、科学实践，促进博物馆服务的全方位创新。

参考文献：

1. 陈洪权：《论人力资源管理的专业核心价值》，《武昌理工学院学报》2008 年第 2 期。

论智慧博物馆中的智慧服务

缪　华

（徐州博物馆　江苏徐州　221009）

内容提要： 智慧博物馆的建设，能发挥各类信息网络设施的文化传播作用，提高博物馆作为优秀传统文化宝库的辐射力和影响力，全面提升博物馆文化信息传播的水平。本文通过分析博物馆信息服务发展现状，提出博物馆智慧服务的概念，阐述了博物馆智慧服务体系建设的意义，结合物联网、云计算、大数据等新技术规划了针对博物馆智慧服务的应用信息系统。

关键词： 博物馆　智慧服务　信息系统

博物馆是指以教育、研究和欣赏为目的，收藏、保护并向公众展示人类活动和自然环境的见证物，经登记管理机关依法登记的非营利组织。目前，我国各级博物馆在公共服务领域做了大量工作，获得了社会的积极响应。但从整体上看，我国博物馆行业尚未形成完善的公共文化服务体系，大多数博物馆在运营服务方面仍然承袭着传统的方式方法，主要是为前来博物馆参观的观众提供文化遗产的信息服务和少量的其他相关服务，文化传播尚处在被动服务的阶段。由于信息传播和利用效率不高，无法满足博物馆管理者对博物馆运营服务的精细化和时效性要求以及观众对博物馆文化传播服务的个性化、泛在化和持续性的需求，这与开放、共享的时代潮流不相适应。

一　博物馆信息服务发展现状

博物馆发展经历了实体博物馆、数字博物馆，目前正朝着智慧博物馆的方向发展。

实体博物馆通过专门的研究和管理人员围绕固定的场馆为社会公众提供藏品的研究、展示、教育等相关的“传统服务”，该服务以实体性的展馆、藏品为依托。

数字博物馆是建立在数字空间之上的博物馆，收藏的是数字藏品，即以数字形式保存的文字、声音、图像等数据信息。数字博物馆围绕数字藏品的收集、保存、传播和展示，以研究、教育、欣赏为目的，对实体博物馆服务的时间和空间进行延伸和拓展。一个完整的数字博物馆至少由四个部分组成：数字藏品、存储平台、加工平台和互动展示平台。[1]数字博物馆通过互动展示平台，向观众展示了文物、展览、资讯等数字资源，但是数字资源之间关联性较差，只是数量巨大的信息碎片，尚未形成完备的知识体系，难以满足公众的深层次需求。

智慧博物馆是以数字博物馆为基础，充分利用物联网、云计算等新技术，构建的以全面透彻的感知、宽带范围的互联、智能融合的应用为特征的新型博物馆形态。[2]智慧博物馆坚持需求驱动、业务引领，通过重新梳理和构建博物馆各要素的关联关系而形成合力，加强了博物馆服务、保护和管理工作的协同，提供了“物、人、数据”三者之间的双向多元信息交互通道。智慧博物馆作为“智慧地球”、“智慧城市”之下的一个子智慧系统，不再是以博物馆数字资源建设与展示利用为核心内容，而是强调博物馆内“物”与“物”、“人”与“物”的信息交互，以及如何通过云计算和大数据分析技术，实现博物馆信息处理的网络化和智能化。智慧博物馆采用以“人为中心”的信息传递模式，使藏品与藏品，藏品与展品，藏品/展品与保护，研究者、管理者与策展者，受众与展品等元素之间的联系真正达到智慧化融合。[3]

二　智慧服务的概念和内涵

智慧是在知识的基础上运用知识创造新知识的过程，也是运用知识解决新问题的过程。知识经济时代，社会发展、产业发展不仅需要信息、知识，更需要智慧。智慧是推动知识转化为生产力，实现知识价值化的重要力量，是国家创新产业发展的源泉。智慧服务就是指建立在知识服务基础上的，运用创造性智慧对知识进行搜寻、组织、分析、重组，形成实用性的知识增值产品，有效支持用户的知识应用和知识创新，并将知识转化为生产力的服务。[4]博物馆是人类社会的一个知识汇聚地，是知识传播的重要场所。用户在博物馆发现新知识、创造新知识、解决新问题，必须依靠博物馆创造性的知识服务，或者说是依靠博物馆智慧化的知识服务。

三　博物馆智慧服务体系建设的意义

博物馆一直是人类最宝贵记忆的载体，人们来到这里就是要全面地理解个人与周围世界的联系，了解人的创造能力，从而增强自身的生存能力和发展能力，提高自己的生存质量。这就要求博物馆不断地更新自己与观众的对话交流的形式，不断用最新的科技理念为这种交流提供服务，这也是博物馆智慧服务的最大意义所在，更是科技和信息化建设在博物馆领域的体现。

博物馆智慧服务建设是一项文化惠民工程，它能让更多的百姓用更便捷的方式共享文化成果，满足社会和公众日益增长的文化信息需求，最大限度的体现着博物馆所应具有的“民生情怀”。

博物馆智慧服务建设有利于发挥博物馆社会教育基地的作用，通过开放式的信息服务，突破教育服务的时空限制，真正地服务公众教育。

博物馆智慧服务建设还有利于推动区域文化的发展，让更多的公众既可享受在博物馆的文化氛围，也可把“文物资源”带回家，足不出户即可感受区域历史文化的魅力。

博物馆智慧服务建设还有利于探索文博行业新的发展模式，从藏品保护环境的管理，到展览展示管理，乃至藏品的研究利用等方面都是全新的课题。同时，对博物馆管理者也提出了更高的要求，促使他们必须全面提升业务水平，熟悉现代科技。

四 博物馆智慧服务新技术

1. 物联网

物联网，指利用各种信息传感设备，如射频识别装置、红外传感器、全球定位系统、激光扫描等种种装置与互联网结合起来而形成的一个巨大网络，其目的就是让所有的物品都与网络连接在一起，方便识别和管理。

基于物联网的博物馆观众服务模式是为观众提供更加多元化的知识导航服务，是一个基于博物馆自身特色、文物藏品以及现实展览，弘扬中国传统文化的数字化观众服务平台。同时，以这个平台建设为支撑，推广“以观众为中心、以观众体验为核心”的服务理念，将物联网技术率先引人数字观众服务体系中，开创博物馆观众服务的新模式，实现面向博物馆的“预约—参观—导航—互动”一体化的观众服务体系。[5]

2. 云计算

云计算是一种按使用量付费的模式，这种模式提供可用的、便捷的、按需的网络访问，进入可配置的计算资源共享池（资源包括网络、服务器、存储、应用软件、服务），这些资源能够被快速提供，只需投入很少的管理工作，或与服务供应商进行很少的交互。

云计算为博物馆用户提供了计算资源物理集中、应用逻辑分隔的集约化模式。一般来说，博物馆用户不再需要自己去建设云计算中心，由专业的云计算服务提供方通过建立以云计算中心为载体的计算资源池，实现计算资源的集约化和规模化经营，为博物馆用户提供基础设施即服务（IaaS）、平台即服务（PaaS）和软件即服务（SaaS）等不同层次的计算资源应用服务，从而实现智慧博物馆技术应用的低成本、高可靠性、可扩展性的目标。[6]

3. 大数据

根据维基百科的定义，大数据是指无法在可承受的时间范围内用常规软件工具进行捕捉、管理和处理的数据集合。大数据技术的战略意义不在于掌握庞大的数据信息，而在于对这些数据进行专业化处理。

物联网发展和互联网应用为智慧博物馆带来了多源海量数据（大数据）的存贮、管理、处理、整合和挖掘分析等问题，博物馆中的大数据普遍具有数据粒度偏大（如藏品的高精度图片文件、视频文件等），访问频次偏低等特点。大数据分析常和云计算联系到一起，因为实时的大型数据集分析需要向进入云计算平台之中的数十、数百或甚至数千的电脑分配工作。通过挖掘智慧博物馆用户的行为习惯和喜好，从凌乱纷繁的数据背后找到更符合智慧博物馆用户兴趣和习惯的产品和服务，并对产品和服务进行针对性地调整和优化，这就是大数据分析在智慧博物馆的价值之所在。[7]

4. 移动互联

移动互联就是将移动通信和互联网二者结合起来，是指互联网的技术、平台、商业模式和应用与移动通信技术结合并实践的活动总称。从技术层面的定义，以宽带IP为技术核心，可以同时提供语音、数据和多媒体业务的开放式基础电信网络；从终端的定义是用户使用手机、电脑、平板电脑等移动终端，通过移动网络获取服务。

网络通信技术从有线网络向无线网络和移动无线网络的快速发展，使无时和无处不在的信息通信能力大大增强，一方面为智慧博物馆必需的物联网和泛在计算提供了网络基础设施，另一方面将智慧博物馆从数字博物馆以桌面交互为中心，转移到可以随身携带、随时随地使用的“博物馆”。[8]

五 博物馆智慧服务应用信息系统

1. 文物数字化保护信息系统

从文物数字化采集、文物数字资源管理、文物馆藏管理和展陈展示多个不同层面形成数字博物馆的应用支撑体系。以技术手段，减少或避免文物在传统检视、修复、展示、文化传播等过程中的损坏，建立起文物存储、文物保护、文物展示、文物复原、文物研究等数字共享资源和实验模型。通过三维虚拟漫游，三维展品展陈，文博知识传播推广，网上公众数字文化服务，现场观众数字文化服务，用户管理，文物搜索引擎，文物精品检视等功能，为多方位、多角度展览，线上线下互动，宣传推广，文物遗址保护等应用提供技术支撑服务。在互联网和移动互联网上为群众提供遗址和文物的数字化展览展示和高品质文化内容，为博物馆内部提供文物数字化管理、保护和科研的系统，形成博物馆之间、博物馆与观众之间的互动交流。

2. 网站微信微博信息发布平台

博物馆网站作为承载博物馆信息的新载体，其信息发布的及时性、服务手段的灵活性、时间空间不受限制等特点，进一步增强了博物馆的服务能力。网站通过信息公开、资源共享，使博物馆的教育功能和研究功能得到进一步的实现和深化。同时，一个成功的博物馆网站能塑造博物馆的良好品牌效应，通过传播地方文化，发展文化产业。

微博作为一种时效性、互动性强大的自媒体，使观众能够从博物馆方便、快捷地获得准确的参观信息、藏品信息、展览信息、活动信息，并可以表达自己的意见。官方微博成为博物馆原有服务体系中异军突起的新生力量和重要环节，极大地拉近了博物馆与公众的距离，是博物馆与公众沟通的高速路。

微信是腾讯公司于2011年1月21日推出的一个为智能终端提供即时通讯服务的免费应用程序，微信支持跨通信运营商、跨操作系统平台通过网络快速发送免费语音短信、视频、图片和文字，同时，也可以使用通过共享流媒体内容的资料和基于位置的社交插件服务。目前，各个博物馆相继推出了自己的微信公众平台，实现了博物馆与公众一对一的零距离沟通。微信平台不仅能使观众自助获得博物馆的资讯、展览和活动等信息，还能为观众提供定向的信息推送、参观预约、智能导览等服务。微信导览突破了观众参观博物馆时间和空间限制，提高了参观者游览时的自由度，增强了博物馆社会教育的实效，拉近了博物馆和公众之间的距离。

3. 电子票务系统

目前，国家公益性博物馆大多对公众实行免费开放，观众需凭身份证现场领票后方可参观，团体参观需提前电话预约。建设电子票务系统后，观众可以在网站、微信平台进行预约，凭预约身份证在自动领票机上打印参观票，或凭预约号在游客服务中心现场领票。

建设电子票务系统目的是替代原有的人工发票、检票模式，实现对门票的自动识别检票和放行，从而降低了工作量、提高了效率，并且可以快速准确的统计每时段进入博物馆的游客量，有助于实现博物馆的客流量控制，更好地保护博物馆的生态环境。

4. 电子导览信息系统

所谓电子导览系统，是指采用科技化手段，用随身电子设备模仿人工讲解和人工导游的新型导览方式，具有费用低、多语种、自主性强、解说规范、环保等诸多优点，已在世界上各名胜古迹、博物馆、美术馆、艺术馆被大量采用。

电子导览系统可以利用 Wi-Fi 无线网络，建立内部导览、讲解网站，利用智能手机实现导览和自助讲解，让聆听介绍更为主动、灵活和多样化，避免了 APP 应用软件下载的烦琐和专用讲解器租借麻烦的缺点。在数字化展示移动应用的基础上，增加室内定位技术、观众行为分析技术以及多种新颖的展示方式，满足观众对博物馆知识的个性化、丰富化的需求，满足博物馆对观众行为的采集、分析、主动引导的需要。

5. 教育与研究知识系统

博物馆教育性功能有两重含义，一方面，博物馆是知识的吸收场所，另一方面，博物馆是文化敬畏感和庄重感的培养场所，它培养区域、国家、民族的文化认同和文化价值肯定。但是，长期以来，博物馆界并没有重视展示中的知识体系构建的问题，这使得博物馆展示话语缺乏与普通观众进行沟通的基础。[9]博物馆的教育与科研的知识系统可以通过系统挖掘和整理博物馆藏品的历史、艺术、科学和相关社会等方面的信息，建立新型的知识组织方式，推动研究与教育的互动，把博物馆及相关虚拟平台打造成为学生的第二课堂和公众终身教育的场所。[10]

六　结语

作为未来博物馆发展的新模式，智慧博物馆将成为博物馆创新发展、转型发展和可持续发展的新理念和新实践。在云计算、物联网和移动互联等新技术和理念的催生下，关于智慧博物馆和博物馆智慧服务将逐渐成为研究的热点。为此，博物馆人需要紧密结合博物馆的教育、研究、展示职能，深入思考、积极开展博物馆智慧化理论研究，将理论研究成果应用于博物馆智慧化建设，开发一批具有较高实效性的博物馆智慧化信息系统。

注释：

［1］陈刚：《数字博物馆概念、特征及其发展模式探析》，《中国博物馆》2007 年第 3 期。

［2］陈刚：《智慧博物馆——数字博物馆发展新趋势》，《中国博物馆》2013 年第 4 期。

［3］宋新潮：《关于智慧博物馆体系建设的思考》，《中国博物馆》2015 年第 2 期。

［4］梁光德：《智慧服务——知识经济时代图书馆服务新理念》，《图书馆学研究》2011 年第 11 期。

［5］李晓丹：《基于物联网的博物馆观众服务新模式》，《创意科技助力数字博物馆》，中国传媒大学出版社，2012 年。

［6］陈刚：《智慧博物馆——数字博物馆发展新趋势》，《中国博物馆》2013 年第 4 期。

［7］陈刚：《智慧博物馆——数字博物馆发展新趋势》，《中国博物馆》2013 年第 4 期。

［8］陈刚：《智慧博物馆——数字博物馆发展新趋势》，《中国博物馆》2013 年第 4 期。

［9］郭长虹、朱崇亚：《博物馆的知识体系》，《中国博物馆》2003 年第 2 期。

［10］宋新潮：《关于智慧博物馆体系建设的思考》，《中国博物馆》2015 年第 2 期。

创新、融合、互动提升公共文化服务能力

——以苏州碑刻博物馆为例

孙 庆

（苏州碑刻博物馆 江苏苏州 215007）

内容提要：博物馆应该如何满足公众日渐提高的文化生活需求，搭建良好的沟通桥梁，成为目前发展博物馆事业的重要命题。本文试从博物馆充分发挥创新意识，开发自身藏品资源，策划符合博物馆自身特点的展览等主要方面分析入手，倡导博物馆，尤其是中小型专题博物馆开展不同形式的展览，充分运用博物馆现有条件，在传统媒体、新媒体的帮助下吸引公众的眼球，为市民提供优质的公共文化服务，有力提升博物馆在市民文化生活中的影响力。

关键词：博物馆 公共文化服务 创新

博物馆作为公益性文化事业，往往被看成一个国家、地区或者城市的文化名片，是历史与遗产资源的有机结合体，在文物与文化遗产的传播保护、科学研究以及文化建设中占有重要地位，也从侧面反映出所在国家、地区或者城市的科学文化素质以及文化竞争力。

2013 年 7 月，江苏省苏州市成为首批国家公共文化服务体系示范区。在这样的新形势下，博物馆作为城市公共文化服务中的重要组成部分，面临着参观人数剧增、市民文化需求日益高涨等一系列实际问题。对规模较小、展品单一的地方专题类博物馆而言，这样的问题尤为明显，特别是在接待讲解、业务研究等方面均承受着较大压力，以往的管理措施明显难以应对。如何才能解决这些新情况、新问题呢？笔者以为，通过创新思维、融合发展、互动体验来提高公共文化服务方是根本出路。

一 提升博物馆公共文化服务的必要性

自从 1905 年张謇建立“南通博物苑”起，我国博物馆事业实现了跨越式发展，但是许多中小型专题博物馆的社会服务能力、科学管理水平以及展示的多样化手段均与我国是历史文化遗产大国的实际需求有着不小的差距。特别是 21 世纪以来，博物馆各工作环节的使命与内涵、运作，都发生着深刻的变化和变革。对于中小型专题博物馆来说，与公众的沟通不仅是自身建设发展的机遇，也是创新突破、扩大影响力的重要途径。

1. 是中小型专题博物馆自身建设发展的需要

据文化部统计，至 2014 年底我国博物馆数量已达 4510 家，比 2013 年增长 345 家，平

均一天增加一家博物馆，全年接待观众数量超过6亿人次。但是，博物馆多了，藏品保护问题却日益凸显；参观人数多了，向观众展示的展品却少有变化；展览数量猛增，同质化现象却十分严重。

一些大馆大热，而中小型专题博物馆却无力策展，导致门可罗雀。这说明中小型专题博物馆与公众现代日常生活的关联性不强，难以唤起更广泛的关注，同时缺少变化，难以吸引公众不断走进博物馆，不能提供更多富有创造性的启迪，难以引起公众深入探究的兴趣等等。

2. 是提升中小型专题博物馆影响力的必由之路

“发挥博物馆在公共文化服务体系中的重要作用”，直接提出“服务”这个博物馆最基础的工作术语，是过去几年人们对文化遗产保护问题的思考，说明博物馆的文化服务功能应该在“为人类社会及其发展”的现代化博物馆中发挥更多作用。同时，随着人们对文化需求的重视，博物馆本身也得以发展，如何使博物馆在更大范围内为不同观众、不同世代和不同文化架起沟通的桥梁，更好地服务大众，要去寻找新的策略，让博物馆更加贴近观众，从而吸引他们前来参观，更可以从整体上改变中小型专题博物馆的社会使命和工作目标。

二 提升博物馆公共文化服务能力的几点实践与思考

中小型专题博物馆面对着各种变革，这些变革促使我们去重新审视自身的使命，去寻找新的策略，让文化服务更加贴近观众。苏州碑刻博物馆以开放文物库房、举办特色展览、丰富社会教育活动、打造新媒体体系为重点，用精美的馆藏珍品和“苏州碑刻技艺”非遗项目为亮点吸引公众的眼球，让大众对碑刻从好奇走向了解，有效地提供了多元化的博物馆公共文化服务。

1. 全新创举，文物库房对公众开放展出

一般情况下，博物馆的库房都很神秘，也是安防的重地，不可能对外开放。但社会公众对库房内所藏的文物都有着极大的好奇，如果能在确保文物安全的前提下将博物馆文物库房对公众开放展出，必将成为博物馆与观众之间沟通的良好桥梁。为此，苏州碑刻博物馆在经过精心准备之后，大胆尝试了“碑刻文物库房探秘”这种新型方式，突破了常规的博物馆展览活动，也有效地避免了碑刻在搬运过程中可能受到的损坏，还充分节约了布展所需的人力、物力及时间。

库房的开放，首先是要保证文物安全，因此碑刻博物馆采取了“预约参观，限时限量”的办法，具体来说，即规定每周三下午为碑刻库房开放日，每次限制20人以下入库参观。采取电话预约、网络预约等方法，对有意参观库房的观众进行登记并核实相关身份信息，从源头上把握住进库房参观的观众质量，有效保证文物的安全。在做好库房安防设施设备升级的同时，在参观过程中，除讲解人员进库引领外，还安排2名安保人员全程陪同，进一步保证文物的安全。

其次，为保证参观的效果，在活动开始前，工作人员集中对库房中的碑刻进行了系统的考据，不但要详细了解碑刻的年代，更要了解碑刻背后所描述的一个个故事，并将收集的资料进行分类汇总，编写一份由浅入深的讲解词，无论从专业程度还是从趣味程度都可以满足大众的需求。在此次活动中，观众除了可以欣赏到碑刻上优美的书法，还了解到与碑刻相关的各类知识，如什么是“神道碑”、什么是“朱拓”等等。

“碑刻文物库房探秘”活动，不但提升了观众对于碑刻的全面认识，同时让原本极少有机会露面的碑刻实物得以展示，进一步激发了观众对于博物馆的兴趣。

2. 推陈出新，力推博物馆特色展览活动

博物馆要提供优质公共文化服务，就必须把馆藏品加以充分展示利用。藏品若养在深闺，不展示、不研究、不讨论，和这个世界上没有这些藏品有什么区别？因此有必要改变这种现状，中小型专题博物馆需要力推出特色展示活动，让沉寂在库房的藏品“动”起来，使展览和活动逐渐丰富亲民。

苏州碑刻博物馆馆藏文物除1200多块碑刻以外，还有近6000件拓片藏品常年保存在库房中，其中不乏明清以来的一些碑拓孤本精品，很难与观众见面。为此，苏州碑刻博物馆从2013年下半年起，以馆藏的拓片藏品为主，相继举办了“守望非遗——苏州碑刻技艺代表性传承人时忠德展”、“停云留翰——文徵明碑刻拓片特展”、“百世一系——苏派碑刻名家作品展”、“桃花梦墨——唐寅之碑刻拓片特展”4个原创拓片展览。特色的展览让观众欣赏到了难得一见的拓片精品，发挥了藏品的最大价值。不仅如此，碑刻博物馆还配合展览举办了专业的学术讲座、组织了切合主题的社会教育活动、出版了展览相关的正式刊物、开发并销售展览相关的文化创意产品，以一系列互动式体验，将原本单一的展览多样化，形成了文化宣传的集群效应。

通过这种互动式的展览体验活动，让观众近距离欣赏到了精美的拓片藏品，博物馆拉近了观众与展品之间的距离，吸引了更多市民游客走进博物馆，使展览取得了更好的社会反响。仅以“文徵明碑刻拓片特展”为例，在96天的展期内，吸引了近3万名书法爱好者及文徵明研究爱好者专程前来参观。省、市媒体也对此次展览进行了集中采访报道。这4个原创展览在本馆完成展出后，又分别赴南京、南通、盐城、张家港、太仓等地的博物馆进行交流巡展，进一步扩大了文化影响力，让碑刻拓片展览“活”起来、“动”起来，让更多公众了解到碑刻的魅力。

3. 寓教于乐，打造全新社会教育活动

免费开放、互动体验、文化休闲等博物馆公共文化服务工作可以吸引更广泛人群走入其中，中小型专题博物馆必须改变原有的藏品展示办法，以便公众和社会更好地参与。苏州碑刻博物馆致力以亲民视角寻找博物馆社会教育活动的新策略。“苏州碑刻技艺”在2007年被列为江苏省首批非遗项目，碑刻博物馆作为该项省级非遗项目的保护和传承单位，利用这一契机于2012年5月在全国范围内率先成立了“碑刻技艺”展示体验中心，向观众展示“碑刻技艺”的独有魅力，让观众能亲自动手参与拓碑过程，获得碑刻拓片，把碑刻技艺带回家留做纪念。

一开始，“碑刻技艺”展示体验中心只有3块可供观众参与的碑刻复制品，场地也有限。但随着观众参与度的高涨，馆方根据馆藏的老拓片复制了“后出师表”、“唐寅书桃花诗”、“文徵明书西苑诗”、“唐寅书落花诗碑”、“过云楼藏帖之兰亭”等碑刻，供观众参与的体验碑刻数量达到了50余块，活动场地面积也扩大了3倍，三年多来有5000多人次参与了拓碑体验。同时，馆方结合每次特色展览活动，复制相关内容的碑刻供市民游客免费参与拓碑体验，与展览形成了良好的互动。博物馆通过精心策划，把文化资源以“碑刻技艺”的视角展示给观众，拉近了与观众的距离，使观众易于了解和接受，对中小型专题博物馆的宣传起到了重要作用。

4. 紧跟形势，打造博物馆新媒体宣传体系

当前博物馆既要面对复杂的社会形势，又要善于让历史告诉未来，以丰厚的历史积淀，指引时代前行，对于中小型专题博物馆来说，这项工作显得尤为重要。因此，只有更深层次地挖掘文化内涵，以现代科技手段对遗产进行展示，才能更好地为社会公众服务，满足观众的多层次文化需求。

（1）微博

苏州碑刻博物馆在2012年4月开通了官方微博，并设置了相关的栏目对藏品进行解读和研究。博物馆微博在与观众的互动中极其重要，如在举办“文徵明碑刻拓片特展”期间，除发布各类原创微博87条外，还积极回复粉丝关于展览的提问，设置有关藏品的有奖问答，活动获得粉丝们的极大反响，纷纷踊跃答题，活动期间博文曝光量始终保持在15000次以上，有效地扩大了展览的影响力。

（2）微信

微信是近些年新型的社交宣传平台，在年轻人中间尤为普及。苏州碑刻博物馆通过开通官方微信平台，与广大观众直接互动，在手机扫一扫、手指按一按的过程中，观众就可以对博物馆的各种信息了如指掌。工作人员也会及时向微信观众传递博物馆动态信息、展览快讯以及各类互动活动预告等。

（3）APP软件

APP软件是使用者可以利用移动终端设备下载并使用的新型媒介。作为江苏省内第一家开发使用APP的专题博物馆，苏州碑刻博物馆的“现代书法碑刻”APP可使观众对馆藏品进行全面的了解，更可以借助馆内的免费无线网络进一步享受手掌中的博物馆之旅。这是博物馆将珍贵藏品和研究成果无偿和便利提供给观众了解和欣赏的一种极佳方式。

（4）数字博物馆平台

2012年底，苏州碑刻博物馆数字博物馆在百度百科上线，该馆大部分重要碑刻在这一平台上得以展示。用户可以通过互联网浏览数字博物馆中的藏品。数字博物馆不仅进一步提升了观众的参观体验，同时也使博物馆的藏品展示迈向数字化和系统化。

通过运用现代科技手段这一无比强大的工具，博物馆的人气、文化服务都得到了有效提升，为博物馆可持续发展提供了无限的可能性，藏品资源“无处不在”，进入了广阔的数字生态系统，可以为更广大的观众群体服务。

三 结论

为了更好地促进博物馆事业的蓬勃发展，提升公共文化服务能力，拉近博物馆同公众的距离就成了提升博物馆文化影响力的重要突破口。各个博物馆应该充分发挥主观能动性，不能将眼光局限在现有的业务中，要以创新的思维，结合先进的科技手段，逐渐将博物馆文化更深层次融入市民文化生活，在互动体验式的交流中，拉近博物馆与观众的距离。因此，公共博物馆尤其是中小型博物馆除了要陈列出能吸引大众的常设展览，还必须举办各类有特色的临时展览吸引社会大众的关注，同时通过文物库房开放、数字图像展览等方式让更多公众知晓，并且在展览中充分利用电视、报纸等传统媒体以及微博、微信等新兴媒体进行集中报道。不要把展览宣教局限在馆内，要让这些难得一见的文物能够展现在大众的面前，在激起大众好奇心的同时，可吸引一批文物爱好者加入到文物研究中，达到“共同学习”、“共同进步”的目的，最终发挥博物馆在公共文化服务体系中极其重要的作用。

参考文献：

1. 单霁翔：《从“服务民众”到“依靠民众”——博物馆社会服务理念的提升》，《上海文博论丛》2013 年第 2 期。
2. 王宏钧：《中国博物馆学基础》，上海古籍出版社，2001 年。
3. 黄光男：《博物馆新视觉》，文化艺术出版社，2011 年。
4. 邢致远：《南京地区国有中小型博物馆发展研究》，南京农业大学硕士学位论文，2007 年。

谈藏品保管和研究在公共文化服务体系中的作用

——以镇江博物馆为例

蓝旻虹

（镇江博物馆　江苏镇江　212000）

内容提要：藏品保管和研究工作在公共文化服务体系中发挥着独有的作用，藏品保管和研究工作应继续坚持服务大众，融入当地公共文化服务体系建设的理念。镇江博物馆从藏品研究成果转化、数字化博物馆建设等若干方向出发，努力构建特色文化镇江。

关键词：博物馆　藏品保管研究　公共服务作用

一　镇江博物馆藏品保管和研究的基本情况

镇江博物馆是一座地方历史综合艺术博物馆，成立于 1958 年，馆址为原英国领事馆旧址，占地 11700 平方米，五幢东印度风格的建筑依山而建，错落有致。1995 年建成了 1780 平方米的文物库房，馆舍面积达到 5456 平方米。1996 年被国务院批准公布为全国重点文物保护单位。馆藏 6 万余件从石器时代至明清时期的文物，现有国家一级文物 200 余件、二级文物 300 余件、三级文物 5000 余件，以西周青铜器、六朝青瓷器、唐宋金银器、明清书画为馆藏特色。这些珍宝闪烁着中华民族的智慧光芒，展示着古城镇江历史发展的足迹。

在镇江博物馆几代人的努力下，藏品保护、管理和研究工作有了长足的进步。博物馆成立之初，藏品保管和研究力量薄弱，藏品数量也相对较少。但是博物馆前辈凭借丰富学识，发扬吃苦耐劳的精神，在文物保管、研究方面取得了丰硕的成果。20 世纪六七十年代陆九皋先生在《文物》期刊发表《介绍明杨继盛、周宗建墨迹手卷》、《谢廷循杏园雅集图卷》、《刘岱墓志简述》等文章，奠定了镇江博物馆文物研究的基石。而后八九十年代镇江博物馆厚积薄发，在吴国青铜器、唐宋金银器、六朝青瓷等文物研究领域有所建树，刘兴、肖梦龙、刘建国、徐铁城等先后在《文物》、《东南文化》、《南方文物》等期刊上发表数十篇专业论文，并召开相关学术研讨会，引发业内和社会关注，极大地提高了镇江博物馆和镇江作为历史文化名城的知名度。在馆藏文物的保护方面，镇江博物馆培养了专业的文物保护力量，尤其是在古书画保护领域，培养了杨志贵等人，至今仍在古书画保护方面发挥积极作用。从 20 世纪 90 年代镇江博物馆自创内部刊物《镇江文博》，出版《镇江文物精华》、《镇江博物馆建馆四十周年纪念文选》，到近年来《镇江出土陶瓷器》、《镇江出土金银器》、《镇江馆藏明清书画精粹》等书籍和图录的发行，从建馆之初几千件文物到如今的近6万件文物，镇江博物馆的文物保管、研究事业仍在不断发展。

二　藏品保管和研究在公共文化服务中的作用

1. 承担公共信托服务

博物馆首要中心是“物”，藏品的妥善合理保管是博物馆发挥公共文化服务体系作用的基本保障。《国际博物馆协会博物馆职业道德准则》指出，“博物馆为社会及发展利益，承担信托管理保护收藏品的责任”。公共信托原则就是指政府接受全体人民的委托，义务性管理诸如海洋、湿地或文化遗产等资源，维护特定的公共信托用途。公共信托的核心观念就是“管理和服务，包括合法所有权、长久保管、档案记录、提供利用和负责任的处理”。[1]对于当地公共文化服务建设来说，保护好馆藏文物才能够赢得社会的信任，同时提供给公众优质服务的可能。作为地方综合性的博物馆，镇江博物馆现藏品来源大部分来自考古出土和社会捐赠，少量为征集购买。而在未来，鼓励社会捐赠和征集是博物馆收藏的趋势。对于社会捐赠的文物，收藏家和艺术家捐赠的艺术品，或是来源于考古发掘的器物，镇江博物馆的保管研究人员都细致严谨地对入藏品进行登记造册、分类保管，尽可能详细地记录档案，便于查用。近两年来，博物馆对外提供馆藏信息、图像资料、咨询服务等提用文物数量达到历史新高。博物馆具备保护管理好入藏品的能力，让公众信任，才能赢得托付。2014年市民高文桥向博物馆无偿捐赠南宋漆杖，填补了馆藏宋代漆器文物类别的空白。文物移交的时候，器物表面已经有了开裂、起皮和脱落的状况，博物馆当即把文物存放入恒温恒湿库房，联系国内的漆器修复专家进行修复。对于捐赠者来说，保护好这件私人收藏是件困难的事，捐赠给国家是对博物馆工作的信任。对于国家来说，由博物馆进行收藏保护，挽救了一件珍贵的文物，这何尝不是公共文化服务的体现。

2. 与社会分享专业的文物研究成果

中小型博物馆多数是文物保管和研究合为一体，镇江博物馆也是如此，这从客观上促进了文物的研究工作。文物是中华传统文化的有形载体，透过文物，我们可以感知过去，面向未来。文物研究成果包含多方面，如文物鉴定与鉴赏、专业的学术论文、优秀的陈列大纲等。保管研究工作要“静下来”，又要能够“动起来”，要让研究成果转化成百姓喜爱的文化形式，服务于公共文化服务体系。近年来镇江博物馆组织公益性免费鉴宝活动、与大学等机构合作举办文物艺术品知识讲座、与媒体开展文物知识约稿，相关的文物研究与鉴赏类文章达百余篇，通过多种形式让深藏在库房之中的文物“活起来”。

实物的力量往往比书本、图片更能感受历史和传播文化。为此镇江博物馆结合镇江当地特色文化策划专题展览，有意识地把馆藏文物与当地特色文化有机结合起来。镇江是江苏地区茶叶的重要产地，在2015年中国茶叶学会全国名优茶的评选中，镇江的金山翠芽、长山剑毫等茶叶品种获得特等奖。金山寺中的中冷泉又有“天下第一泉”之称，南宋陆游留有“铜瓶愁汲中濡水，不见茶山九十翁”的诗句，从考古出土器物就可知镇江古代茶文化的盛行。为此镇江博物馆策划了“古韵茶香——镇江博物馆馆藏茶具展”，与中国茶叶博物馆合作，出版《镇江博物馆馆藏历代茶具展图录》，举办茶艺表演。展览受到大家的喜爱，对百姓来说是了解家乡悠久的茶文化，对游客来说增加了对镇江的感性认识。临时展览的策划都是围绕馆藏特色文物展开。镇江是吴文化的发源地之一，在策划镇江出土吴国青铜器的基本陈列时，镇江博物馆也充分考虑临时展览的需求，策划“勾吴古韵——镇江出土吴国青铜器展览”。书画方面，在清代中后期，镇江地区形成了以张夕庵、顾鹤庆为创始人的国画流派——京江画派，其把镇江的真山真水寄情于书画中。研究好京江画派，着力推介京江画派展览，扩大画派的影响力，无形中助推了镇江公共文化建设。

三 加强藏品保管、研究工作与公共文化服务体系的互动

1. 为数字化博物馆建设提供内容保障

数字化博物馆的建设为我们提供了更好的平台，能够24小时面对观众，提供优质服务。一方面是优化平台，方便有需求者通过网站、微信等平台快捷、清晰地浏览所感兴趣的内容。内容提供是决定网站、微信浏览量的关键所在。镇江博物馆的网站运行多年，浏览方式和相关的文字、图片信息已不适应观众需求，镇江博物馆的官方微信目前也只是定期发布一些展览讯息，缺乏更多生动有趣的文物信息，而文物相关的APP内容也不够丰富。这就要求我们的研究工作要为数字化博物馆建设内容提供强有力的保障。另一方面是加快完善藏品数据库，要把数据库的建设与全国可移动文物普查工作结合起来，更多的是要学会讲关于文物的“故事”，从历史、工艺、时代背景、相关人物等多方面解读，配合相关部门做好数字化媒体内容的及时更新。

2. 加强与其他业务部门及社会各界的合作

保管研究工作更多时候是与“物”打交道，把文物所含的历史、文化、艺术、科技等方面讯息传递给社会，是我们在公共文化服务中发挥作用的关键。在博物馆的服务意识得以加强，逐渐由以藏品为工作核心转变为“以人为本”，强调博物馆服务社会、服务教育的背景下，博物馆研究的重心已从“物”转移到“人”。[2]博物馆社会教育和公共服务的职能和作用愈加突出，那么保管研究人员的工作职能同时被弱化了吗？回答是否定的。对于研究人员来讲，要充分认识到加强文物保护与研究的紧迫性，做好与展览、宣教部门沟通和合作的重要性。如何优先修复配合展览器物、撰写什么样的展览大纲、观众喜欢看什么、暑假期间中小学生爱听什么类型的讲座等问题，都需要保管研究人员做好统筹安排。在2015年的清明节，研究人员就与社会教育部门一起，给小朋友们做了一场“米芾同学的日常”的讲座，讲座以生动、形象的语言和图像，在准确表达人物作品特性的同时，也让小朋友乐于接受，以他们喜爱的形式传播了文化知识，受到家长和学生的一致好评。我们要把研究成果转化为助推公共文化建设的动力，必须加强与社会媒体、团体活动的联系，让研究成果不仅仅停留在专业期刊上，而是普及给大众，让更多的人热爱中国的传统文化。

3. 提高藏品的征集、研究能力

如何保证不断有新的藏品入藏，是博物馆面临的问题。镇江博物馆现在每年的文物入藏基本都以考古出土为主。每年的数量在百余件左右，主要以陶器、瓷器为主，其他门类的入藏显得较为单薄。博物馆的自身发展离不开藏品，一个有特色馆藏文物的博物馆才会吸引观众，才能更好地服务于公共文化体系。以馆藏京江画派作品为例，镇江博物馆馆藏京江画派作品400余件（套），大部分来源于早年镇江籍金融家捐赠，此外故宫博物院、南京博物院、辽宁省博物馆等很多官方收藏机构都有收藏，在拍卖会上也时常有拍卖。我们不能停留在满足现状上，要积极向政府和社会民间组织及人士争取资金和无偿捐赠，有针对性地进行征集，才能保证为未来的发展储备资源。研究能力与征集有时是相辅相成的，当研究能力达到一定水平的时候，征集才会更有自信和方向。镇江博物馆的专业研究人员在经历了新老交替后，虽然形成了高学历、高素质的保管研究梯队，但是研究水平和社会影响力仍有待进一步提高。馆藏特色文物如唐宋金银器、宋代服饰、吴国青铜器等方面都有待进行更深入的研究。

博物馆的保管和研究工作在公共文化服务体系中发挥着独特的作用，对镇江博物馆而言，立足馆藏特色，深挖文物内涵，多体系地服务于社会，打造独一无二的文化镇江，是发挥博物馆在镇江公共文化服务体系中作用的关键所在。

注释：

[1] 林健：《苏南地区博物馆藏品管理现代化的思考》，《区域博物馆的文化传承和创新——江苏省博物馆学会2013学术论文集》，文物出版社，2013年。

[2] 宋新潮：《公共文化服务体系与博物馆免费开放》，《东南文化》2012年第4期。

立足藏品发展有特色的公共文化服务

——以苏州碑刻博物馆为例

丁　一

（苏州碑刻博物馆　江苏苏州　215007）

内容提要：随着公共文化体系建设的推进，作为公共文化服务的主要部门之一，博物馆系统的公共文化服务建设日益受到重视。藏品是博物馆的核心之一，也是体现博物馆特色的重要组成部分。本文以苏州碑刻博物馆为例，分析如何立足藏品发展有自身特色的公共文化服务，并就其中遇到的问题进行探讨。

关键词：公共文化服务　藏品　博物馆

一　公共文化服务、博物馆、藏品的定义和关系

1. 三者的定义

公共文化服务是指政府着眼于社会效益，为社会提供非排他性和非竞争性的公共产品和服务的文化领域。[1]公共文化服务体系建设是构成我国文化体系建设的三大领域，即公共文化服务体系建设、文化市场体系建设和文化产业体系建设的重要组成部分之一。

根据国际博物馆协会2007年对博物馆的定义："博物馆是服务于社会及其发展的非营利性永久机构，向公众开放，以学习、教育、娱乐为目的，收集、保存、研究、传播和展示人类及人类环境的物质及非物质遗产。"[2]

我们可以从博物馆的定义中很简单地找出博物馆藏品的范围和定义。博物馆藏品，即指人类及人类环境的物质及非物质遗产，它是一个广义的藏品概念。对应非物质文化遗产的部分而言，往往需要通过物理存在物品，或者人的行为等形式和载体来表现和传播，因此与物质不可分裂而待，亦视其为藏品。

2. 三者的关系

博物馆是向公众开放的非营利性机构，体现出社会性、公共性和服务性，博物馆又需要以学习、教育、娱乐为目的进行藏品的收集、保存、研究、传播和展示工作，因此具备了教育性和研究性。这些属性使得博物馆必然成为公共文化服务的主要部门之一。

藏品是博物馆用以学习、教育、娱乐等目的的主要对象，是博物馆发展公共文化服务的基础和核心之一，必不可缺。藏品是博物馆的特色，如果缺少了藏品，那博物馆就与社

会上其他普通文化服务机构没有差别。

因此，博物馆只有立足藏品才能更好地发挥博物馆自身的优势，发展有特色的公共文化服务。

二　苏州碑刻博物馆如何立足藏品发展公共文化服务

苏州碑刻博物馆是专门收藏、研究、陈列和复制古代碑刻、拓片的专题性博物馆。相较于综合性博物馆，苏州碑刻博物馆的专题性使得其在藏品种类、样式、内容上比较单一，但也使得其在发展公共文化服务上可以更为专注和深入。

1. 发掘藏品内涵，发展特色公共文化服务

苏州碑刻博物馆馆舍坐落在苏州文庙府学内，藏品从内容上主要包括科学类国宝四大宋碑、苏州地区的儒学碑刻、明清工商经济碑刻、书法类碑刻、宗教类碑刻、墓志铭、明清地方史志碑刻等，形式上以碑刻和拓片为主，馆藏特色表现出专题性、整体性、地方性和稀缺性。

（1）立足藏品专题性，注重公众教育和学术研究服务

苏州碑刻博物馆的藏品以及研究、陈列、宣传教育等工作都以碑刻和拓片的相关主题为核心，是博物馆个性的中心部分。出版基于常规陈列的《苏州碑刻博物馆藏碑刻系列丛书》，就是立足于分享馆藏碑刻，服务社会上相关学习和研究的需求。

（2）立足藏品整体性，打造园林式博物馆

苏州碑刻博物馆建筑本身是始建于北宋景祐二年（1035 年）的文庙府学，其建筑规制、格局极具特色，现存有大量相关的儒学碑刻。苏州碑刻博物馆在常规陈列方面保持了原有的儒学碑刻与建筑的整体性，设计了儒学碑刻系列陈列，并在之后的常规陈列中也保持了这种整体风格。古典的府学，碑面和墙黑白相称，绿树成荫，将藏品的特点和建筑环境充分融合统一，形成了独特的赏景看碑的展线风格。

在社会教育活动中，苏州碑刻博物馆更是将国学传统融入其中，发挥千年庙学的优势，让参与者沉浸其中。如每年孔子诞辰日进行的祭孔活动，德善书院的未成年人国学班等公益性社会教育活动，都引起社会很大关注，参与人数众多。

（3）立足藏品地方性，服务地方公共文化

苏州碑刻博物馆保存了大量苏州范围内的碑刻、拓片，内容包括儒学碑刻、明清工商经济碑刻、墓志铭等系列，是苏州地方发展、历史变迁、人文环境的资料库。以地方名人和地方盛事作为立足点，策划举办的“停云留翰——文徵明之碑刻拓片特展”、“桃花梦墨——唐寅之碑刻拓片特展”，在市民中取得很好的反响。固定陈列如以苏州建城 2500 周年为主题的“苏州当代书画界名家作品碑刻——现代书法碑刻陈列”，不仅以碑刻的形式展现了作品，也将当时名家云集的盛况凝固在了石刻上。

（4）抓住非遗技艺稀缺性，打造公共文化服务品牌

苏州碑刻博物馆的馆藏碑刻以苏州地方为主，而苏州碑刻是江苏省非物质文化遗产——苏州碑刻制作技艺的重要物质载体。苏州碑刻历史悠久、精巧细致、格式独特、内

容丰富，其制作技艺有石材精致、刻工博学、精巧雅致以及惟妙惟肖四大特点，2007年被批准为“江苏省非物质文化保护遗产”。技艺传承主要以师傅带徒弟的形式传授，由于史料记载缺乏，至今可查实的仅有周梅阁、钱荣初、时忠德一脉单传的碑刻技艺传人，技艺传承已处于濒危状况。

为了更好地传承、发展、宣传苏州碑刻技艺，让这门古老的技艺再度发扬光大，苏州碑刻博物馆建立苏州碑刻技艺非遗传承基地进行传承、研究、生产等工作，不仅注重研究碑刻或者拓片内容的专题、风格、特点，还致力于公共文化服务项目，为非遗技艺的可持续发展做出贡献。

2. 利用网络平台，小投入，大服务

（1）利用网络平台的原因

原因一，公众的需求。公共文化服务本身即是服务，服务要以人为本。在目前这个信息化高度发达的时代，人们对信息获得的速度和便捷性要求越来越高，应该适应时代需求，使用更为快捷有效的沟通平台和手段。

原因二，博物馆公共文化服务的需求。博物馆的公共文化服务包含藏品的展览陈列、公众教育、娱乐等方面，要让公众知道、了解并迅速传播才能更好地实施。同时，网络平台能够及时反馈观众反应和意见等相关数据，提高服务效率。

原因三，效率与成本。苏州碑刻博物馆是地方性专题博物馆，经费和人员有限，需要有一个较低成本、较高效益的手段来打造公共文化服务平台。

原因四，顺应博物馆转型的时代需求。微博、博客等网络平台将原来严肃或抽象的博物馆形象逐渐变成一个会与公众交流，也会配合可爱表情的拟人形象，拉近了博物馆与公众的距离，同时建立一个互相沟通的渠道。

（2）小投入，大服务

新兴媒体越来越多地进入和影响人们的生活，有些甚至逐渐成为人们生活中不可或缺的一部分。目前网络运营商所提供的很多免费的公共信息平台，为苏州碑刻博物馆的宣传、交流、传播等提供了非常有效且经济的途径。

目前苏州碑刻博物馆使用的网络平台主要为微博、博客、微信以及百度百科“数字博物馆”。微博、博客、微信平台免费使用，同时可以利用手机、电脑等直接进行维护，节约了经费成本。同时，运维人员也能及时发布、处理、更新信息，在较少投入的同时提高了公共文化服务的效率。百度百科“数字博物馆”更是跨越地域的鸿沟，服务于公众。网络勾连出地球村，这些平台的使用使苏州碑刻博物馆的服务对象范围扩大到了全世界。

（3）苏州碑刻博物馆网络平台公共文化服务建设

苏州碑刻博物馆在微博、微信平台进行公共文化服务项目信息发布并提供预约服务，特别是公众教育活动和展览体验活动，参与者能够迅速而便捷的得到讯息，并及时反馈给博物馆，提高了效率。

将网络平台视作公共教育的延伸，配合特展或者固定陈列进行专题藏品介绍和相关学术研究信息发布，并提供在线问答服务。

以微博为例。自2012年4月苏州碑刻博物馆官方微博上线以来，多次配合固定陈列、

特展和主题活动等，设置相关主题标签进行系列微博发布，如展览的概况、展品信息、研究成果等内容，起到了非常好的宣传效果。在微博平台的网友答疑、评论等互动活动，不仅实现了宣传、教育、传播的目的，而且收获了固定的粉丝。由于此为苏州地区较早上线的专题博物馆官方微博，受到如四月公益等全国性博物馆志愿者组织、公益组织的关注，也从一定程度上反映了其影响力。

3. 克服场地局限，加强硬件环境维护

苏州碑刻博物馆场馆是苏州文庙府学国保建筑，场地有限，能够进行改造的内容也有限。为了向公众提供更好的文化休闲场所，在不破坏古建，保持修旧如旧、风格统一的前提下，苏州碑刻博物馆修建和增设残疾人通道，装设全馆覆盖 Wi-Fi，改造厕所，修整绿化，力图打造一个古典与现代结合的园林式博物馆场馆。

配合展陈，设置触摸屏、液晶显示屏等多媒体设备，进行有效的多媒体互动，帮助公众更好的体验和进行公共文化服务项目。

4. 发展公共文化服务的其他举措

苏州碑刻博物馆在公共文化服务方面还有若干其他举措，如 2004 年实施了免费开放；发挥文庙府学的作用，为国学传播提供平台；在不破坏建筑、环境的前提下提供盆景公众展示平台，造景和公共文化服务双赢等。

5. 苏州碑刻博物馆特色公共文化服务项目实例

（1）“赏佳品，试非遗”——“看 + 做”模式

苏州碑刻博物馆形成一套独特的“赏佳品，试非遗”的“看 + 做”模式。让观众先看展览，欣赏非遗拓碑技艺成果；再拓碑，体验部分非遗技艺。从结果开始，追根溯源，不仅欣赏和了解到展览中藏品本身的知识，还能学习和了解非遗技艺，并能亲身体验，层层深入。这样的模式体现出碑刻博物馆的专题性、整体性特色，也是地方性和稀缺性的完美展现。2013 年推出原创展“百世一系——苏派碑刻名家作品展”、“停云留翰——文徵明之碑刻拓片特展”，2014 年推出原创展“桃花梦墨——唐寅之碑刻拓片特展”，2015 年承接“兰亭的故事”全国巡展，都采用了这个模式。

“兰亭的故事”是承接的全国巡展，苏州碑刻博物馆精选馆藏兰亭序碑刻，以苏州碑刻技艺复制用以拓碑体验，让观众不仅能体验非遗技艺，还能关注并欣赏馆藏精品，将巡展和馆藏结合，使展览做得更深入，成功加入并展现了博物馆的特色。

“百世一系——苏派碑刻名家作品展”、“停云留翰——文徵明之碑刻拓片特展”等原创展已经推广到了江苏其他城市和地区，如吴江博物馆、南通博物苑、大丰博物馆等都引进了这些展览。

以“百世一系——苏派碑刻名家作品展”为例，特展包含的 17 方拓碑体验碑刻，是由非遗传承人以馆藏岳飞所书的“后出师表”拓片为蓝本制作的。2015 年 7 月 10 日 ~8 月 30 日在南通博物苑巡展，期间参观人数达 3. 5 万人次，参与非遗技艺体验的青少年学生就有 240 人，取得了很好的社会反响。

（2）立足藏品特色，依托体验中心，形成系列公共文化服务项目

从2012年5月18日至今，苏州碑刻博物馆以非物质文化遗产“苏州碑刻技艺”为核心，以碑刻技艺展示体验中心为依托，已经发展了如“感受非遗 文化惠民”拓碑体验、“七彩夏日”、“碑刻技艺进社区”、“碑刻技艺进学校”等公众教育活动项目，教授碑刻传拓技艺。

以“感受非遗 文化惠民”拓碑体验为例，2012年5月18日~2015年8月31日，共接待了401批4467人次的拓碑体验者，其中包括学龄前儿童、在校学生、社区老人、外籍人士等。体验中所使用的碑刻都是以苏州碑刻博物馆馆藏为模本的，以苏州碑刻技艺进行复制的，如《兰亭序》、岳飞书《后出师表》、文徵明书《西苑诗》。

这一系列公共文化服务项目传播了非遗技艺，展示了苏州碑刻博物馆的馆藏魅力，也体现了其立足馆藏的公共文化服务的重要特色——物质文化遗产和非物质文化遗产完美结合。

6. 实践中遇到的问题

随着苏州碑刻博物馆发展公共文化服务实践的深入，遇到以下几个问题。

（1）藏品研究不足

目前的公共文化服务依然以面上铺开为主，不够深入精细，不能满足专业性强的观众需求。在藏品研究方面，除了需要加强馆员的专业培养，加强馆员自身的业务学习以外，还需要博物馆专家委员会的监督和支持，这样开展学术讨论、公共讲座、公众教育等公共文化服务才能更为专业。

（2）经费和人员有限

博物馆经费和人员有限，专职人员少，接待量有限，往往疲于奔命而影响了服务的质量。通过建立和壮大博物馆志愿者队伍，不仅能缓解人员上的紧张局面，而且还会带来公共文化服务建设的新思路。

（3）场地限制

文庙府学的国保古建需要权衡保护和利用的问题，在一定程度上也限制了公共文化服务的开展。应更多的挖掘和研究古建筑本身的历史文化内涵，更好的发展公共文化服务。

三 总结

藏品是博物馆的核心之一，无论是综合博物馆还是专题博物馆，藏品总是带有其个性和特点，立足藏品，必将使得博物馆公共文化服务更为个性，更能发挥自身优势。本文分享了苏州碑刻博物馆在藏品和公共文化服务建设上进行的实践，希望在个性化的时代，引发大家对建设特色博物馆公共文化服务的思考和讨论。

注释：

［1］林健：《苏南地区博物馆藏品管理现代化的思考》，《区域博物馆的文化传承和创新——

江苏省博物馆学会 2013 学术论文集》，文物出版社，2014 年。

[2] 宋新潮：《公共文化服务体系与博物馆免费开放》，《东南文化》2012 年第 4 期。

参考文献：

1. 齐勇锋：《构建公共文化服务体系探索》，中华人民共和国国家发展和改革委员会网站，2006 年 4 月 30 日。
2. 《国际博物馆协会章程》，2007 年。
3. 牛伟：《论博物馆公共文化服务建设》，郑州大学硕士学位论文，2013 年。
4. 胡俊：《关于美国博物馆公共文化服务的研究及启示——以大都会艺术博物馆等为例》，《上海文化》2013 年第 12 期。
5. 祝孔强：《公共数字文化服务体系与数字博物馆建设》，《融合・创新・发展：数字博物馆推动文化强国建设——2013 年北京数字博物馆研讨会论文集》，北京数字科普协会，2013 年。
6. 王栋云：《博物馆公共文化服务的思考与实践》，《致力于社会和谐的江苏博物馆事业——江苏省博物馆学会 2012 学术年会论文集》，文物出版社，2013 年。
7. 刘舜强：《公共文化服务体系视野下的博物馆功能定位》，《学理论》2014 年第 10 期。
8. 陈燮君：《公共文化服务体系中的博物馆文化的力量与智慧》，《中国国家博物馆馆刊》2012 年第 8 期。

区县博物馆文物藏品征集工作刍议

——以太仓博物馆为例

徐　超

（太仓博物馆　江苏太仓　215400）

内容提要：本文对区县博物馆文物藏品征集工作中存在的困难与不足进行了初步分析，在此基础上结合太仓博物馆的实践，就如何优化区县博物馆文物藏品的征集工作提出了自己的建议。

关键词：区县　博物馆　文物征集

文物藏品是历史类博物馆的立馆之基、生存之由，是开展保管、研究、陈列、社会教育等一切博物馆业务活动的物质前提，文物藏品数量的多寡、质量的高低从根本上决定着历史类博物馆业务活动的范围以及提供文化服务的能力。文物藏品量的增长和质的提高是历史类博物馆生存发展的必由之路，文物征集工作因而也成为历史类博物馆各项工作中的基础环节。

在我国，区县博物馆一般是由区县级地方人民政府设立的国有综合类博物馆，虽然"综合类"的提法使自然标本、当代艺术品、工艺品等也日趋成为区县博物馆的收藏对象，但区县博物馆是本地方以实物进行历史文化宣传、教育、研究的唯一专业机构，它的业务方向理应更靠近于历史类博物馆，与单纯收藏艺术品或工艺品的美术馆或艺术馆等还是有一定区别的。因此，区县博物馆的馆藏支柱仍应是文物藏品，而藏品征集工作的重点也必须放在文物上。近年来，随着我国经济的高速增长，各类公、私博物馆如雨后春笋般涌现，这进一步挤压了本就在规模、实力、水平上与省、市公立博物馆有着巨大差距的区县博物馆的生存空间。在中国的博物馆丛林中要想有所作为、办出特色，区县博物馆除了在社会教育、科学研究上进一步狠下功夫外，还必须缜密规划、有的放矢，切实运用好文物征集这一能够快速提升层次、彰显特色的发展手段。

本文拟对区县博物馆文物藏品征集工作中存在的困难与不足进行初步分析，在此基础上结合太仓博物馆的实践，就如何优化区县博物馆文物藏品的征集工作提出一些粗浅的建议，不当之处还盼方家指正。

一　区县博物馆文物藏品征集工作中存在的困难与不足

1. 文物藏品征集途径少、障碍多

《中国博物馆学基础》曾将博物馆藏品征集的主要途径归纳为"考古发掘、田野采集、

民族学调查、社会调查征集、收购、接受捐赠、交换与调拨、接受移交”[1]八类，除田野采集外，其余七类均适用于文物藏品的征集，对区县博物馆而言，其中有五种方式似乎是较为可行的，但要顺利地通过其中任意一种方式收集到有价值的文物也绝非易事。第一，以考古发掘而言，在历史遗存丰厚的地区，考古出土文物应较为容易，而对于某些历史人口聚集较为晚近的地区，考古发掘往往是非常可遇不可求之事，而即使在本地区出现了考古发掘的机会，区县博物馆因不具备考古发掘单位资质，发掘进程必须由上级专业机构主导，对出土文物的归属问题也往往做不了主。第二，以调查而言，区县博物馆在社会认可度、公信力方面并无显著的优势，一些民间文物的所有者往往并不愿意配合区县博物馆的调查工作，加之当今社会人们对文物价值的认识逐步提高，一些原本应归公的文物也大量被私藏、隐匿甚至倒卖，要想靠调查获得有价值文物的希望也愈发渺茫。从实际工作的情况看，调查只是收购或者接受捐赠的前置工作而已，它其实并不能作为一种直接的文物征集途径而存在。第三，以收购而言，经费问题始终是区县博物馆的最大掣肘。区县博物馆依赖政府每年微薄的财政拨款维生，这笔拨款少则十几万，多则几十万，要用于博物馆的日常运营的方方面面，一年下来能收支平衡或略有盈余已属不易，除非有专项资金的支持，否则，要靠区县博物馆自身的财力去收购有价值的文物，在今天文物市场价格扶摇直上的现状下已绝无可能。第四，以接受捐赠而言，区县博物馆往往不会是捐赠者首先考虑的捐赠单位，从技术力量、保管水平到社会影响力，各方面的不足会使有捐赠意向的人犹豫再三甚至转投他处，捐赠之于区县博物馆往往是一种可遇不可求的恩惠。第五，以交换与调拨而言，它们都曾是计划经济时代区县博物馆文物来源的重要途径，而在今天的市场经济大环境中，每一件文物都有形无形地被赋予了经济价值的标签，国有文物收藏单位都以保有、留存所有文物为工作底线，那个一纸文件就可以轻易将文物所有权转移的时代已一去不复返了。通过以上分析可以看出，区县博物馆能够比较现实地利用的文物征集途径确乎只有收购和接受捐赠两种而已，而在付诸实施的过程中所面临的困难又会使这两种方式的成功率大打折扣。

2. 文物鉴定专业人才匮乏

文物征集工作需要具有扎实鉴定技能的专业人才，而鉴定技能的养成除了需要具备考古学、历史学、材料学等各方面的专业知识，更需要有积年累月经验的培养与训练。区县博物馆对那些考古学、历史学专业出身的高校毕业生的吸引力本就不大，即使能够延揽到一些专业人才，他们的鉴定能力一时半会儿也无法达到对征集对象一锤定音的水平，在文物征集过程中必然需要外请高水平专家，这就增加了工作的成本、降低了工作的效率。专业人才的匮乏还会提高文物征集工作出错的风险，造成不必要的损失。这种损失表现为两种情形：一种是将赝品当作文物进行征集，这不仅浪费了好不容易得来的征集经费，而且会大大有损博物馆的信誉和形象，这种损害往往很难弥补或挽回。另一种是征集人员认识不到征集对象的真正价值，将其看作普通品甚至是赝品而不予接受，与有价值的文物擦肩而过从而错失良机。

3. 文物征集工作缺乏主动性

区县博物馆在行政、财政、人事上均隶属于区县政府所属的文化行政管理部门，这种隶属关系使得区县博物馆必然要唯上级主管部门的意志行事，一些区县博物馆甚至在实际工作中把安稳、无过地完成上级交代的任务作为工作的唯一目标。文物征集作为一种全赖上级资金支持的工作便完全沦为有令则行、无令则止的非常态选项，区县博物馆对其缺乏主动的思考和全盘的规划便在所难免。这种情况会使文物征集的定位不清、范围不明，被动、盲目、随机征集到的文物仅仅是孤零零的个体，无法与博物馆自身的收藏体系产生互动与共鸣，无法融入地方历史文化的研究、宣传中去，因而也无法产生更多的社会效益，这样的文物征集工作其实是不成功的。

4. 文物征集理念亟须调整

古代精品文物是实力雄厚的大中型博物馆的重点征集对象，区县博物馆若盲目跟风、紧盯古代精品文物不放则犯了导向性错误。区县级博物馆当然是需要古代精品文物来提升内涵与层次的，但古代精品文物大都依赖收购获得，区县博物馆的实力决定了这种方式只能在价格可以接受的范围内偶尔为之，倘若为了收购一件文物而预支几年甚至十几年的征集经费是得不偿失的，因为这些经费也许可以购买到一套成系列的普通古代文物，一批价值可能在未来会有很大提升的近现代文物，或者诸多相对价值不高但对于本地方历史文化研究很有意义的文物。

二 优化区县博物馆文物征集工作的建议

1. 主动出击、积极联络，努力疏通文物征集渠道

区县博物馆的文物征集渠道少、困难大是客观事实，但这并不意味着区县博物馆只能被动坐等，只要积极发挥主观能动性，创造条件、迎难而上，文物征集工作仍然是可以取得一定成绩的。在前文总结的区县博物馆切实可行的两种文物征集途径中，收购是主动式的，但决定权归属于上级机关，博物馆自身所能做的努力其实很少，至多是提供参考意见；接受捐赠是被动式的，区县博物馆对此是有文章可做的，通过长期的努力是有可能化被动为主动的，其核心与关键就是做好潜在捐赠者的工作，这就需要与本地的收藏协会、文物爱好者保持密切的联系与交流，与他们打交道、交朋友，热心人士受到应有的尊重和礼遇后出于对本乡本土的感情，自然而然会成为文物捐赠者。当然，“打铁还须自身硬”，在硬件方面，区县博物馆要确保保管文物的设施和技术水平达到较高标准，能够为文物捐赠者所认可、放心；在软件方面，要通过扎实的工作，不断扩大自己的知名度与影响力，赢得捐赠者的信任。以太仓博物馆为例，每年都会举办的“文博之友”活动是保持与本地区热心人士沟通与交流的绝佳方式，在表达尊重与感谢的同时也请他们为博物馆的发展献计献策、提供帮助与支持。近年来太仓博物馆征集到的诸如“梅村公祠壁记”碑刻、王时敏砖雕作品等重要文物均是来源于热心人士的无偿捐赠。

2. 加强培训与实践，培养自己的文物征集鉴定人才

区县博物馆虽然很难吸引高水平人才的加盟，但却可以从在职员工中培养和储备自己

的文物征集鉴定人才。以太仓博物馆为例，邀请高水平专家为员工举办专业讲座已成为常规制度，仅近两年来举办的涉及文物鉴定的专题讲座就有南京博物院研究员庞鸥主讲的《“四王”画培训》，南京博物院研究员霍华主讲的《清代彩瓷鉴赏》，苏州考古所所长张照根主讲的《瓷器鉴定新论》，武汉理工大学顿贺教授主讲的《古代船舶历史》等等，所请专家均是其所从事领域内的权威与大家，员工在与高水平专家的交流、学习过程中潜移默化地加深了对文物鉴定工作的认识，提高了理论水平。除了理论学习之外，博物馆还选拔有潜力的员工参与苏州文博从业者文物鉴赏培训班，提高员工的文物鉴定实战能力。文物征集鉴定人才的培养不可能立竿见影，区县博物馆必须要做好打持久战的准备，对员工的培训要持之以恒，并且创造条件让员工多多参与到文物征集鉴定的第一线，接受考验与磨练。

3. 找准定位、发现缺环、制定规划

以实物藏品为依托对本地方的历史文化进行研究、宣传、教育应是区县博物馆的主要工作方向，因此区县博物馆的文物征集工作也要围绕这一宗旨而展开，将征集重点放在那些与本地方的历史文化、风土人情紧密相关的文物上。与此同时，还应在弄清馆藏家底的基础上找出藏品体系中的缺环与空白，发现空缺与重点征集文物之间的交汇点，以此交汇点作为征集目标，设法达到一举两得的效果。明确了征集重点后就应该努力摆脱“等、靠、盼”的思想，积极主动地制定出具体的征集规划。当然，欲征集文物的出现具有很大的不确定性，因此要做好长期寻觅的准备，一要时刻关注文物市场的动向，二要与地方的文物普查人员保持密切的联系。

王氏家族是太仓历史上最为显赫的官宦世家，从明代首辅王锡爵到其子王衡、其孙王时敏甚至绵延至清代后期的历代王氏子孙，涌现出了大量杰出的政治家、文学家、艺术家。太仓博物馆紧紧抓住王氏家族这根主线，结合馆藏高规格墓志欠缺的现状，制定出搜集整理王氏家族墓志的长期计划，积极与王氏祖茔所在地的村民保持紧密联系，十几年来不断走访，多方考察调研，目前已发现或征集到了王锡爵先祖的墓志或墓志盖5方、王衡墓志1方、王时敏墓表1件以及其他与王氏家族有关的墓志总共十几方。这些墓志的发现可以为研究明清政治、明清文学、“四王画派”等重要课题提供全新的第一手资料。

4. 确立体系性、前瞻性的文物征集理念

所谓“体系性”是指区县博物馆征集的文物可以与已有馆藏文物互补、互配，构建出一个有序列、成系统的研究和展示框架。以太仓博物馆为例，唐宋瓷器一直以来都是馆藏瓷器中的薄弱环节，为此，博物馆争取到专项经费在2011年成功收购了5件唐宋瓷器小精品，此次收购完善了太仓博物馆瓷器藏品的时间链条，也使陈列、展示中国瓷器的大致发展脉络成为可能。所谓“前瞻性”是指区县博物馆征集的文物不一定要在眼下就具有较高的价值，而应着眼于文物在将来的“升值”潜力，因此尤其要重视对近现代文物的征集。近现代去今不远，流传下来的实物遗存相对较多，从稀有度上来说其相对价值似乎并不大，但细究起来却并非如此。近现代是中国历史上颠覆传统最为强烈的大变革时期，这一时期的文物深刻映射着当时东西方文化的强烈碰撞与交融，以及屈辱、抗争、革命、改革等此

起彼伏的社会大潮。随着当今社会变革速度的不断加快，近现代时期的具体状况已非当代人所能理解与想象，可以说当代社会变革的速度越快，近现代文物“增值”的速度也就越快。以太仓博物馆为例，近年来对近现代文物的征集主要着眼于两个方面，一是与太仓近现代名人有关的文物，二是反映太仓近现代社会生活面貌的文物。第一类文物在太仓本地的留存不多，于是工作人员辗转苏州、上海、南京等地开展征集，收获了国学大师唐文治的自订年谱，国画大师朱屺瞻、宋文治的画作等重要文物。第二类文物在太仓本地留存较多，在征集过程要求覆盖面广、品种丰富，例如对浏河供销合作社股票，以及民国时期土地房产所有证、结婚证等各种证、券、照、章都尽可能网罗，而对于记录太仓沧桑变迁的各时期老照片则以“上穷碧落下黄泉”的精神征集到了千张左右。

综上所述，虽然区县博物馆的文物征集工作面临着主客观两方面的困难和不足，但困难与希望同在，挑战与机遇并存。只要我们找准自身定位，调整文物征集的理念，制定科学的计划，发挥主观能动性，积极主动出击，大力培训和储备人才，就一定能开拓出一条特色鲜明、适合本馆实际的文物征集之路。

注释：

［1］王宏钧：《中国博物馆学基础》，上海古籍出版社，2001 年。

参考文献：

1. 赵丽娟：《试谈博物馆的文物征集渠道》，《大庆社会科学》2009 年第 1 期。
2. 于任杰：《浅谈基层博物馆的文物征集工作》，《文物春秋》2006 年第 2 期。
3. 陈斌：《浅谈如何加强新形势下博物馆的文物征集工作》，《教育教学论坛》2012 年第 34 期。

加强保护利用，发挥江苏党史资源在公共文化服务体系中的重要作用

刘媛之

（中共代表团梅园新村纪念馆　江苏南京　210000）

内容提要： 江苏地区党史资源丰厚，应该加强保护和利用党史资源，以党史资源展现出的社会主义核心价值观引领公众坚定理想信念，发挥江苏党史资源在公共文化服务体系中的重要作用，从而为实现中华民族伟大复兴的“中国梦”做出贡献。

关键词： 保护利用　江苏党史资源　公共文化服务体系

2010年，中共中央发布了《关于加强和改进新形势下党史工作的意见》，这是第一个关于党史工作的文件，意见要求加强党史遗址保护。党史遗址以及相关文物资料，是中华民族物质和非物质文化遗产的重要组成部分，必须精心保护。党史遗址记录着中国共产党为了民族独立、人民解放、国家富强而英勇奋斗、不惜牺牲的革命精神，是我们宝贵的精神财富。当今社会出现信仰缺失、诚信危机、物质崇拜、社会浮躁等现象，红色影视作品因而广受青睐，革命者的爱国主义、理想追求和献身精神散发着经久不衰的动人魅力。但影视作品与历史毕竟有区别，党史遗址与相关革命文物才是最真实鲜活的历史教材，所以各级政府及相关部门应该切实加强革命遗址和相关革命文物的保护和利用工作。

一　党史遗址、革命文物的定义以及江苏党史资源的分布

党史资源主要指党史遗址、革命文物及相关人物史实。革命文物是指自1840年以来，中华民族为争取民族独立、实现伟大复兴而奋斗，特别是中国共产党领导下的新民主主义革命和社会主义革命与建设光辉历程的重要实物见证，集中反映了中国共产党领导中国人民取得的光辉业绩和社会主义现代化建设的丰硕成果，蕴含着中华民族和中国共产党人的优良传统。党史遗址是在革命和建设的历史进程中所形成的纪念地和标志物，主要分为重要历史事件旧址、重要机构旧址、重要人物活动纪念地和故居、烈士墓碑、纪念设施和惨案发生地等，所以党史遗址本身就是革命文物。江苏是党史资源大省，主要表现在三方面。

第一，江苏是中国共产党最早建立组织并开展革命活动的地区之一。1921年5月以前已有党组织活动。1922年春，中共陇海铁路徐州（铜山站）支部建立，同年王荷波等人组成了南京地区第一个党小组——浦口党小组。王荷波等人秘密筹组工会的浦镇机厂浴室就是党史遗址。党的初创和大革命时期，江苏地区都是中国共产党活动的重要区域和舞台。

第二，江苏重要党史事件多，在江苏出生或活动的重要党史人物多。新四军创建抗日

民主根据地、苏中七战七捷、淮海战役、渡江战役等事件都意义重大。周恩来、瞿秋白、张太雷、恽代英等是江苏人民的优秀儿子，赵世炎、邓中夏、陈毅、粟裕、叶剑英、李克农、董必武等党和军队重要领导人曾在江苏从事革命活动，有的还牺牲在江苏。

第三，江苏革命遗址分布广、数量多。2011 年，江苏普查结果显示各市、县（区）基本都有革命遗址，数量达 1750 处。其中，重要历史事件和重要机构旧址、重要活动纪念地、重要领导人故居、烈士墓 933 处。目前，江苏省的革命遗址得到了充分的保护和利用，其中有 462 处革命遗址和纪念地被各级政府命名为爱国主义教育基地（国家级 36 处），53 处省级以上红色旅游景点，151 处省级以上文物保护单位。

二 丰富的党史资源能为江苏公共文化服务体系发挥重要作用

中央《关于加强和改进新形势下党史工作的意见》要求加强党史遗址的保护，同时，还首次使用了“党史教育基地”的概念，梅园新村纪念馆等单位为南京市首批“党史教育基地”。江苏作为党史资源大省，大力加强党史遗址和相关革命文物保护与利用十分必要。

1. 党史资源为广大公众提供历史智慧，激发民族自豪感和自信心

2014 年，习近平总书记在参观首都博物馆时强调：“搞历史博物展览，为的是见证历史、以史鉴今、启迪后人。要在展览的同时高度重视修史修志，让文物说话、把历史智慧告诉人们，激发我们的民族自豪感和自信心，坚定全体人民振兴中华、实现中国梦的信心和决心。”近年来，网络上流传了一些虚假信息，所谓的解密某段党史与个人史，其实是歪曲了事实，对大众形成了误导，一定要让党史遗址和相关革命文物还原史实，让国人更加坚定地选择中国共产党领导的，永远和平、不断前进的发展道路。

2. 江苏党史资源是营养剂，不断向广大公众传递正能量

2013 年，习近平总书记在参观西柏坡后指出：“对我们共产党人来说，中国革命历史是最好的营养剂。多重温我们党领导人民进行革命的伟大历史，心中就会增添很多正能量。”江苏丰厚的党史资源是就是党员干部的心灵营养剂，也不断向广大公众传递着正能量。

3. 保护利用好江苏党史资源是城市发展的必然要求

2014 年，习近平总书记在考察北京玉河历史文化风貌保护工作展览和河堤遗址时曾说过：“历史文化是城市的灵魂，要像爱惜自己的生命一样保护好城市历史文化遗产。”在艰苦岁月中，革命前辈为家乡做出了重要贡献，付出了巨大牺牲。党史遗址是我们后人纪念革命前辈、传承革命精神的重要基地，是党史学习的形象教材，我们应该保护与利用好党史资源，传承好革命精神，建设好家乡。

三 通过保护和利用党史资源推动公共文化服务再上台阶

党史遗址一般为免费开放的文保单位、革命纪念馆等，应在开放管理中着力保护好遗址，更好地还原历史、以史育人，通过保护和利用党史资源推动公共文化服务再上台阶。

1. 加强党史遗址和相关革命文物的保护

党史遗址是历史的见证，党史遗址的革命文物是最直观的党史宣传材料，它们和与之相关的革命故事、革命精神等是革命纪念馆（地）奉献给大众的精神文化食粮。众多的党史遗址依托于国家各级重点文保单位而建立，年代久远，常年对外开放，每年接待较多的观众。许多党史遗址是开放式展示，观众可以近距离参观老一辈革命家的办公室、卧室等，身临其境感受老一辈革命家的工作生活环境，聆听他们为国家统一、人民幸福不懈奋斗的故事。展出文物都是必须重点保护的党史宣教实物，所以要制定合理的保护规划，既要保证参观，又要保护文物。按照国家规定和实际情况建设安防系统，确保安全设施达到国家最高水平，甚至达到国际先进水平。

2. 加紧革命文物的“抢救性”征集、保护

党史遗址必须要有更多的党史宣传新内容展示给大众。革命文物，即纪念馆重要藏品，其征集、定级尤为重要。相对于历史博物馆，革命纪念馆的文物征集经费实在捉襟见肘，往往依靠捐赠。如司徒雷登是国共南京谈判期间的美国驻华大使，其秘书傅泾波的女儿——美籍华人傅海澜女士先后捐赠给梅园新村纪念馆的“周恩来赠送给司徒雷登的花瓶”、“司徒雷登任美国驻华大使时的签名册”都被专家鉴定为国家一级文物，并已展出。

另外，革命纪念馆不同于历史馆，许多革命事件亲历者的访谈“口述史”急需留存，成为“抢救性”征集。2013 年，梅园新村纪念馆人员赴一位与纪念馆失去联系两三年的老同志家中探访，结果得知老同志已经去世。另一位老同志在纪念馆同志探访其不久后也离世了。他们的“口述史”都没有留存，文物也没有征集到，十分遗憾。所以，笔者认为革命老前辈的“口述史”征集问题亟待解决，在此呼吁有关部门，对于革命纪念馆，特别是免费开放的中小型革命纪念馆的文物征集经费给予大力支持。

3. 加紧革命文物的学术研究

革命纪念馆学术研究包括对文物的研究、历史研究、展览设计研究、宣传教育研究等诸多方面，更为重要的是要把最新的研究成果转化为展览大纲、论文论著、讲解词等直接为公众服务的形式奉献给公众。研究人员必须积极征集、挖掘寻找新线索，不断充实党史资源。如 2014 年 9 月，全国首个烈士纪念日之际，江苏省省长李学勇到南京叶晋芝烈士的儿子沈晓延家中慰问，表达对烈士的缅怀之情。叶晋芝烈士为我党首任女电台台长，曾跟随毛主席赴重庆谈判，其丈夫沈毅力也为红军通讯战线创始人之一。1946 年沈毅力率团并携妻、子从重庆赴南京梅园新村途中遭特务暗害不幸去世，周恩来、邓颖超在南京梅园新村为其举办了追悼会。由于叶晋芝烈士从事的是地下工作，这段历史曾经尘封多年。2015 年“5·18”国际博物馆日，其子将沈毅力在梅园新村工作时使用过的眼镜、无线电配件盒、皮包，叶晋芝烈士留下的唯一一张照片无偿捐赠给了梅园新村纪念馆。

四　必须充分利用党史资源为广大公众提供更优质的服务

党史遗址与革命文物带给大众的是革命者崇高的精神之美，是心灵的震撼、灵魂的净

化、精神的启迪，是社会主义核心价值观的重要内容，所以必须充分利用党史资源为广大公众提供更优质的服务。

1. 不断举办时代鲜明、各具特色的与党史遗址相适宜的专题展览

革命纪念馆应该紧跟时代步伐，不断举办主题内容与党史遗址相适宜的各类专题展览，发挥宣传党史、服务公众、教育公众的作用，切不可举办主题内容与党史遗址不适宜的专题展览。

2. 不断通过高质量的宣传服务揭示革命文物的精神价值

从古到今，追求心灵的崇高美、实现自己的人生价值，一直是人类精神生活的重要组成部分。革命纪念馆不同于历史博物馆，革命文物的“可看性”在于革命者曾经使用过、流传下感人的故事以及展现出令人钦佩的崇高精神，文物的内涵和价值只有通过宣传才能为大众知晓。所以，关键不在来了多少观众，而在于真正为多少观众提供了服务。

3. 不断深入开展各类群众性文化活动

中共十八大报告指出，要开展群众性文化活动，引导群众在文化建设中自我表现、自我教育、自我服务。革命纪念馆在群众性文化活动的开展上独具优势，成为各类群众首选的社会实践基地、思想道德教育基地等。

（1）针对学生深入开展纪念馆志愿者与其他社会实践活动

革命纪念馆长期与学校合作共建社会实践基地，培训纪念馆志愿者，并为参加社会实践的学生提供各种周到的服务，使他们不仅收获书本上学不到的知识，还能从党史资源中感悟出人生的价值与意义。

（2）建好地方党员干部勤廉教育基地、部队官兵思想教育基地

2013 年 11 月 12 日，习近平总书记在党的十八届三中全会第二次全体会议上发表讲话，指出：“真正实现社会和谐稳定、国家长治久安，还是要靠制度，靠我们在国家治理上的高超能力，靠高素质干部队伍。”革命纪念馆应该建好地方党员干部勤廉教育基地、部队官兵思想道德教育基地，用纪念馆的资源和专家等优势为他们服务，在纪念馆举行重温入党誓词活动、公务员职业道德教育活动等传播革命精神。2014 年，梅园新村纪念馆、渡江胜利纪念馆、雨花台烈士纪念馆被江苏省委组织部定为“江苏省党性教育基地”。

（3）择机举办规模大、影响深的大型党史宣教活动

革命纪念馆应该积极举办一些规模大、影响深的大型党史宣教活动，用社会主义核心价值体系引领思潮、凝聚共识。2012 年，梅园新村纪念馆承办了由中国周恩来思想生平研究会、江苏省委宣传部等单位主办的“依托基地创建‘周恩来班’成果展示”暨周恩来思想生平研究会 2012 年年会。原中央政治局常委宋平（国共南京谈判时任周恩来政治秘书），中共中央政治局委员刘延东等发来贺信，中央文献研究室、关工委、团中央、中宣部、教育部、江苏省委宣传部领导，周恩来亲属及身边工作人员，以及全国周恩来研究专家和“周恩来班”学校代表近千人出席活动。

中央文献研究室主任冷溶评价：“周恩来班”承载了全党全国各族人民和社会各界对周

恩来总理的深厚感情，“周恩来班”活动一直有很强的社会影响力和感召力。

江苏省委宣传部王燕文部长指出：江苏是周恩来同志的故乡，在学习、研究、宣传周恩来思想方面具有独特优势，也承担着更大责任。江苏着力加强周恩来纪念场馆的建设管理，充分发挥其爱国主义教育基地的功能作用。“周恩来班”创建活动依托基地丰富资源、紧贴学生思想实际，受到广大青少年普遍欢迎和社会各方面的广泛好评。

（4）利用新媒体传播党史信息，唱响网上主旋律

中共十八大报告要求“加强和改进网络内容建设，唱响网上主旋律”。现代新媒体记录和分享文字、图片信息“短、灵、快”，许多革命纪念馆都利用微博、微信与网友交流，进行革命史、革命文物的宣传，以革命者的崇高精神感召着大众，也增强大众的文物保护意识，更吸引大众关注纪念馆，获取不竭的精神动力和沁人心脾的文化滋养。

江苏历史悠久，党史资源丰富，江苏人民应该感到自豪，更应该携起手来把自己家乡的党史遗址保护利用好，让人们从那些物质贫乏但精神富足、为了祖国和人民不惜牺牲生命的革命者身上感悟生命的意义和快乐的真谛，让后人世代享受这丰润的文化滋养。让我们更加坚定理想信念，齐心协力实现“中国梦”。

浅议江苏抗战类博物馆、纪念馆在现代公共文化服务体系中的作用

——以南京抗日航空烈士纪念馆为例

高萍萍

（中山陵园管理局孙中山纪念馆　江苏南京　210000）

内容提要：江苏省近年来在着力构建现代公共文化服务体系上取得了一系列重要成果。抗战博物馆、纪念馆作为其中的一项，以其分类齐全、分布广泛、建设时间短、做出成绩多而颇具影响。南京抗日航空烈士纪念馆是国家公布的首批80个国家级抗战纪念设施之一，近年来在文物征集、学术研究、社会教育方面取得了良好的社会效益。此类抗战博物馆、纪念馆在传承历史记忆、弘扬民族精神方面发挥着重要作用。

关键词：江苏　抗战博物馆　公共文化

党的十八大报告指出，“建设社会主义文化强国，关键是增强全民族文化创造力”。江苏省近年来在着力构建现代公共文化服务体系上取得了一系列重要成果。自1996年以来，江苏省提出要建设成为与经济发展相适应的文化大省。2007年，江苏省委明确提出，建设“文化凝聚和引领力强、文化事业和产业强、文化人才队伍强”的文化强省，要求适应全面建设更高水平小康社会的新要求，坚持把公益性文化事业作为社会事业发展的重点，完善公共文化服务体系，进一步扩大覆盖范围、健全服务功能、提高服务水平。2010年和2011年先后出台《关于又好又快推进“两个率先”在新的起点上开创科学发展新局面的决定》、《关于大力推进民生幸福工程的意见》等文件，重点关注文化建设、人民群众生活质量和幸福指数的提高。博物馆、纪念馆作为公共文化服务体系建设的一支，出现了一定程度的发展、繁荣。

国家对抗战类纪念馆历来重视。2014年9月1日，国务院公布首批80处国家级抗战纪念设施、遗址名录，民政部公布第一批在抗日战争中顽强奋战、为国捐躯的300名著名抗日英烈和英雄群体名录。南京抗日航空烈士纪念馆和部分中外航空先烈分别在册。据不完全统计，目前我国共有129家抗战类博物馆和纪念馆，江苏有7个被列入首批国家级抗战纪念设施、遗址名录中，3家是以博物馆和纪念馆命名的，其余4家旧址、陵园、故居也兼具博物馆、纪念馆的展示与纪念性质。江苏抗战类博物馆、纪念馆，在构建全省公共文化服务体系中发挥着什么样的价值，还能起到怎样的作用，值得我们思考和研究。

一　江苏抗战类博物馆、纪念馆及相类设施的基本情况

江苏自古以来人文荟萃，杰出人物众多，各类文化设施资源丰厚，博物馆、纪念馆种类繁多。江苏的抗战类博物馆、纪念馆或抗战纪念设施，按形式分主要有以下几类。

1. 博物馆

以博物馆命名的，主要有南京民间抗日战争博物馆。该馆是一个民营企业馆，与抗战老兵后代联系，以厂养馆，近年来不断收藏抗战文物，已有展厅与库房占据三、四两层，并出版刊行内部刊物《抗战》，拥有自己的公众微信号，有一定影响力。

2. 纪念馆

江苏有代表性的抗战纪念馆主要有3家，一是位于江苏省南京市建邺区水西门大街418号的南京大屠杀遇难同胞纪念馆；二是位于江苏省南京市玄武区钟山北麓的南京抗日航空烈士纪念馆；三是位于江苏省盐城市亭湖区建军东路的新四军纪念馆。

南京大屠杀遇难同胞纪念馆规模大、影响深，是以纪念事件为主的抗战纪念馆，公众对其认识较多。该场馆以大量真实的史料、珍贵的文物、丰富的图片，深刻揭露日本军国主义侵华的滔天罪行，有力回击日本右翼势力否认、篡改和美化侵略历史的倒行逆施，在警示人们勿忘历史、倡导爱国自强、维护和平方面发挥着十分重要的作用。

南京抗日航空烈士纪念馆建成开放于2009年，是以纪念历史人物群体为主的抗战纪念馆。该馆虽然建馆时间短，但是受到社会各界尤其是航空界人士的广泛关注。各地媒体和烈士亲属纷纷到访，国内外知名人士对其高度关注，在抗日航空纪念方面已颇具影响。

新四军纪念馆与苏皖边区政府旧址纪念馆与皖南新四军军部旧址为一体，是新四军军史纪念馆，主要展出新四军与八路军在白驹狮子口胜利会师和皖南事变后新四军在盐城重建军部的历史。

此外，还有茅山新四军纪念馆、泗洪淮北革命根据地纪念馆、淮安黄花塘新四军军部纪念馆、泰兴新四军黄桥战役纪念馆、南通联抗纪念馆、徐州运河支队抗日纪念馆、苏州沙家浜革命历史纪念馆、无锡马山革命烈士陵园（纪念馆）等10多座纪念馆，展出抗战历史。

3. 故居、旧址

人们近几年所熟知的江苏故居类抗战纪念遗址为拉贝故居，位于江苏省南京市鼓楼区广州路小粉桥1号。另外还有直接以旧址称谓的抗战纪念遗址，如位于江苏省南京市南京军区大院内的中国战区侵华日军投降签字仪式旧址和位于江苏省溧阳市宋巷里的新四军一支队司令部旧址。

4. 陵园、纪念碑、碑廊

江苏拥有两个抗战烈士陵园和两处抗战胜利纪念碑、一处抗日英雄碑廊。两个抗战烈

士陵园为位于江苏省连云港市赣榆县班庄镇的抗日山烈士陵园和位于江苏省淮安市淮阴区刘老庄乡刘老庄村的刘老庄八十二烈士陵园。两处抗战胜利纪念碑为位于茅山的苏南抗战胜利纪念碑和位于高骊山的韦岗战斗胜利纪念碑。一处抗日英雄碑廊为2006年兴建、2014年重建的徐州抗日英雄碑廊。

5. 陈列馆

2013年5月，坐落在江苏省镇江市润州区文化馆内的镇江大韩民国临时政府史料陈列馆正式开馆，通过历史资料再现了抗战时期镇江爱国志士与韩国临时政府的真诚合作。

6. 其他

除以上提及的以博物馆和纪念馆命名或类似博物馆、纪念馆的抗战纪念设施外，南京雨花台还有鲜为人知的抗战纪念塔，南京灵谷寺内还有纪念“一·二八”淞沪抗战的第五军淞沪抗战阵亡将士纪念碑、第十九路军淞沪抗战阵亡将士纪念碑等。南京江东门近期将建成大型的抗战胜利纪念馆。江苏省最著名的博物馆南京博物院也拥有民国馆。

在担负着进行爱国主义教育、弘扬社会主义优秀文化重任的博物馆和纪念馆阵营中，抗战类纪念馆承载了中国人民为国家独立和民族解放进行不屈斗争的历史记忆。江苏的抗战博物馆、纪念馆以其分类齐全，分布广泛，展出文物史料丰富，组织纪念活动影响大等特点在全国范围内颇具影响。

二 南京抗日航空烈士纪念馆近年的发展

作为世界上首座国际抗日航空烈士纪念馆，南京抗日航空烈士纪念馆建成开放于2009年9月26日，目前已接待参观者60余万人次。与江苏许多其他的抗战类博物馆、纪念馆一样，纪念馆建设时间不长，但是做出的成绩很多，影响也十分广泛。纪念馆展出的是第二次世界大战期间，中国、美国、苏联等国空军在中国大地上联合抗击侵华日军的英勇历史。包括“抗日航空烈士公墓”、“抗日航空烈士纪念碑”在内，一起构成了国内规模最大的抗日航空烈士纪念地。近几年来，在文物征集、学术研究、社会教育方面取得了良好的社会效益。

1. 文物征集

文物是历史的见证者和记录者，是现实的历史。我国近代以来的革命文物，是中华民族勤劳勇敢的象征，是中华民族为争取民族独立、国家富强而奋斗的历史见证。南京抗日航空烈士纪念馆利用一切途径征集与抗日航空烈士有关的文物，包括向海内外友人和烈士亲属广泛收集先烈的资料、档案、照片以及生前遗物，目前获赠史料和文物已突破千余件。

在这些文物中，有航空烈士用过的手套，有烈士生前航校毕业时的手链，有飞行员穿过的军服、戴过的功章、用过的眼镜盒、背上背过的“血幅”，它们向观众生动再现了战争岁月革命烈士的生活和斗争细节。在纪念馆中，通过它们的展示，观众近距离感受真实的历史，它们所蕴藏的深厚历史背景，使观众接受了更深层次的教育。

2. 学术研究

学术研究是博物馆和纪念馆为大众服务的一项重要功能。通过一系列学术成果的宣传和展示，普通民众在博物馆和纪念馆可以得到更深层次的文化服务。近年来，南京抗日航空烈士纪念馆通过汇编抗日亲属口述历史，整理编印抗日航空英雄小故事，编译发行第一手原始英文、俄文资料，举办公益讲座，参加主题研讨会，鼓励员工个人学术研究等方式，开展纪念馆的学术活动，使对抗日航空历史的探究成为公众普遍关注的对象。社会上研究空军抗战的热潮正在兴起。

3. 社会教育

社会教育是纪念馆的重要功能之一。依托本馆的基本陈列，通过讲解展览，是纪念馆社会教育的主要方式，也是纪念馆向公众提供文化服务的最直接的方式之一。党的十八大对文化工作提出了“引领时尚、教育人民、服务社会、促进发展”的总体要求。近年来，纪念馆通过社会教育的桥梁，将本馆所要弘扬的民族精神、爱国主义精神传递给观众，使观众受到精神启发和激励。

从2009年落成以来，纪念馆接待的中外游客逐年增多。在坚持阵地教育的同时，积极通过流动展览和网站、微博等形式，将流动纪念馆送进社区和学校，使观众足不出户参观纪念馆，扩展纪念馆的教育阵地，同时也扩大了纪念馆教育的受众面。在前来参观的众多游客中，有部分海内外团体、个人和烈士亲属对纪念馆的发展高度关注。俄罗斯国防部、外交部、中央军事博物馆，美国国际合作委员会以及两国驻华使领馆先后为纪念馆提供了大量珍贵史料、实物。来自这些国家的外籍人士的关怀对纪念馆的发展起到积极作用。

三　江苏抗战类博物馆、纪念馆在现代公共文化服务中担负的神圣使命

从南京抗日航空烈士纪念馆近年来的发展轨迹中，可以看出江苏抗战类博物馆、纪念馆在为人们提供纪念缅怀先烈情感服务的同时，还在建设现代公共文化服务体系中担负着以下神圣的使命。

1. 传承历史记忆，振奋民族精神

博物馆的基本功能是保存民族文化，纪念馆则培养民族精神。抗战类博物馆、纪念馆尤其具有这方面的作用。南京抗日航空烈士纪念馆是纪念与传承抗日空军精诚团结、舍生取义精神，保存先烈英勇作战历史，传承民族浴血抗战记忆，培养下一代不怕牺牲和爱国情怀的一个重要场所。

民族精神是一个民族赖以生存和发展的精神支柱，任何一个有文化的民族都有自己独特的民族精神。中华民族在五千年的历史发展进程中，形成了以爱国主义为核心的团结统一、爱好和平、勤奋勇敢、自强不息的伟大民族精神。尤其是近代以来，中国人民进行的英勇不屈的抗日战争，更加体现了千万爱国将士视死如归、各界忧国民众万众一心的民族

精神。以抗日战争为题材的纪念馆，能为和平时期进行爱国主义教育提供最好的“正能量”。

2. 巩固民族团结，紧密对外联系

抗日战争是一场史无前例的全中华儿女团结一致抵御侵略者的战争，也是中华民族一百多年来第一次彻底打败帝国主义侵略的伟大的民族解放战争。在这场战争中，中国国民党和中国共产党领导的抗日军队，分别担负着正面战场和敌后战场的作战任务，形成了共同抗击日本侵略者的战略态势，组织了一系列大型战役，给日军以沉重打击。同时，中国战场先后得到了苏联和美国等国的支持，是“二战”东方的主战场，反映出中苏合作、中美合作等国际友谊。

南京抗日航空烈士纪念馆通过陈列展览，展示了抗日战争的一个特殊的战场——“空中战场”。在这个战场上，中苏、中美等国飞行员并肩作战，最终赢得抗战胜利。对在中国战场上牺牲的抗日空军的缅怀，不仅联结着海峡两岸的情感，更联结着世界人民对于反法西斯战斗英雄的深刻怀念和追思。

3. 记录不屈历史，见证寻梦之路

江苏的许多抗战类纪念馆、故居、旧址，既是团结中华儿女一致奋斗的纽带，也是架起国与国之间友谊的桥梁。一些博物馆、纪念馆的展陈内容，则主要是体现江苏乃至中华儿女在遭受外敌入侵时的顽强不屈，以及经过艰苦抗战取得的来之不易的胜利。这些内容对广大人民群众特别是青少年具有十分震撼的教育作用。

对遇难同胞和抗日英烈各种形式的缅怀、纪念，既时刻揭露着日本军国主义侵华的滔天罪行，更时刻警示着世人勿忘历史、珍爱和平。在和平安定的环境下，纪念馆的繁荣发展是社会主义文化大繁荣大发展的助推剂，也是助力经济繁荣的营养剂。纪念馆事业的发展离不开社会经济的发展，反之同样也服务于经济建设，促进经济的发展。经济和文化的繁荣是民族复兴最为直观的象征。在当前时代下，江苏抗战类博物馆、纪念馆既真实地记录了我国人民抵御外侮、顽强抗战、追寻中国梦的历史，也将见证华夏儿女紧密团结、海内外同道携手并肩一起实现中国梦的伟大时刻的到来。

参考文献：

1.《江苏：着力构建现代公共文化服务体系》，《中国文化报》2014 年 1 月 10 日。
2.《习近平在纪念全民族抗战爆发 77 周年仪式上讲话》，人民网，2014 年 7 月 7 日。
3. 朱成山：《承载历史记忆　弘扬民族精神——中国抗战类博物（纪念）馆建设与作用一瞥》，《人民日报》2014 年 1 月 16 日。
4. 沈强：《纪念馆在实现中华民族伟大复兴的中国梦中的作用分析》，《中国纪念馆研究》，北京出版社，2014 年。

基层纪念馆抗战文物保护之我见

王晓蓉

（茅山新四军纪念馆　江苏镇江　212000）

内容提要：抗战文物承载着深刻的民族情感，只有高度重视抗战文物的保护和利用，才能充分发挥抗战文物印证历史，教育人民、服务社会的功能。而且文物本身具有不可再生性和不可复制性，因此，基层纪念馆在利用文物的陈列展览为社会提供精神食粮的同时，对馆藏文物进行科学的管理与保护是一项非常重要的工作。

关键词：纪念馆　抗战文物　文物保护　库房建设

文物保护是一项长期和专业的工作，然而，由于各地经济发展不平衡和管理体制滞后等原因，基层抗战类纪念馆在文物保护方面还存在着一系列突出的问题，如纪念馆的工作重点在经济建设方面，对抗战文物保护工作重视程度不够；基层抗战类纪念馆的展陈手法落后；文物保护队伍专业人才缺乏；现有的文物保管员专业基础知识不扎实；文物库房建设等文物保护硬件设施落后等等。这些都使得我国抗战类纪念馆，尤其是基层抗战类纪念馆的一些珍贵文物得不到妥善保护，文物保护工作进展缓慢。

一　抗战文物保护需要培养一支优秀的人才队伍

抗战文物是抗日先辈留给后人的珍贵遗产，保护它就是要铭记先辈们为民族独立和自由勇往直前甚至不惜牺牲的不朽功勋，以此来教育后人继承先辈的革命精神，为实现中华民族的伟大复兴而努力奋斗。文物保护工作最终不能缺少人的参与，目前基层抗战类纪念馆从事文物保护工作的专业人才普遍较少，现有的文物保护人员专业基础知识缺乏，因而人才队伍建设是文物保护工作的重中之重。

1. 文物保护人员要加强学习和培训

基层抗战类纪念馆专业文物保护人才较少，现有的文物保护人员很多都是半路“出家”，或是从别的岗位转来从事这一工作的，没有系统学习过专业的文物保护知识和技能。现实中就存在一些因为文物保护工作人员知识、技术不够，而导致文物受损的现象，这是不应该发生的损失。

抗战类纪念馆的文物大都是一些革命文物，这些文物都是珍贵的历史记忆，反映了抗日战争时期的烽火岁月。比如韦岗战斗缴获的一块银元就讲述了新四军进军江南的第一仗，这一仗打破了日军不可战胜的神话，极大振奋了江南人民的抗日信心。文物保护人员只有认真学习中国抗日战争历史和中国革命斗争的历史，了解与文物相关的历史背景，储备和积累大量的知识，才能更好地理解和保护馆藏抗战文物和革命文物。

在岗的文物保护工作人员是进行文物保护的主力军，其专业技能和素质关系到文物保护工作的好坏。拥有更加全面、先进的文物保护专业技能可以在文物保护工作中起到事半功倍的效果。所以加强文物保护人员基础知识和专业技能的学习和培训是非常必要的。纪念馆可以邀请专家到馆里对文保人员进行培训，或是派遣文保人员外出学习先进的技术和方法；文保人员也可以将自学和教学结合起来。

2. 文物保护人员要全面熟悉本馆馆藏文物

基层抗战类纪念馆的文物保护人员应当熟悉馆藏文物，掌握家底，即馆里有什么文物，有多少文物，展出的有多少，库房有多少，什么地方缺什么，应补什么，都应做到心中有数。

现在第一次全国可移动文物普查工作正在如火如荼地开展，借助这一有利契机，文保人员应对每件入藏的文物予以深入全面翔实地分类、登记、制卡、拍照，建立科学、详细的文物档案。平时任何使用文物的状况也应翔实记录下来，包括研究业绩和利用形态（文件、实物），这样文物保护人员对每件文物的特性、历史与现状等才能了如指掌，熟悉了馆藏文物才能恰当地利用和放置文物，才能更好地发挥文物本身的价值，服务社会、服务大众。

3. 文物保护人才队伍建设要有计划性、梯队性

文物保护人才队伍的建设要有计划性，不能只顾眼前状况，要作长远的打算。文保人才队伍的培养不能脱节，要逐步培养，统筹安排，合理布局，要有计划、有步骤地进行。

文保人才队伍的组成要形成老、中、青梯队式，纪念馆应将文物保护专业人才的招募立入每年的新进人员计划，形成有层次、有梯队的文物保护科技人才队伍，这是我们文物保护事业的基本保障。合理的人才培养体系，决定了未来文物保护科技人员的构成，更决定了抗战文物保护事业是否能顺利、有序、高效、持续地向前发展。

二 抗战文物保护必须要建设一个标准的文物库房

自 2012 年第一次全国可移动文物普查工作开展以来，在普查中发现馆藏文物完整的很少，基本上都有不同程度的损毁。造成馆藏文物腐蚀损毁的主要原因是基层抗战类纪念馆文物保护条件差，如文物库房条件不达标、文物保存环境控制设施设备匮乏等。

据统计，除一些经济发达地区外，我国绝大多数基层纪念馆的文物保护工作仍然还是落后的库房管理人员加简陋的库房模式，完全不能适应新时期文物保护工作的需要。文物保护工作没有相应的科学保护措施，造成基层纪念馆文物保护工作困难重重，不少文物遭受了不应有的损失。

1. 文物库房建设要有合理的规划和布局

抗战类纪念馆的建筑是抗战文物保护工作的载体，纪念馆文物库房是纪念馆文物保护

工作的必要条件。

文物库房是专门用来存放文物的场所，是一种特殊用途的建筑，与一般性的库房存在很大差别，所以在规划和建造文物库房时就要全面考虑。文物库房不仅要具有防盗、防火、抗洪水、防止雷击以及抗震等抵御自然灾害的作用，还应该具备防止因空气污染、光线辐射、气候变化等自然因素造成馆藏文物损害的功能。

因此，基层抗战类纪念馆在建设初期就应该进行合理的规划布局，按照一定的要求和比例来设计文物库房区和文物展示区，建设一个安全可靠、符合文物存放标准的文物库房。

2. 文物库房建设要有严格的管理制度

严格的库房管理制度是文物保护工作的基础，一个现代化的、高标准的文物库房要有严格的管理制度才能更好地管理文物。

文物库房管理要制定一系列的管理制度，比如安全管理制度、岗位责任制、藏品出入库登记手续、藏品借阅使用手续等等。文物库房的管理还要求专人负责，明确分工，库房的每片区域或是每道程序都应配备固定的负责人，实现专人负责、专项管理。藏品出入库房经过严格的程序，就能明确文物的动向，从而更好地保护藏品。

3. 文物库房数字化建设

在信息化时代，应充分运用现代化手段，使文物藏品信息资源有效地服从和服务于社会主义精神文明建设的需要，使人类的物质文化和精神文化遗存长久地保存下去。因此，实施文物库房数字化管理，是时代发展的必然趋势，是解决文物宣传和利用、收藏和安全之间矛盾的必要手段，也是发挥文物固有的、不可替代的社会效益的必由之路。

文物藏品信息资源管理数字化，需要对各种类型文物藏品进行数字化处理，包括文物藏品账册数据和文物藏品档案文字资料的录入，文物图片资料的扫描和数码相机照片的处理，各种文物藏品摄像的数字化处理，实现文物藏品的计算机化和网络化的管理。文物藏品的检索管理，需要实现各种文物藏品的总账、分类账的查询，文物藏品档案的查询和统计报表的查询及打印等等。

4. 要建立文物库房安全防护系统

文物的安全问题是抗战文物保护必须时刻考虑的问题。文物库房的安全防护要做到人防、物防和技防相结合，主要是人防。人防要实行 24 小时值班制和夜间值班巡逻制，落实任务，责任到人等等。文保人员和纪念馆安保人员要通力合作，将白天巡查和夜间值班相结合，确保展厅和库房文物全年安全无事故。物防就是改造硬件设施，比如改造原有的文物库房，代之于标准防盗门，逐步更换文物箱柜，制作文物保管囊盒，添置灭火器材等消防设备。技防要在做好人防和物防的基础上，依据库房现场环境条件，对文物库房原烟感探测器、防盗报警探头等安防系统进行改造、升级和完善，使安全监控系统达到数字化传输的效果。通过设计组合，将防盗报警系统、声音复核系统、图像复核系统、电视监控系统、巡更系统、门禁系统、集中管理系统和控制系统构成一套防范性强、功能完备、自动化和智能化程度高的综合性现代化安全防范报警系统，并及时做好 110 报警系统的接入工作。

总之，对纪念馆而言，只有做好馆藏文物保护，才能实现馆藏文物资源的有效利用。

抗战胜利 70 周年，博物馆特别是抗战类博物（纪念）馆，集中开展了热潮空前、影响深广的抗战文物保护成果展示工作，吸引了大批国内外观众前往参观学习，抗战文物的利用和保护逐渐得到全社会的普遍关注。这项工作要得到各级文物管理部门和抗战文物管理机构的高度重视，在建设新展馆和重视经济效益的同时，将文物保护人才队伍建设和文物库房建设切实有效地做起来，才是基层抗战类纪念馆长久发展下去的力量和根本。

参考文献：

1. 陈斯利：《略谈县（市）博物馆馆藏文物的保护》，《南方论丛》2008 年第 10 期。
2. 胡继高：《当前文物保护科技发展中的人才培养问题》，《中国文物科学研究》2006 年第 1 期。
3. 蒋明明：《运用信息技术手段，实施文物藏品管理》，《文物工作》2002 年第 5 期。
4. 程京生：《文物征集与库房建设及其使用》，中国博物馆学会保管委员会 1999 年学术研讨会论文。

中小型博物馆社会教育工作在公共文化服务体系中的作用

——以徐州博物馆为例

于　征[1]　张胜男[2]

（1. 江苏省文物局　江苏南京　210005；2. 徐州博物馆　江苏徐州　221009）

内容提要：当下，社会教育工作已成为博物馆业务的中心环节。作为博物馆事业的主体——中小型博物馆只要不断转变服务理念，创新工作方式，将博物馆社会教育工作从“教育模式”向“服务模式”转变，就一定能在积累、传承、创新、发展民族文化，构建公共文化服务体系方面发挥更加积极的作用。

关键词：中小型博物馆　社会教育　公共文化服务

《博物馆条例》将博物馆定义为“以教育、研究和欣赏为目的，收藏、保护并向公众展示人类活动和自然环境的见证物，经登记管理机关依法登记的非营利组织”。由此可见，社会教育工作已成为博物馆业务的中心环节，是博物馆各项职能中最贴近公众、最直接服务于公众的部分。自2008年全国公共博物馆、纪念馆、爱国主义教育示范基地免费开放以来，公众文化需求空前高涨。在这样的时代背景下，如何转变服务理念，创新工作方式，将博物馆社会教育工作从“教育模式”向“服务模式”转变，成为当下博物馆社教工作者面临的新课题和新挑战。对数量众多、各具特色的中小型博物馆的社教工作进行研究更为重要。

徐州博物馆建于20世纪50年代，现已发展成为一座建筑设施完善、教育功能辐射显著的地区性综合博物馆。2010年实施二期扩建工程，建成后主要包括陈列大楼、土山汉墓、汉代采石场遗址及乾隆行宫和碑园的“四位一体”文化景观，是国内目前唯一一座把馆建与墓葬、遗址相结合，集国保、省保、市保单位为一体的博物馆。作为中小型博物馆的代表，徐州博物馆充分发挥汉文化特色，集中展示汉代文物，以个性化、差异化、特色化吸引游客，自2008年免费开放以来，已累计接待观众近400万人。徐州博物馆长期坚持以服务社会为宗旨，把社会和公众的需求作为工作出发点、落脚点，充分发挥博物馆宣传展示和社会服务功能，在普及社会科学文化的同时，不断创新服务理念，在构建公共文化服务体系中发挥着重要作用。

一　深入开展观众调查，积极拓宽宣传渠道

不管是展览还是社会教育活动，都是博物馆生产出的文化产品，观众就是这些文化产

品的消费者。生产出促进消费的文化产品，关键在于以人为本。要积极了解、研究服务对象，对受众的年龄职业、知识结构、认知能力、价值观念等方面进行详细的调查，改变以往“眉毛胡子一把抓”的状况，使“以人为本、服务社会”的宗旨始终贯穿于博物馆社教工作中。

博物馆等公共文化场所免费开放后，观众的结构发生了很大变化，未成年人、低收入群体、进城务工人员、村镇居民等群体数量增幅明显。观众调查工作显得尤为重要。美国博物馆协会博物馆教育专业委员会在2005年发布的《卓越工作：博物馆教育工作原则及标准》中指出：“博物馆教育工作者是帮助博物馆实现其教育使命的专业工作者。……作为博物馆团队的一员，博物馆教育工作者服务于观众的参观学习，致力于使多元化的观众获得有意义的和持久的学习体验。”中小型博物馆只有通过多角度的观众调查及对调查结果的认真分析，才能开发出主题鲜明、形式多样、内容丰富的公共文化服务活动，最大限度地向受众传播文物展品的有效信息。

2012年，徐州博物馆以在徐大学生为目标群体，通过问卷形式开展了一次观众调查。调查结果显示，95%的学生认为免费开放是同学们是否参观某景点的先决条件；只有23%的人参观过徐州博物馆，77%的人不知道博物馆在哪里、馆里展示什么内容等；在“是否获得博物馆的相关信息”一栏中，45%的人没有获得博物馆的相关信息；90%的人选择通过电视、网络来了解博物馆。

调查结果表明，像徐州博物馆这一类型的中小型博物馆迫切需要通过有效的渠道来宣传自己，促进本馆社会教育工作的顺利开展。2012年以来，徐州博物馆充分利用广播、电视、网络、报刊等媒体积极宣传推介，先后与中央电视台记录频道《巡汉——中国故事》专题片栏目组、中央电视台电影频道《中国通史》栏目、中央电视台科教频道《探索发现》栏目、中央电视台国际频道《国宝档案》栏目，以及英国雄狮电视台、中国国际广播电台海外部、人民日报、新华日报、香港大公报等合作，做好宣传报道和采访摄制工作。

2014年，徐州博物馆开通了官方微博、建立了微信公众号。目前，徐州市民足不出户就可以通过网站、微博、微信等互联网信息发布平台了解和欣赏到徐州博物馆馆藏资源，获取最新动态。这些都不断拓宽了宣传渠道，提高了社会效益，提升了徐州博物馆的公共服务水平。

二　努力发掘馆藏资源，持续提升展览效果

博物馆的藏品是人类历史、自然发展的实物遗存，向人们展示着历史文化和社会文明，传达着人类社会的变迁信息。

博物馆学习是从具象到抽象、从个体到整体、从物质到知识的过程，在每一个博物馆学习环节，都需要有相应的事实或知识来支撑，这些都需要博物馆研究来提供。从博物馆教育角度来说，博物馆藏品研究要结合博物馆教育特点，根据博物馆观众的认知特点和学习特点，加强对博物馆藏品信息、藏品知识整合及知识呈现的研究。[1]

虽然中小型博物馆藏品的丰富度和广泛性不能和大型博物馆媲美，但其在专题性和民俗性等方面有着大型博物馆无法比拟的特色。例如徐州地区汉代文物十分丰富，2014年北

京 APEC 峰会期间，徐州博物馆部分汉代文物在国家博物馆“丝绸之路”展览展出；为庆祝中法建交50周年，迄今为止反映汉代历史文化的最大规模精品文物展览“汉风——中国汉代文物展”亮相法国吉美博物馆，徐州博物馆藏金缕玉衣等文物成为展览的焦点。在筹备展览时，要充分发挥中小型博物馆的优势，在陈展方式和配套教育活动方面不断创新，努力推出一批规模小、制作精、受众接受度高的展览，这样才能够打破以往在陈展上“内容雷打不动”、“形式千篇一律”的局面，才能够引起观众共鸣、激发他们的参观热情，才能够最大限度地满足人民群众日益增长的精神文化生活需求。

三　积极转变服务理念，切实加强服务效能

讲解工作是社会教育工作的前沿，它把博物馆社会教育服务功能延伸到广大观众中，发挥着展品与观众之间桥梁和纽带的作用。

徐州博物馆重视培养讲解员的历史专业知识和分层讲解能力，使其更好地理解文物的丰富含义，将文物的价值、意义等信息传递给不同层次的观众。在讲解时对不同的展厅用不同的方式。如兵器展厅的讲解可以采用讲解加故事的形式，将与文物有关的历史故事穿插其中，增加讲解的趣味性和吸引力。此外，徐州博物馆还定期安排社教人员深入考古工地，听取考古专业人员的现场教学，以便他们掌握考古方面的相关知识和文物的背景知识，再通过自己的消化吸收，将生涩难懂的文物知识变成通俗易懂的常识，润物细无声地传递到观众。

四　努力创新教育方式，不断丰富活动形式

1. 加强馆校共建，立足青少年教育

青少年是祖国的未来和民族的希望，强化广大青少年对传统文化的认知与热爱，对于国家发展和民族振兴都具有十分重要的意义。“少年智则国智，少年富则国富，少年强则国强。”中小型博物馆应当积极开发贴近青少年实际的，融知识性、教育性、互动性于一体的社会教育项目，将博物馆青少年教育工作常态化、体制化、机制化，把博物馆打造成受青少年们欢迎的综合性教育实践基地和第二课堂。

博物馆开展青少年教育活动的最大优势，就是可以通过现场模拟设计出一个文化体验的场景空间，创造出虚拟环境的真实感，以达到身处历史原境的不寻常效果。这种体验的效果和环境，是学校所无法提供的。[2]

徐州博物馆根据不同年龄段未成年人的认知特点，2014 年以来策划了种类丰富、内容贴切的各项教育活动：

针对 4～6 岁学龄前儿童，徐州博物馆与徐州快哉网联合举办“我是小小讲解员”岗位体验活动，精选馆内 5～10 件（组）文物，由馆内教育员专门编写儿童讲解词。结合“维商其祥——殷墟出土文物珍品展”展览，让孩子们摹画甲骨文字和青铜器纹饰，感受3000年前的艺术魅力。

针对7～9岁小学低年级的学生，徐州博物馆联合《彭城晚报》小记者团开展了为期一年的“汉文化半日营”教育活动。活动每周末举办一次，暑期另有夏令营活动，共8期32场，带领他们身临其境地感受汉代文化，了解家乡文化魅力。

针对10～12岁小学高年级学生，举办“屋檐端头的瓦当——和文物专家一起学做瓦当拓片”手工活动，认识精美的汉代瓦当纹样。

2. 助力高校发展，扩大志愿者队伍

大学生的活力、激情、创造力和求知欲使得他们成为博物馆社会教育工作无法忽视的群体。中小型博物馆应当积极加强与高校的长期合作，优势互补。

目前，徐州博物馆已经与6所院校、19个教育组织建立了德育共建关系，积极发展大学生加入到博物馆志愿者服务行列中，使志愿活动长期化、规模化、阵地化、专业化。

除此之外，徐州博物馆还利用自己的陈展技术力量，帮助徐州多所高校建立了符合本校文化的博物馆，加强与高校的共建互动。

3. 拓展教育空间，提升公共文化服务质量

博物馆要重视教学项目的研究。博物馆的教育活动既要有经典项目的传承，也要有与时俱进的创新和优化。博物馆教育活动是维系“核心观众”的纽带，要根据核心观众的学习状态，为他们设计更为深入和范围更广泛的新活动，让他们常来常新，感受到博物馆对他们的重视。博物馆教育活动也是吸引新观众的广告，要根据新观众的需求和学习特点，依据博物馆的核心收藏和工作定位，让新观众通过这些学习活动，认识博物馆教育对个人发展的重要价值，了解并熟悉博物馆学习的学习模式，为他们以后常来博物馆学习开个好头。[3]

为提升博物馆社会教育效果，徐州博物馆每年都要举办上百场次形式各异的社会教育活动，力求做到贴近实际、贴近群众、贴近生活，大大增强了博物馆的亲和力，提高了观众的关注度和参与度。2015年元旦，徐州博物馆公众考古系列之“挥动镐铲，探知地下的王朝——土山彭城王墓公共考古活动”正式开始。历时四个月的活动期间，考古爱好者们系统学习了考古学基础知识和基本技能，按照正规的考古发掘程序对土山彭城王墓墓道展开了模拟考古发掘。

现代博物馆社会教育的目的不再是单纯的“教”，而是帮助受众“学”。知识的传播也不再是教育者向受教者的单向传递，而是双向交流、相辅相成、相互促进。作为博物馆事业的主体，中小型博物馆随着服务理念的转变、服务模式的创新和社会教育理论研究的深化，必将不断拓宽公共文化服务的空间，筹划出更多富有特色的服务项目，满足广大人民群众的文化需求；必将在积累、传承、创新、发展民族文化，构建公共文化服务体系等方面发挥更加积极的作用。

注释：

[1] 宋向光：《博物馆教育的新趋势》，《中国博物馆》2015年第1期。

［2］何倩：《互动教育与文化载体——关于陕西省博物馆青少年教育活动策划的思考》，《文博》2014 年第 5 期。

［3］宋向光：《博物馆教育的新趋势》，《中国博物馆》2015 年第 1 期。

参考文献：

1. 王宏钧：《中国博物馆学基础（修订本）》，上海古籍出版社，2006 年。
2. 苏东海：《博物馆的沉思——苏东海论文选（卷二）》，文物出版社，2006 年。
3. 蔡琴：《博物馆学新视域》，浙江人民出版社，2003 年。
4. 陈果、胡习珍：《从欧洲中小型博物馆看我国中小型博物馆的未来和发展》，《中国文物报》2008 年 11 月 6 日。
5. 崔大伟：《博物馆开展社会教育工作的探讨与思考》，《中国文物报》2011 年 7 月 27 日。

谈谈县级博物馆在公共文化服务中的职能与作用

——以吴江博物馆为例

陆青松

（吴江博物馆　江苏吴江　215200）

内容提要：本文围绕吴江博物馆的实际工作，并结合《博物馆条例》的相关规定，探讨了县级博物馆如何从实际出发，行使博物馆公共服务职能，发挥其在公共文化服务中的作用。

关键词：县级博物馆　公共文化服务　职能　作用

2015 年 1 月 12 日，中共中央办公室、国务院办公室出台了《关于加快构建现代公共文化服务体系的意见》。《意见》指出，到 2020 年，我国基本建成覆盖城乡、便捷高效、保基本、促公平的现代公共文化服务体系。博物馆、图书馆和文化馆是公益性文化机构的“三驾马车”，担负着保障公众基本文化需要的责任。近年来，博物馆事业飞速发展，通过开展陈列展览以及开展各种活动，为公众提供丰富多彩的公共文化产品，满足最广大人民群众的精神文化需求。博物馆是公共文化服务中的中坚力量，责无旁贷的肩负着实现文化遗存公益性价值的重任。2015 年，国务院颁布《博物馆条例》，在法律上明确了博物馆所必须承担的公共服务职能。

国家、省、市级博物馆，无论从藏品的数量、类别、历史艺术价值，以及财政支持等方面都有得天独厚的优势，无疑增强了它们在公共文化服务领域中所发挥的作用。县级博物馆在各方面条件均相差甚远的情况下要发挥好公共文化服务作用，就必须要在实践中根据自身条件开拓新理念、摸索新思路和探索新方法。本文拟结合吴江博物馆近年来的工作经验，结合《博物馆条例》谈谈县级博物馆如何在公共文化服务中发挥作用。

一　收集和保存地方文化精粹

博物馆最基本的公共文化服务功能，就是保存文化遗产和自然遗产。限于财力等方面的限制，县级博物馆不可能“贪大求全”，而应该把收集和保存的重点放在能够反映当地历史文化、人文风貌的藏品上来，走地方特色之路。所谓“一方水土养一方人”，一个地区在历史发展过程中所产生的物质和精神文化产品都是独有的。县级博物馆只有在发挥独有特色的基础上开展宣传、展览以及馆际合作，才能具备竞争力，才能提高知名度。从近年来看，许多具有地方文化特色的展览成功入选每年的十大精品展览，就充分说明了这一方向的可行性。

近年来，吴江博物馆一直遵循着这个原则，通过考古发掘、竞拍、民间捐赠等各种方式，收集和保存吴江当地的民族文化瑰宝，已经形成了数个藏品系列，如吴江史前文化、吴江籍书画家作品、南社书画、历代钱币、香具和吴江地方碑刻、计划经济时代的票证等。目前还在完善着两个系列的藏品：一是反映民众衣食住行的近现代民俗文化物品，如帐钩、织机零件（棕扣、梭子）、算盘、茶桶、木桶、床幔、提篮和绣花鞋等；二是吴江地方名人的日记、代表作和生活用品等。这些系列，有的可以反映国内某一方面的历史和社会生活变迁，如钱币、票证等；有的可以反映吴江的社会发展变迁和人文风貌，如吴江史前文化、地方碑刻等。此外，零散的能够反映历史发展和时代风貌的藏品也有涉及，如太平天国时期的铁炮，民国时期的汽车车牌和中华自由党党章等。

二　自创展览和引进外展，为观众提供丰富多彩的公共文化服务产品

围绕着馆内的特色藏品，我们策划和举办了许多原创性的临时展览，不仅宣传了吴江，而且为社会提供了丰富多彩的公共文化产品，满足了大众日益提高的文化诉求。这些展览，有的已经成为馆际交流的主要品牌，被省内外多家博物馆引进，或者被列入江苏省巡回展览。这些展览包括“南社社员书画展”（列入2010年巡展）、“吴江馆藏历代吴江籍画家山水画展”、“吴江馆藏吴江籍画家花鸟精品展”、“明清书画精品展”、“神乎其神——吴江博物馆藏清代《天神图》展”、“吴江博物馆馆藏历代廉政楹联展”、“香具雅韵——吴江博物馆馆藏香具展”（列入2015年巡展）等。在满足吴江当地观众需求的同时，也给其他地方的观众带去了文化大餐，大大提升了吴江的形象。

近年来，博物馆针对不同的受众群体和传统节日的特点，还引进了主题和形式多样的展览。如2014年春节，引进了南京民俗博物馆的剪纸展览，并配以相关的主题活动，丰富了观众们的节日生活。此外，通过江苏省的巡回展览和馆际交流展，诸如钟表展、铜镜展、青瓷展、青铜器等专题性展览也进入到当地观众的视野中，丰富和提高了当地公共文化服务产品的种类和层次。

《博物馆条例》第二十九条规定：“学校寒暑假期间，具备条件的博物馆应当增设适合学生特点的陈列展览项目。”早在规定出台之前，吴江博物馆就已经开始了这一计划。如为了能够让学生更多地了解大自然，近几年在暑期先后引进过常州博物馆的禽鸟展和蝴蝶展，受到了学生们的热烈欢迎。

三　开展社会教育活动，把博物馆打造成“第二课堂”

《博物馆条例》第三十五条规定：“地方各级人民政府教育行政部门应当鼓励学校结合课程设置和教学计划，组织学生到博物馆开展学习实践活动。”“博物馆应当对学校开展各类相关教育教学活动提供支持和帮助。”这就要求各地的教育行政部门把博物馆教育融入教

学大纲，列入教学计划，在定期参观的基础上，可以把历史、美术、地理、自然等课程直接搬进博物馆现场教学。这样，学生们在学习科学文化知识、接受文化艺术熏陶的时候，看到的不只是课本与幻灯片，还可以触摸到具体实物，这样的课程肯定形象有趣、令人记忆深刻。

为了使博物馆真正成为孩子们的“第二课堂”，吴江博物馆结合常设展览和引进的临时展览，开展了各种各样的自然、历史教育活动，“在玩中学知识”。比如结合引进的“蝶舞翩跹——名蝶精萃与蝶文化展”，吴江博物馆开展了“虫国探秘”夏令营活动，由参观展览、昆虫知识讲座、制作蝴蝶标本和知识竞答四个环节组成。30 名中小学生在专业老师与家长的帮助下成功制作了美丽的蝴蝶标本，收获了更多的昆虫知识，也提高了他们的动手能力和观察能力。在“大手牵小手，走进博物馆”的活动中，工作人员精心策划了看展览、听讲解和完成探秘等诸个环节，让小朋友在充满趣味、富有挑战的过程中，轻松掌握与吴江史前文化有关的历史知识，在轻松愉快的氛围中接受爱国主义教育。

四　开展科普工作，提高市民文化修养

开展科普工作也是博物馆社会教育的重要内容。经过多年的探索和实践，我们形成了两种有效的科普工作方式：一是流动博物馆，二是针对学校的每月一讲座和节日讲座。

流动博物馆是以展板为媒介，采用菜单式服务、讲解员跟踪讲解的方式，深入部队、社区、工厂和学校。这种方式不仅突破了博物馆场所的限制，而且还扩大了科普的内容。吴江博物馆根据馆藏文物开发出了“文物菁华——吴江博物馆馆藏文物精品图片展”、“吴江老照片”、“费孝通二十六访江村特展”等展板，结合观众的需求开发出了“世界之谜科普展”、“中小学生法律、安全、环保知识图片展”、“梅兰芳图片展”、“吴江革命历史回顾展”、“探索与发现——中国考古”等板块，大大拓展了博物馆社会教育活动的题材和范围。今后还要探索如何有效地将博物馆的优秀展览通过流动博物馆的方式增加公共产值，惠及更多地观众。

每年年初，博物馆都制定每月的主题讲座，开展网络安全、道路安全方面的科普教育，即每月一讲座。每个传统节日的前后，博物馆都会派出讲解员和专业人员深入校园，开展“话说清明”和“粽叶香·端午情”等中国传统节日的讲座，即节日讲座。

吴江博物馆还启动了“吴江口袋宝”和“口袋宝进校园”的科普系列活动。针对受众群体，博物馆专业人员将编写出适合不同阶层的文物科普读物。由于这种读物是按照口袋的大小制作的，所以称之为“口袋宝”。初步计划把这套科普读物按照不同的藏品类别，分为综合篇、陶器篇、铜器篇、瓷器篇、玉器篇、钱币篇、杂件篇、书画篇、碑刻篇和近现代文物篇等多个分册。口袋宝编写的目的，一方面是为了更好地挖掘藏品背后的历史文化信息和中国传统文化；另一方面是通过通俗的语言，向社会普及文物知识，提高人民的文物知识修养。为了配合口袋宝的宣传，博物馆还与当地的一所小学签订了合作协议，向小学生们讲授这些知识，在此基础上组织“小小讲解员”活动，培养他们对中国传统文化的热爱、树立文物保护的意识。截至目前，已经出版了一本针对小学生的《吴江口袋宝（综合篇）》，在学校举办了一次“吴江先民的生活”的讲座。拟以小学生为试点，先编写一套

小学生的藏品科普系列读物，而后依次推出针对初中生、高中生和大众的系列读物。

五　结语

综上所述，县级博物馆必须从自身实际出发，在当地文化和特色藏品上做文章，合理利用外部资源，整合新思路，探索新方法，发挥好其在公共文化服务中的重要作用。当然，在提供公共文化服务的同时，我们深感吴江博物馆还存在着问题，如流动博物馆版面内容固定，亟待更新题材；馆藏资源有限，自创展览的素材在逐步枯竭；社会教育活动形式单一；市民科普讲堂还未见吴江博物馆的身影，等等。这些问题若不能有效解决，将削弱博物馆在公共文化服务中所发挥的作用。

为了更好地发挥博物馆在公共文化服务体系中的作用，需要组织专业人员，积极研究和深挖藏品的文化信息，在此基础上优化藏品组合、推陈出新，把展览转化成展板，借鉴和探索社会教育活动的新方式，尽可能向市民开展系列科普讲座。

浅谈县级博物馆如何致力于公共文化服务体系建设

杨　帆　刘玉斌

（江南土墩墓博物馆　江苏句容　212400）

内容提要：县级博物馆要为公共文化服务体系建设做出自己的贡献，需要对自身有一个清晰的认识，有相对明确的定位，并以此作出相应的对策。在此基础上，县级博物馆需要积极“走出去”，融入群众、贴近实际，充分开发自身馆藏文物，并注意引进合适的展览与智力支持，要致力于区域文化的传承与弘扬，致力于区域的文物保护事业。

关键词：县级博物馆　公共文化建设　乡土化　区域文化

古语曰：“仓廪实而知礼节，衣食足而知荣辱。”[1]随着改革开放以来社会经济的飞速发展，精神文明建设越来越得到党和政府的重视。习近平总书记在主持十八届中央政治局第十二次集体学习时指出：“在5000多年文明发展进程中，中华民族创造了博大精深的灿烂文化，要使中华民族最基本的文化基因与当代文化相适应、与现代社会相协调，以人们喜闻乐见、具有广泛参与性的方式推广开来，把跨越时空、超越国度、富有永恒魅力、具有当代价值的文化精神弘扬起来，把继承传统优秀文化又弘扬时代精神、立足本国又面向世界的当代中国文化创新成果传播出去。要系统梳理传统文化资源，让收藏在禁宫里的文物、陈列在广阔大地上的遗产、书写在古籍里的文字都活起来。”[2]作为“以教育、研究和欣赏为目的，收藏、保护并向公众展示人类活动和自然环境的见证物，经登记管理机关依法登记的非营利组织”[3]，博物馆在社会主义文化体系建设中要发挥自己应有的作用，责无旁贷。

以目前我国博物馆的发展状况来看，大型博物馆无论在藏品数量、策展水平还是在参观访问量上，都有着县级的中小型博物馆难以企及的优势，因而在文化传播、社会公众教育方面也有着更大的便利性。但是县级的中小型博物馆在数量上占据着中国博物馆的大多数，也是“植根群众、服务群众、与群众距离最近”的博物馆，在构建公共文化服务体系中发挥着重要作用。[4]所以，笔者不揣浅陋，试图对县级博物馆如何服务于公共文化服务体系建设做一浅显探讨，希望能为此做出自己的一点努力。

一　了解自身，看清形势

博物馆拥有一定数量的文物藏品与固定的展览场所，所以从某种程度上来说，博物馆的存在是必然的。但若仅仅满足于存在，而不能在社会经济文化的发展中有所贡献，就会日渐淡出公众的视线而销声匿迹。

因此，为了自身的发展，县级博物馆必须要积极投身于社会主义文化体系的建设中。但是，如何做出自己的贡献呢？需要做出怎样的贡献呢？兵法有云：“知彼知己，百战不殆。”要对自身以及所处的外部环境有一个清晰的认识。

1. 自己有什么，有多大影响力

博物馆要对公共文化事业有所贡献，首先要对自身有一个清晰的认识。如藏品方面：有多少藏品、有什么藏品、藏品的种类分布等等；人员配备方面：有多少人手、人员构成如何、各自擅长的领域是什么等等；场馆、设备方面：展厅规模、样式、场馆内多媒体与各种电子设备的配备状况等等。以及在这样的藏品、人员配备与场馆设备基础之上能够举办什么样的展览（活动）、能够向公众传达怎样的文化信息。

以上所列诸项，实为日常工作中再平常不过的各种信息了。然而，各个博物馆是否真的对自身所拥有的资源有一个清晰的认识呢？一般来说，县级博物馆的藏品从千余件到数千件不等，并且多是具有地方特色的文物藏品；工作人员从几人到十几人不等，无论是策展还是科研，人手都捉襟见肘；场馆、设备方面，随着社会经济的飞速发展，各地的博物馆在场馆建设与设备配置方面也不断追求“高大上”与“新精尖”，但是自身所拥有的藏品资源与工作人员配置情况是否能够用得起来，以及怎样才能最大化地使其发挥作用则很少有人去关注。[5]

在多重因素的共同作用下，县级博物馆的影响力往往局限于本县。常州博物馆对此做过调查，“本地居民占全部受访观众的74.2%”。[6]常州博物馆这一地级市属博物馆尚且如此，其他县级博物馆的情况可想而知。影响力大一些的县级博物馆可能会辐射周边的县市，但是很少有县级博物馆的影响力突破省界，这是各县级博物馆在发展中不得不面对和认真思考的问题。

2. 自己的受众群体是什么，他们需要什么

一般来说，县级博物馆的受众多为本地居民，但是对一些主打旅游牌的县市来说，外地游客也不在少数。以句容市为例，句容市目前有句容市博物馆和江南土墩墓博物馆两馆，但这两馆的受众有着很大的不同。句容是国家优秀旅游城市，旅游业在国民经济的发展中占有重要地位，而旅游资源又以北部的宝华山、南部的茅山最为知名。句容市博物馆在句容市区，由于句容市区并非旅游资源的集中地，所以句容市博物馆的参观人群以句容本地居民为主；而江南土墩墓博物馆在茅山景区，所以其参观人群包括本地居民和到茅山游玩的外地游客。受众群体的构成不同，是两馆所处地理位置的不同所导致的差异，而这个差异又决定了两馆在各自定位与发展方向上的不同。

不同的群体希望获得的信息当然有所不同，即使是同一群体，不同的个体所希望获得的信息也会有所差异。所以，基于上文所述之“了解自己有什么以及自己能传达怎样的文化信息”，我们认为，博物馆需要对自己的受众群体做出认真而仔细的分析，并做出相应的方案，最大程度上满足不同群体、不同个体的不同文化需求。

二　积极作为，服务社会

1. 走出去，融入社会，植根于人民群众

作为具有固定馆址和符合国家规定的展室的单位，博物馆展示藏品、传播文化的传统方式和主要手段就是展厅中的陈列展览。随着经济实力和生活水平的提升，人们开始注重富有文化内涵的更高水平的追求。博物馆作为集历史积淀与艺术价值于一身的文化场所，越来越得到人们的青睐。虽然有越来越多的人走进了小型博物馆，但是更多的人走向了更大规模、更高层次的大型博物馆，而忽视了身边的县级中小型博物馆，使得县级博物馆很有些“养在深闺无人识”的尴尬。而要摆脱这样的尴尬，就要“勇敢地走出去”，主动推介自己，让更多的公众知道自己身边原来是有不错的博物馆存在的。

平心而论，博物馆“走出去”并不是一个新鲜的议题，并且早已有许多的探索与实践。[7]比如展览进社区、进学校、现场鉴宝等都是行之有效的活动，既丰富了公众的文化生活，又充分利用了博物馆的馆藏资源。所以，本文不讨论以什么形式“走出去”，而是要对如何立足于县级博物馆的实际，“拿什么走出去”、“怎样走出去”、“如何实现充分利用自身资源与最大限度满足公众需求”进行探讨。

在这方面，镇江博物馆的“乐享传统节”项目也许会给我们提供一些有益的启发。此项目立足于馆藏资源，结合镇江地方民俗，加强与社会公众间的互动，通过多种形式开展活动，已基本形成了自己独特的品牌。[8]值得我们注意的是“立足于馆藏资源”。众所周知，县级博物馆的藏品无论数量还是种类都不算多，但多具地方特色。所以在举办相关活动的时候必须要考虑到这一点，着重表现出自己的特色。其实多数民众更愿意关注自身周围的事物，相比于诸多“高雅”的艺术，“乡土化”、“与民众近身化”更容易引起人们的共鸣。

总之，县级博物馆需要“主动地走出去”，并且在“走出去”的时候做好自身定位，充分结合自身实际，最大限度地满足人民群众的需求，真正做到“贴近实际、贴近生活、贴近群众，丰富人民群众精神文化生活”[9]。

2. 引进来，加强交流，让文物不再尘封

所谓“引进来”，主要包括两方面的内容，一谓引进展览，一谓引进人才。

展览方面，目前引进比较多的或者是临近县市兄弟单位之间的联展，或者是有共同特色在藏品方面又有互补性的博物馆合作办展，又或者是引进知名艺术家的作品展等等。在博物馆系统内部的交流、合作已经有了比较成熟的合作机制与可观的成果。[10]那么，合作的范围是不是可以再扩大一些？引进的展览是不是能够再丰富一些？由于体制的原因，各县的文化馆、档案馆、图书馆及学校甚至政府机关都藏有许多既有文献价值又有社会意义的藏品，民间的收藏也不可谓不丰富。除了民间收藏的文物，一直不被当作文物但能够生动体现传统社会的乡里生态而一般民众又难得一见的资料，比如族谱、几近失传的技艺等非物质文化遗产都可以大胆地引进。总的来说，只要有利于人民群众文化知识的增长、符合社会主义文化发展的需求，博物馆都应积极引进。

人才方面，囿于编制与财政，县级博物馆往往得不到有力的充实，这也成为县级博物馆一直以来研究力量薄弱的重要原因。众多业内人士都曾呼吁提高基层博物馆从业人员的整体素质、完善人才结构、建立健全人才激励机制，然而一个个现实的困难使得县级博物馆的人才结构优化如逆水行舟，举步维艰。现今无论是国外还是国内，已有不少博物馆开始推行会员制，即社会公众定期缴纳一定数额的费用，就可以享受到博物馆提供的相应的服务。既然服务可以拿来换取一定数额的金钱，为什么不可以换来相应的知识或者技术呢?《博物馆条例》也指出，博物馆应当为高等学校、科研机构和专家学者等开展科学研究工作提供支持和帮助。[11]县级博物馆完全可以借助与各种专家学者或者科研机构合作的机会，一方面使自己的工作人员得到训练和提升，一方面使自身所有的资源得到最大限度的开发，将“死”的藏品转化成“活”的文化知识，或服务于陈列展览，或服务于文化教育。

总之，要不断地解放思想，不断地打破既有的一些思维框框，才能够使“引进来”的内容和形式更加丰富多彩，更有利于发挥县级博物馆在公共文化建设中的作用。

3. 站稳脚，提升自己，服务区域文化事业

所谓“站稳脚”，即立足本业，不断学习以提升自己，加强服务于文化建设的能力。有人可能认为博物馆的本业就是办好展览。但实际上展览是博物馆最基本的职能，如果满足于此，就无异于画地为牢、故步自封了。

县级博物馆收藏之文物多富有地方特色，所传承的也多为地方特色文化。所以延而伸之，博物馆完全可以通过阐释所藏文物背后的故事来研究所在地区的社会发展、人文掌故及典章轶事，进而从事地方文化资料的整理、编写工作，深入开发、弘扬地方文化，为区域社会的发展提供源源不断的精神动力，或诲当世，或启后人。

县级博物馆往往还担负着所在县域内文物保护的重任。在文化事业越来越受到重视的今天，文物保护事业的发展程度也日渐成为衡量地区文化事业发展的重要指标之一。更为重要的是，文物保护工作是否到位直接关系到区域文化多样性的传承与在更大范围内文化传承的发言权。所以，县级博物馆需要同时做好至少三方面的工作：一是及时向上级主管业务部门反映本辖域内文物保护的情况，并对相应工作积极提出有益建议；二是与各级政府部门保持紧密联系，努力争取他们的支持，为当地文物提供最切实可靠的保护；三是加强文物保护知识的宣传教育，使广大人民群众认识到保护文物受人尊敬、破坏文物遭人唾弃。

县级博物馆要积极主动地承担起保存、传承区域文化的重担，加强对各种文物的保护，使今人知往昔，让后人知今日。

三　小结

随着博物馆事业的日益发展，我国博物馆整体水平有所提升，在国民的精神文化生活中占有越来越重要的地位，也理应在公共文化服务体系建设中贡献出自己的力量。县级博物馆作为中国博物馆的“基层力量”，更是在公共文化建设以及区域文化建设中负有不让之责。

注释：

[1] 司马迁：《史记·货殖列传》，中华书局，1982 年。
[2]《习近平谈治国理政·提高国家文化软实力》，中国共产党新闻网。
[3]《博物馆条例》第一章第二条。
[4] 杨正宏、张剑：《中小型博物馆藏品管理工作探讨》，《江苏省 2014 国际博物馆日主题论坛论文集》，文物出版社，2014 年。
[5] 陈果、胡习珍：《关于我国中小型博物馆的几点思考——从欧洲中小型博物馆看我国中小型博物馆的未来和发展》，《中国博物馆》2007 年第 3 期。
[6] 李威：《浅谈中小型博物馆的临时展览——以常州博物馆为例》，《小康目标后的江苏博物馆事业——江苏省博物馆学会 2011 学术年会论文集》，文物出版社，2012 年。
[7] 王瑶：《走群众路线　办百姓博物馆》，《江苏省文博论文集 2014》，南京师范大学出版社，2014 年。
[8] 吴芳：《挖掘传统节日资源　拓展博物馆教育职能——以镇江博物馆“乐享传统节”教育项目为例》，《江苏省文博论文集 2014》，南京师范大学出版社，2014 年。
[9]《博物馆条例》第一章第三条。
[10] 徐佩佩：《新形势下地方博物馆的藏品资源整合与利用》《江苏省 2014 国际博物馆日主题论坛论文集》，文物出版社，2014 年；徐驰：《浅析博物馆举办联合展览的重要意义》，《江苏省 2014 国际博物馆日主题论坛论文集》，文物出版社，2014 年。
[11]《博物馆条例》第四章第三十六条。

发挥非国有博物馆在公共文化服务体系中的作用

周庆明

（徐州圣旨博物馆　江苏徐州　221000）

内容提要：非国有博物馆是公共文化服务体系中的重要组成部分。目前，如何发挥在公共文化服务体系中的作用，已成为非国有博物馆健康发展的一个新课题。非国有博物馆应当自觉践行博物馆的宗旨，努力提升服务社会大众的水平；政府、行政主管部门要加强引导、加大投入，将非国有博物馆纳入到公共文化服务体系中。

关键词：非国有博物馆　公共文化服务体系

一　何为公共化服务体系

2006年9月，国务院颁布了《国家“十一五”时期文化发展规划纲要》，首次提出“公共文化服务”这个概念。自那时起，提高公共文化服务水平成为推进社会主义先进文化建设的重要一环。2007年10月，中国共产党第十七届代表大会进一步提出了积极构建公共文化服务体系的新要求，着力建设覆盖全社会的公共文化服务网络，为“十二五”时期中国文化的繁荣发展奠定了坚实的基础。2012年7月，国务院正式公布了《国家基本公共服务体系“十二五”规划》，明确提出国家要建立公共文化服务制度，意味着中国基本公共文化服务体系建设进入一个新的历史阶段。2013年11月，中国共产党第十八届三中全会明确指出，构建现代公共文化服务体系是推进我国文化体制机制创新的重要内容，建设社会主义文化强国，增强国家文化软实力都离不开该体系的构建。2013年12月，习近平总书记在主持政治局集体学习时强调，要系统梳理传统文化资源，让收藏在禁宫里的文物、陈列在广阔大地上的遗产、书写在古籍里的文字都活起来。习总书记的讲话，是文物工作服务社会、服务公共文化体系的行动纲领。博物馆作为公共文化服务体系的重要组成部分，服务社会、服务公众是其义不容辞的责任。

近二十年来，国际博物馆界形成了一个重要共识，即博物馆最值得重视的资源不是展品，而是观众。博物馆不仅要关心物，更要关心人，人的因素是衡量一个博物馆能否实现藏品的意义和价值这一终极目标的最基本的标准。2007年8月，国际博物馆协会在维也纳通过了《国际博物馆协会章程》修订版，章程对博物馆进行了重新定义：“博物馆是一个为社会及其发展服务的、非营利的常设机构，向公众开放，为研究、教育、欣赏之目的征集、保护、研究、传播、展示人类及人类环境的有形遗产和无形遗产。”2015 年 3 月国务院颁布实施《博物馆条例》，对博物馆的定义是“以教育、研究和欣赏为目的，收藏、保护并向公众展示人类活动和自然环境的见证物，经登记管理机关依法登记的非营利组织”。

从以上发展趋势看，国内外对博物馆的价值有了进一步的认识。根据公共文化需求的增长，博物馆的教育功能被摆在了重要地位，强调了博物馆的公共文化服务功能，这是一种历史发展必然。所谓公共文化服务体系，是指由政府主导、公共文化服务主体承载、社会参与形成的，普及文化知识、丰富精神生活、传播先进文化，不断满足人民群众日益增长的精神文化需求，保障群众基本文化权益的各种公益性文化机构、文化设施、文化队伍、文化产业及其服务内容的总和。

公共文化服务体系的主要目标是丰富民众精神文化生活。目前，中国的许多地区已建立起四大公共文化服务支柱体系，即博物馆体系、公共图书馆体系、文化馆体系和数字文化体系。在整个现代公共文化服务体系中，博物馆和群众艺术馆、文化站、文化馆、公共图书馆、美术馆、文化广场、公园、工人文化宫等一起，共同承载着为人民群众提供公共文化服务的重任。近年来，中国的文博事业蓬勃发展，国有博物馆陆续免费开放，很多文博机构已纳入公共文化服务体系，博物馆保藏文化遗产和自然遗产、传承文化，促进社会教育、愉悦观众、休闲娱乐等社会效益日益彰显。随着公共文化服务体系的建设和完善，将非国有博物馆纳入公共文化服务体系，对现有公共文化服务体系作有益补充，已成为历史发展必然。

二　非国有博物馆在公共文化服务体系中的地位

《博物馆条例》将中国的博物馆分为国有博物馆和非国有博物馆两类：利用或者主要利用国有资产设立的博物馆为国有博物馆；利用或者主要利用非国有资产设立的博物馆为非国有博物馆。国有博物馆与非国有博物馆都是为社会发展服务、对公众开放的文化服务机构。非国有博物馆作为文化服务机构，是公立博物馆的重要补充，是构建公共文化服务体系，促进文化大发展大繁荣，建设和谐社会的一支重要力量。非国有博物馆也是博物馆，冠以“非国有”并不能改变其博物馆的性质。所以我们认为非国有博物馆的宗旨与国有博物馆没有什么区别，都是为公众服务，只是设立博物馆的资产归属不同而已。

非国有博物馆是为了教育、研究、欣赏的目的，由社会力量利用非国有文物、标本、资料等资产依法设立并取得法人资格向公众开放的非营利性社会服务机构。非国有博物馆的定义不仅规定了非国有博物馆的任务，而且阐明了为什么要完成这个任务以及完成任务的行为规范。

据国家文物局统计，截至 2014 年底，中国博物馆总数为 4510 家，其中非国有博物馆 982 家，约占博物馆总数的 21.8%，比 2009 年底翻了一番多。随着非国有博物馆占博物馆总数比例的增加，其在公共文化服务体系中所占比重也随之增加，地位日益凸显。

非国有博物馆涉及面广、专题性强、特色鲜明。非国有博物馆的出现扩大了博物馆、文物的概念，将一些民俗文物、民间工艺品、动物标本、家具、老相机、微雕、奇石等“老物件”作为收藏展示品，既丰富了博物馆的藏品概念，解决了可能形成的收藏断层问题，也填补了博物馆的不足和空白，丰富了中国博物馆类型，同时满足了人民群众对特殊文化类别的需求。

随着政府财政对国有博物馆的投入逐年增加，充足的资金和良好的设施为国有博物馆免费开放、举办更多展览活动创造了条件。不仅把文物输送到全国各地进行借展，同时与境外机构进行合作，让文物走出国门成为常态。

曾几时，国有博物馆的“行政化”程度高，在性质上基本属于财政全额拨款的事业单位，市场竞争意识淡薄，被视为文物保管和研究机构，工作以收藏、保管和研究为重心，对博物馆如何服务社会和公众则重视不够，未真正把社会教育和公共服务职能放在中心位置。这种落后的服务理念直接影响了国有博物馆公共服务职能的发挥。许多国有博物馆虽然免费开放，但由于没有生存压力，没有经济动力，早九晚五定时开放，等客上门，成为国有博物馆的服务常态。在这样的体制机制下，公共文化服务和人们的文化权益大打折扣。

而一些非国有博物馆为了生存，无形中加强了市场竞争意识和公共文化服务意识。据《民办博物馆规范化建设评估报告》显示，2012 年，非国有博物馆平均开放 309 天，有 186 家开放天数达到 360 天，有的甚至全年开放。在观众数量方面，广东中山蝴蝶博物馆开馆头三年，平均每年观众 60 多万；徐州圣旨博物馆年接待观众 30 多万；甘肃阳关博物馆年接待观众也在 30 万。

我们认为，非国有博物馆与国有博物馆的宗旨是一样的，都是旨在保护和增进中华民族物质文化遗产，弘扬、传承民族优秀传统文化，以藏品的研究和展示来引导民众对中华优秀传统文化的全面深层理解，从而达到激发海内外华人的爱国热情，增强民族团结的愿景。非国有博物馆在提高全民族文化素质、促进人的全面发展的公共文化服务体系中占有重要地位。

三　如何发挥非国有博物馆在公共文化服务中的作用

1. 转变思想观念，自觉服务社会大众

《博物馆条例》将博物馆的教育提到首要位置，确立了博物馆包括国有博物馆和非国有博物馆的服务宗旨，也为非国有博物馆的公共文化服务指明了方向。

目前，中国非国有博物馆的整体公共文化服务水平偏低，观众稀少，与国有博物馆存在着不小差距。据统计，约 60% 的非国有博物馆一年的观众不足一万人。很多非国有博物馆处在“隐姓埋名”或“间歇性”开放状态，有的甚至关门大吉。

能够达到收支平衡的非国有博物馆少之又少，大多数入不敷出，直接影响了非国有博物馆的公共文化服务水平。在国有博物馆享有财政补贴实行免费开放的大背景下，非国有博物馆如果免费开放则没有收入，不免费开放则没有观众，处于两难的尴尬境地。

一些非国有博物馆由于地理位置偏僻、交通不便，观众罕至，展馆面积狭小，使其公共文化服务受限。

许多中小型非国有博物馆往往重收藏、轻展示，陈列内容杂乱无章，常年不变。陈列只是简单将各种文物摆放在一起，既没有按时间的先后排序，也没有按质地、形制陈列，

展出不能吸引广大观众。有的非国有博物馆的兴办者为显示自己的收藏，陈列密度过大，极易导致观众的视觉疲劳，影响了公共文化服务功能的发挥。

专业技术人才不足，特别是具备博物馆管理、专业知识与技能的人才匮乏。很多中小型非国有博物馆往往都是兴办者自己经营、自己管理。一些管理者宁愿把钱花在收购藏品上，而不愿意用来招揽人才，导致学术研究能力低下，未能深入发掘馆藏文物中的优秀传统文化价值，形不成研究成果，在一定程度上影响了非国有博物馆公共服务能力的提高。

非国有博物馆如何投身到公共文化服务体系中是一个新课题。从自身来讲，非国有博物馆要增强公共文化服务意识，充分利用现有资源，丰富服务内涵，彰显服务个性，促进公共文化服务的多元化、最大化，从而提升自身的公共文化服务水平。

非国有博物馆应该探索创立适合时代、适合自身特色的公共文化服务理念与模式。把为广大社会公众服务作为根本任务，树立以人为本、“观众第一”的思想。今天的博物馆参观者已不再满足于阅读说明牌和通过讲解来摄取知识、接受教育，更多的观众进博物馆是兼具休闲娱乐、陶冶情操与充实生活的目的。这就要求非国有博物馆除了给观众提供好的展览外，还应提供好的休闲环境和综合服务。因此，非国有博物馆要不断改善服务项目，创新服务手段，充实服务内容，成为观众心目中最理想的文化休闲场所。

非国有博物馆应尝试采用引进来、走出去的形式，通过引进和承办展览，以独特的资源和个性更好地服务社会。此外，还可以通过讲座等形式普及文化知识，开展社会教育活动；通过互联网，以及微博、微信等信息平台加强与社会的沟通，让更多的人欣赏、了解博物馆的馆藏文物。

在服务理念上，不能只停留在为观众提供指引、销售等基本层面上，而应在服务中体现文化、传播文化，把服务作为一种宣传文化、传播文明的手段。要把博物馆储存的记忆转化成公共集体的记忆，并在他们心中形成文化精神的积淀，按照博物馆工作“三贴近”的要求，在公共文化服务上努力做到高深问题通俗化、知识问题趣味化、复杂问题简单化。在服务方式上，要充分利用成熟的手段和经验，使观众享受专业、细致的服务。在服务细节上，要全方位地为观众着想，包括宣传材料的索取、导览提示、行李寄存、轮椅婴儿车的租借、医疗急救等等，力求周到体贴，更具人性化。

2. 加强引导，提升非国有博物馆的公共文化服务水平

公共文化服务的公共性主要体现在它是以政府部门主导、由公共部门提供，以保障公民的基本文化生活权力为目标，惠及全民的文化服务。如何调动非国有博物馆参与公共文化服务，已成为政府、主管部门亟待解决的问题。应该有目的、有计划地培养非国有博物馆的社会服务意识，提升其公共文化服务水平，让非国有博物馆进入良性发展轨道。

首先，要加强对非国有博物馆作为公共文化服务体系重要组成部分的认识。要善于利用政策导向、行政手段等途径引导非国有博物馆服务社会。非国有博物馆作为一种社会服务机构，是博物馆公共文化服务体系建设的重要组成部分，促进非国有博物馆发展，对于保护、利用和传承优秀传统文化，保障人民群众基本文化权益具有十分重要的意义。政府和主管部门应在培养非国有博物馆社会服务意识、做好非国有博物馆和社会之间的沟通方面发挥引导作用。

其次，政府要加大对非国有博物馆的扶持力度。引导非国有博物馆提升其公共文化服务水平，政府的投入，包括资金的导向、政策的扶持都发挥着重要作用。政府及主管部门通过对非国有博物馆发展的扶持与培育，拓宽其公共文化服务渠道，可以使非国有博物馆在完善博物馆公共文化服务体系、弘扬传承中华优秀传统文化、践行社会主义核心价值观中发挥更大作用。

再次，激发非国有博物馆的公共文化服务热情，建立相应的激励机制。文物行政主管部门时刻关注非国有博物馆的公共产品质量、数量和结构，真正将非国有博物馆纳入文物行政管理部门的领导与管理体系中，支持、奖励在公共文化服务方面做得好的非国有博物馆，从而形成激励机制，使非国有博物馆的公共文化服务质量显著提升。

四 结语

当今时代，文化越来越成为民族凝聚力和创造力的重要源泉，也成为衡量一个国家综合国力的重要因素。为把我国早日建设成为社会主义文化强国，激发全民族的文化创造力，现代公共文化服务体系的构建刻不容缓。非国有博物馆作为这个体系的重要组成部分，为社会大众提供优质的文化服务，用文化改变生活，用文化影响世界，是其义不容辞的责任。

江苏省非国有博物馆发展问题与思考

曹雪筠　魏保信

（苏州博物馆　江苏苏州　215001）

内容提要： 非国有博物馆是我国社会公共文化服务机构的重要组成部分，近年来，为了支持和规范非国有博物馆的建设发展，国家相继出台了一系列法律法规。但是由于地域差异，各地的非国有博物馆在设立和运行时会遇到不同的具体问题，因此，制定适应各个地区的指导办法势在必行。本文在国家相关法律法规和文件的框架下，根据江苏省具体情况，对江苏省内非国有博物馆设立和运行管理的细化规范提出设想。

关键词： 江苏省　非国有博物馆　公共文化　博物馆建设

非国有博物馆是为了教育、研究、欣赏的目的，由社会力量利用非国有文物、标本、资料等资产举办，并向公众开放的非营利性社会服务机构。作为我国社会公共文化服务机构的重要组成部分，非国有博物馆建设得到了国家的高度重视和大力支持。据统计，截至 2014 年底，全国博物馆总数量为 4510 家，其中已登记的非国有博物馆 982 家，比 2013 年新增 117 家，所占比例由 2013 年的 19.5% 上升至 21.8%。在博物馆类型上，非国有博物馆多为专题性博物馆，行业个性显著，对于文化传承具有重要意义。非国有博物馆与国有博物馆社会服务属性相同，承担着同样的社会义务和责任。

从 2005 年文化部发布的《博物馆管理办法》，2010 年国家文物局、民政部、财政部、国土资源部、住房和城乡建设部、文化部、国家税务总局联合发布的《关于促进非国有博物馆发展的意见》，到 2014 年国家文物局发布的《关于民办博物馆设立的指导意见》，再到 2015 年国务院颁布的《博物馆条例》来看，国家正在加大力度，从政策方面规范非国有博物馆建设。由于全国地域经济文化差异、基础条件参差不齐等因素，文件只能做出原则性规定，对于部分实施细则，仍需各地根据实际情况来制定适应本地区非国有博物馆设立和运行的标准。

江苏省内非国有博物馆数量较多，但与国有博物馆相比存在着较为明显的专业短板。准入审批制度不完善、设立条件不明晰、运行管理不规范、配套政策不全面、需求与管理不匹配、社会作用不明显等问题，严重制约了非国有博物馆健康有序的发展。我们在学习领会国家有关部门迄今出台的一系列相关法律法规文件基础上，调研分析江苏省非国有博物馆的实际情况，提炼总结苏州地区非国有博物馆运行管理的实践经验，按照江苏省文物局对全省非国有博物馆事业发展的总体规划和要求，从设立条件和运行管理两方面对非国有博物馆制度体系提出设想，体现公平对待非国有博物馆的理论。

一 对非国有博物馆设立条件的分析与构想

非国有博物馆属于非营利性社会服务机构，其登记设立应依据《民办非企业单位登记管理暂行条例》的相关规定。2005 年文化部发布的《博物馆管理办法》明确提出，申请设立博物馆，应该具有固定的馆址、必要的资金和经费、一定的藏品基础、相应的专业技术管理人员以及安全消防设施。2014 年国家文物局发布的《关于非国有博物馆设立的指导意见》又针对性的细化了非国有博物馆的设立条件，将办馆场所、资金、藏品数量、人员配置、博物馆名称等方面要求明确化，详细列举出申请办馆时所应提交的材料，为非国有博物馆的设立提供了参考和依据。2015 年国务院颁布的《博物馆条例》，对非国有博物馆陈列面积、藏品数量、博物馆专业人员配置几个方面做出了更为明确的说明，首次提到了古生物化石类博物馆在设立时所应具备的条件及其申办流程。

由于非国有博物馆设立时需提交的材料繁多、设立流程复杂且涉及许多相关部门，申办者在实际操作中仍然存在许多疑问。鉴于此，我们从以下几个方面提出建议：

一是将已出台文件中不够明晰的条款明确化，对设立流程以及所需提交的材料具体化，提供相应的表格和范本作为参考，为非国有博物馆的设立提供便利。按照博物馆备案制的要求，为方便非国有博物馆的统一管理，我们设计并提供了非国有博物馆设立时需要提交的设立申请书、藏品清册目录、理事会信息、人员配置信息等表格。考虑到非国有博物馆与国有博物馆在专业化方面存在较大差距，为保证非国有博物馆为公众提供科学准确且与藏品体系相适应的陈列展览，还设计了博物馆章程和陈列大纲范本。

二是馆舍面积和藏品数量方面，《关于非国有博物馆设立的指导意见》规定，依托历史建筑、故居、旧址等不可移动的文化遗产实物并以其原状陈列为主的博物馆，展厅（室）面积和藏品数量均可适当放宽。根据《博物馆条例》第二章第十条“改建馆舍应当提高藏品展陈和保管面积占总面积的比重”，结合江苏省已正式登记注册尤其是以原状陈列为主的非国有博物馆实际情况，我们建议将此类博物馆的陈列面积定为不低于 200 平方米，以不可移动文化遗产实物为主和以大体量实物收藏为主的博物馆，藏品数量定为不低于 150 件。

三是确保藏品来源的合法性及真实性，这是博物馆设立运行的基础。《博物馆管理办法》要求申请设立的博物馆提供藏品目录和合法来源说明，《关于非国有博物馆设立的指导意见》进一步提出藏品应真实可靠且来源合法，并要求博物馆在申请设立时提交藏品合法来源说明以及藏品鉴定证明。为确保证明文件真实可靠且具有权威性，建议非国有博物馆举办者提交由市级以上文物主管部门组织鉴定委员会出具的藏品鉴定证明和藏品来源合法承诺书。

四是保障办馆资金和经费稳定。已经出台的相关文件要求非国有博物馆在设立时需要具有必要的办馆资金和稳定的经费来源，《关于非国有博物馆设立的指导意见》明确指出资金的最低限额为 50 万元人民币。对于资金的证明，以往的文件均要求非国有博物馆提供验资证明，但是考虑到验资证明只能担保该博物馆的注册资金数额合法，却无法保证资金的用途。我们提出，非国有博物馆应在民政部门预核准后，将注册资金存入预登记名称下的账号，将此作为办馆资金和稳定经费的证明文件，要求举办者提供在博物馆存续期间不抽逃注册资金、不要求取得经济回报的承诺书，以确保博物馆的正常运作。

五是非国有博物馆的名称应符合《民办非企业单位名称管理暂行规定》的有关要求。《博物馆管理办法》明确规定，非国有博物馆的名称不得冠以“中国”等字样。考虑到非国有博物馆多为专题性博物馆，根据已经注册的非国有博物馆类型，建议按照“属地·堂号·类型·博物馆（陈列馆、纪念馆）”的格式进行定名，明确登记流程以及受理的民政部门。

六是馆长资质方面。《关于非国有博物馆设立的指导意见》提出，非国有博物馆配备的专职馆长或副馆长应具有大学专科以上学历，相关领域学术专长和5年以上博物馆从业经验。从实际情况来看，大多数非国有博物馆很难达到要求。建议博物馆专职馆长或副馆长通过参加由市级以上文物行政管理部门或行业协会举办的相关培训取得相应资质。

七是场馆安消防标准方面。《关于非国有博物馆设立的指导意见》规定，申请设立非国有博物馆需提交由公安、消防部门出具的办馆场所安全验收合格证明或消防备案受理凭证等文件。依托历史建筑、故居、旧址等不可移动的文化遗产实物设立的博物馆，尚无与之相适应的安防标准，建议相关部门针对此类博物馆设置相应的安防验收标准。结合《博物馆条例》的规定，要求非国有博物馆在设置时提交确保观众人身安全的应急预案。

二 对非国有博物馆运行管理的建议与思考

《博物馆条例》将《博物馆管理办法》中藏品管理部分扩展为博物馆管理，其中除了必要的藏品管理外，增加了博物馆法人治理结构、博物馆专业化建设等内容。《博物馆条例》还将博物馆展示和服务扩大为博物馆社会服务，强调了博物馆的文化休闲功能。

为了使非国有博物馆的运行管理更加规范，并且充分考虑非国有博物馆在管理体制、运行资金、专业人员等方面与国有博物馆的差距，我们提出几点建议。

1. 建立以博物馆理事会制度为核心的法人治理结构

党的十八届三中全会通过的《中共中央关于全面深化改革若干重大问题的决定》提出：要“明确不同文化事业单位功能定位，建立法人治理结构，完善绩效考核机制，推动公共图书馆、博物馆、文化馆、科技馆等组建理事会，吸纳有关方面代表、专业人士、各界群众参与管理”。《博物馆管理办法》在非国有博物馆的设立条件中作出了相应规定。《博物馆条例》第三章第十七条明确指出“博物馆应当完善法人治理结构，建立健全有关组织管理制度”。考虑到现阶段我国非国有博物馆的管理体制和资金来源都较为单一，建议非国有博物馆应建立以理事会为核心、以基金会为支撑的法人治理结构，更加有效地实现决策民主，借助社会各界力量，提升办馆效益，按照博物馆自身学术业务规律发展，加强非国有博物馆的专业化水平和社会服务能力。

2. 加强博物馆的专业化建设

博物馆是重要的公共文化场所和文化教育机构，利用馆藏资源进行文化的普及和知识的传播，其专业化建设和发展尤为重要。而对于非国有博物馆而言，其专业化水平整体较低，因此我们提出，可以通过对从业人员进行专业培训的方式，加强非国有博物馆的专业化建设。

《关于非国有博物馆设立的指导意见》对于博物馆从业人员规定："博物馆要具有与办馆宗旨相符合、与办馆规模相适应的专业技术和管理人员，不应少于6人；其中专职人员占60%以上，且专职人员60%以上具有大专以上学历。"事实上许多中小型非国有博物馆很难达到要求，建议由文物行政主管部门或行业协会定期举办"非文博专业或不具备规定学历文博岗位人员培训班"，取得博物馆从业人员资格证书后参加文博系列职称评定。

3. 建立博物馆间的帮扶机制

从整体上看非国有博物馆行业特征显著，然而在藏品保护、陈列展览、科学研究等方面与国有博物馆仍存在较大差距。根据《关于促进非国有博物馆发展的意见》和《关于推进国有博物馆对口支援非国有博物馆工作的意见》相关内容，我们建议在江苏省内建立国有博物馆和非国有博物馆的定向帮扶机制，实现非国有博物馆与国有博物馆的对接，国有博物馆主动提供服务，非国有博物馆积极寻求指导。鼓励非国有博物馆加入博物馆行业协（学）会，使用行业协（学）会搭建的共用平台和提供的共享资源。

4. 鼓励非国有博物馆申请扶持

江苏省非国有博物馆的扶持工作由省级文物部门和博物馆行业组织共同进行，实行专业指导和资金扶持并举。扶持工作主要从非国有博物馆馆舍规模、免费开放时间、陈列展览、科研活动等方面开展，按规定参加博物馆年检并通过的非国有博物馆均可提出申请。

三　结语

博物馆是为公众提供知识、教育和欣赏的文化机构，非国有博物馆往往具有较强的专题性，是我国博物馆事业的重要组成部分。但是，近年来非国有博物馆由于建设和发展速度过快，在行业准入和运行管理方面还存在许多不规范、不专业的问题，使得其社会功能并没有得到充分发挥。规范非国有博物馆的建设和运行，从权利和义务两方面体现公平对待非国有和国有博物馆，有利于文化遗产资源的整合、有利于地域文明的传承、有利于城市形象的提升，充分发挥非国有博物馆在公共文化服务体系中的重要作用。

浅谈博物馆公共文化服务的创新

——以南京地区博物馆公共文化服务为例

潘彬彬

（南京市博物总馆　江苏南京　210000）

内容提要：南京地区的文博场馆具有无可比拟的文化资源优势，体现出公共文化服务的重要价值与意义。本文通过调研，对南京地区各类博物馆的公共文化服务状况作出分析，并提出推进服务创新的意见与建议。

关键词：博物馆　公共文化服务　创新

2015 年 1 月，中共中央办公厅、国务院办公厅印发了《关于加快构建现代公共文化服务体系的意见》，明确提出构建体现时代发展趋势、适应社会主义市场经济要求、符合文化发展规律、具有中国特色的现代公共文化服务体系的要求。在当前全面深化改革背景下，构建现代公共文化服务体系，是促进文化事业繁荣发展的必然要求，是建设社会主义文化强国的重大任务。近年来，我国公共文化投入稳步增长，覆盖城乡的公共文化服务设施网络基本建立，公共文化服务体系建设总体取得显著成效。随着我国经济的快速发展和社会的逐步转型，人民群众对公共文化服务的需求不断增长、结构日趋多元。与此同时，公共文化产品丰富性不足、公共文化服务供给主体单一、政府供给效能相对低下、公共文化服务的吸引力和影响力不强等矛盾与挑战不断凸显。因此，需要立足各地实际，通过改革思维引领公共文化服务体系的创新和完善。

博物馆是社会变革、发展的产物，社会性、公共性是其鲜明的特点。国际博物馆协会将博物馆定义为一个“为社会及其发展服务的、向公众开放的非营利性常设机构”。作为公共服务机构，博物馆承载着公共文化服务的使命，是现代公共文化服务体系的重要组成部分，承担着保障公众文化需求的社会责任。

江苏省南京市目前共有各类博物馆 69 个，包括综合、历史、艺术和自然科学四大类别，博物馆数量在全国省会城市中居于前列。数量众多、种类丰富的博物馆利用其无可比拟的文化资源优势，发挥着社会服务价值，成为构建南京市公共文化服务体系的重要内容。通过对 2014 年南京市文化文物部门负责年检备案的 43 个博物馆的调研，我们对南京地区博物馆的公共文化服务状况作出分析，并据此对如何创新博物馆的公共文化服务提出建议。

一　博物馆公共文化服务的现状

南京市负责年检备案的43 个博物馆中，国有博物馆有 35 个，非国有博物馆有 8 个。国有博物馆分别隶属于文化、旅游、国土、税务、科研院所等部门，非国有博物馆的创办者为民营企业或个人。按照《博物馆条例》的规定，国有博物馆的正常运行经费列入本级财政预算，非国有博物馆的运行经费由创办者保障。南京地区35个国有博物馆中，23个向社会免费开放，南京市博物馆等12个古建遗址类博物馆按照相关规定暂未免费开放。国有博物馆公共文化服务的投入方主要是博物馆所隶属的管理部门，并最终通过同级政府财政对所属博物馆提供直接或间接经费支持，即国有博物馆公共文化服务的供给主体是政府部门或政府所属的企事业单位。全市35个国有博物馆隶属于不同部门、归属于不同地区，级别有所不同，得到的经费支持差别较大。23个向社会免费开放的国有博物馆所获免费经费从10万到700万不等，部分博物馆的免费开放经费没有及时到位。非国有博物馆公共文化服务的资金投入和供给主体主要是创办者个人或企业，个别博物馆会争取社会捐助和政府部门的拨款，其他社会群体的参与度并不高。

博物馆公共文化服务的内容主要是通过博物馆这一平台向社会提供公共文化产品和服务。具体表现为博物馆向社会推出的陈列展览、配合展览的公众教育活动、基本的馆内服务项目、个性化文化产品的提供等。南京市43个博物馆2014年全年向社会推出246个陈列展览，其中临时展览和陈列161个，占65.4%；全年展览天数超过300天（包括300天）的达64个，占26%；参观人数突破10000人的展览152个，占61.8%。配合展览的教育活动因不同博物馆和展览呈现出较为明显的差别，其中侵华日军南京大屠杀遇难同胞纪念馆、南京地质博物馆、南京税收博物馆、渡江胜利纪念馆、南京直立人化石遗址博物馆基本陈列的全年公众教育活动达到了100次以上，取得了显著的社会效益。配合展览的个性化文化产品数量和种类普遍偏少，43个博物馆中只有孙中山纪念馆和南京直立人化石遗址博物馆配合陈列展览分别开发了66种、35种个性化文化产品，其余博物馆明显不足。

根据不同博物馆的类型和定位，各博物馆公共文化服务的对象亦有所不同。作为全市旅游景点或知名度较高的博物馆，如侵华日军南京大屠杀遇难同胞纪念馆、雨花台烈士纪念馆、太平天国历史博物馆等馆的公共文化服务对象以外地游客为主，其他博物馆的公共文化服务对象集中在赋闲的中老年群体和青年学生群体。博物馆公共文化服务面向的对象结构和服务群体相对固定。目前，市属各馆并没有统一的公共文化服务标准，一般是各馆根据本馆实际制定公共文化服务准则。调查中还发现，市属各馆几乎没有开展过公众对公共文化服务满意度和需求状况的系统调研，缺少对公共文化服务的效果的量化与评估。

二　博物馆公共文化服务中存在的问题

通过对南京市43家博物馆公共文化服务现状的调研，我们发现博物馆履行公共文化服务职能过程中仍存在较为突出的问题。

一是博物馆公共文化服务的供给主体较为单一，社会机构参与度低。一方面导致博物馆投入公共文化服务的经费紧张、财力不足；另一方面相对单一的供给主体容易加剧政府、企业和个人的债务风险，从而影响博物馆公共文化服务的供给效能，其稳定性和持续性难以得到保障。二是博物馆公共文化服务的内容丰富性不足，公共文化服务的形式灵活度欠缺。各博物馆公共文化服务的内容和形式缺乏创新，存在多馆一面、范式固化、换汤不换药的弊端，缺乏适应数字时代的公共文化服务方式。三是博物馆的公共文化产品和服务供给与公众需求脱节，不能有效满足公众日益提高的精神文化诉求。由于缺乏必要的调研与跟踪，在精神文化产品日益丰富的当下，博物馆提供的公共文化产品和服务滞后于公众需求，部分内容与公众的现实所需存在错位和脱节，导致公众的积极性和参与度不高。四是博物馆公共文化服务供给不均衡、覆盖人群较为单一。表现为不同部门、不同地区、不同主体对博物馆公共文化服务的投入不均衡，各个文化服务对象的结构不均衡，以及公共文化服务的效益和影响不均衡，使得博物馆公共文化服务的效果大打折扣。五是各博物馆公共文化服务的开展很大程度上存在重设施轻内涵、重形象轻实效的问题。例如，很多陈列展览对公众的吸引力不足，博物馆讲座多因专业性强而难以调动公众的兴趣，文化产品因数量少、创意性不足不能满足公众的个性化需求。

这些问题反映了当前博物馆公共文化服务建设过程中存在的不足，成为博物馆在构筑现代公共文化服务体系方面的缺憾。因此，需要通过改革不断创新博物馆的公共文化服务。

三 创新博物馆公共文化服务的建议

创新博物馆的公共文化服务需要从博物馆公共文化服务各环节存在的问题着手，立足于博物馆的性质、特点，通过创新公共文化服务的内容、形式和运作模式优化博物馆公共文化服务的结构，提升博物馆公共文化服务的质量。美国学者古德提出的“博物馆不在于它拥有什么，而在于它以其有用的资源作了什么”的观点已得到社会的广泛认可。

首先，博物馆创新公共文化服务，需要充分挖掘资源禀赋、发挥资源优势，以其丰富的文化资源迎合当前公众的精神文化需求。在对公共文化需求现状和变化趋势调研的基础上打造更多富有博物馆特色的公共文化服务项目，充实公共文化服务的内容，并加大宣传力度，惠及更多的社会公众。

其次，需要以创新思维引领博物馆公共文化产品和服务的结构与质量。博物馆公共文化产品和服务直接面向社会公众，因此博物馆需要改善已有文化产品和服务存在的不足，调整、优化产品结构空间，树立精品服务意识。如博物馆应及时调整多年不变的陈列展览，推出形式多样的临时展览，使展览内容更多融入公众生活，展览形式更加丰富多元，以增强展览的表现力和感染力。配合展览的文化活动在丰富多彩的同时应强化精品意识，通过打造公共文化服务活动的品牌，提升博物馆公共文化服务的影响力和美誉度，赢得社会公众的认可和参与。

随着社会经济的快速增长，人民群众的精神文化需求也呈现出多样化、多层次的特点。随着博物馆公共服务功能的日益增强，现代博物馆从单纯的展览空间逐渐发展成公共生活的综合体，与人们的日常生活联系越来越紧密。如周末去博物馆看展览，享受餐饮、特色购物，与朋友聚会、看电影，博物馆融入、消解于更加开放的公共空间已成为可能。因此，各馆应结合本馆特色向公众提供更多具有特色的个性化文化产品，满足公众对个性化文化产品的消费诉求。在此过程中，博物馆应树立大文化产业观，突破以物化的纪念品和衍生品代替文化产品的做法，在大文化产业观念指导下开发出更多符合公众需求和时代特点的文化产品。

创新博物馆公共文化服务最根本的是创新博物馆公共文化服务的供给机制和运作模式。面对当前公共文化服务供给主体单一、供给效能不足的现实，在国家关于构建现代公共文化服务体系相关政策的指导下，博物馆主管部门或创办者应主动引入市场机制，激发各类社会主体参与博物馆公共文化服务的积极性，提供多样化的产品和服务，增强发展活力。对数量众多的国有博物馆来说，可以吸引社会资本投入博物馆公共文化领域，运用政府和社会资本合作模式（PPP 模式），创新博物馆公共服务供给机制，促进公共文化服务提供主体和提供方式多元化，提升公共服务的供给质量和效率，实现公共利益最大化。

公共文化服务体系视野下的博物馆职责担当

——以江苏省为例

邢致远

（江苏省文物局　江苏南京　210000）

内容提要： 博物馆在构建现代公共文化服务体系、区域特色文化传承体系中发挥了不可替代的重要作用。本文在构建公共文化服务体系的视野下，提出了博物馆公共文化服务发展的职责担当和有关对策建议。

关键词： 公共文化服务　博物馆　江苏省

2015 年，中共中央办公厅、国务院办公厅印发了《关于加快构建现代公共文化服务体系的意见》，提出："到 2020 年，基本建成覆盖城乡、便捷高效、保基本、促公平的现代公共文化服务体系。公共文化设施网络全面覆盖、互联互通，公共文化服务的内容和手段更加丰富，服务质量显著提升，公共文化管理、运行和保障机制进一步完善，政府、市场、社会共同参与公共文化服务体系建设的格局逐步形成，人民群众基本文化权益得到更好保障，基本公共文化服务均等化水平稳步提高。"国家文物局制订的《国家中长期博物馆事业发展规划纲要（2011～2020 年）》明确提出："到 2020 年，我国要基本形成特色鲜明、结构优化、布局合理的博物馆体系，基本实现博物馆管理运行的现代化，基本建立运转协调、惠及全民的博物馆公共文化服务体系，博物馆文化深入人心，进入世界博物馆先进国家行列。"

博物馆是收藏和展示人类及人类环境的物质、非物质文化遗产的文化机构，公益性和开放性决定了博物馆在国家公共文化服务体系中占有重要地位。有鉴于此，参照国外博物馆公共文化服务发展的经验，以及国内对于公共文化服务事业发展的要求，需要在构建公共文化服务体系的视野下，重新审视博物馆的职责担当。

一　构建博物馆公共文化服务体系

公共文化服务体系是指"以政府部门为主的公共部门提供的、以保障公民的基本文化生活权利为目的、向公民提供公共文化产品与服务的制度和系统的总和"，主要由"公共文化服务设施、资源和服务内容，以及人才、资金、技术和政策保障机制"等构成。目前普遍认为公共文化服务体系包括公共文化政策、理论体系，公共文化基础设施体系，公共文化生产和运营体系，公共文化信息体系，公共文化资金保障体系，公共文化人才体系，公共文化创新体系，公共文化考评体系。

江苏全面建成小康社会之后，政府职能将从经济建设型向公共服务型转变，为全社会提供基本、均等、优质的公共产品和公共服务成为政府的职责和义务。《苏南现代化建设示范区规划》提出："到2020年，苏南地区将在全面建成小康社会的基础上，基本实现区域现代化，成为全国现代化建设示范区。"现代化建设示范区的一项重要要求就是建立完善的基本公共服务体系，实现基本公共服务常住人口全覆盖。包括博物馆在内的公共文化设施组成的覆盖城乡的公共文化服务体系是基本公共服务体系的重要组成部分，而博物馆提供的公共文化鉴赏服务也是基本公共服务体系中的一项基础服务内容。因而，构建博物馆公共文化服务体系不仅是保障公民文化权利的途径，也是服务型政府在文化领域发挥自身职能的措施，应当成为文物行政部门的重要工作。建立起包括行政管理部门、社会团体、行业协会、企业、社区等在内的，合理的、科学的公共文化服务体系主体，构建一个全社会办文化的良性机制，可以在有限的财力下提供更多高质量的公共文化产品和服务。

以南通"环濠河博物馆群"为例，作为"第一批国家公共文化服务体系示范项目"中唯一的文博项目，自开展以来，陆续出台《环濠河博物馆群公共文化服务体系示范项目评估办法》等一系列政策措施，新建濠河博物馆，复建伶工学社，在濠河风景区实施了49个建设改造项目，建立了民营博物馆公共文化服务保障体系，由政府购买民营博物馆提供的公共文化服务。在提升硬件的同时，创新管理体制机制，成立环濠河博物馆群合作理事会，完善馆群联动功能，组织开展"春蕾文博之旅"、"博物馆与社会公众"互动平台、"知南通、爱家乡巡讲"等一系列文化惠民公益活动。现在已经逐步形成"政府统一领导，文化、财政、规划等部门分工负责，市文博协会和环濠河博物馆群合作理事会积极参与管理"的工作机制，是构建博物馆公共文化服务体系的有益尝试。

二　完善博物馆公共文化服务政策

建设"文化江苏"以来，江苏提出"各级政府每年对文化事业拨款的增长幅度要高于当年财政预算增长幅度的1至2个百分点"，出台了开征文化事业建设费、设立专项资金制度、鼓励对文化事业的捐赠等政策。

作为文化事业的组成部分，博物馆在公共文化服务方面的扶持政策比较欠缺，法律基础比较薄弱，涉及各项事业的法律法规还欠完备。相对而言，美国、法国、英国等国家对文化事业立法非常重视。为了保障文化事业发展的资金，法国除了行政拨款之外，还颁布了《企业参与文化赞助税收法》、《文化赞助税制》、《共同赞助法》等文化赞助税制体系，鼓励企业参与文化赞助活动。

以文物藏品为主，以历史类陈列展览为主，以文化、文物系统管理的博物馆、纪念馆一直是我国博物馆系列的主体。根据新颁布实施的《博物馆条例》精神，应落实和完善文化经济政策，支持社会组织、机构、个人捐赠和兴办公益性文化事业，引导和鼓励社会力量通过兴办实体、资助项目、赞助活动、提供设施等形式参与博物馆公共文化服务，在场馆建设、藏品捐赠、人员培训、社会活动等方面鼓励多元资金的投入。积极引导、扶持、规范社会力量参与博物馆相关文化创意产业。鼓励博物馆与社会力量开展多种形式的合作，拓展文化产品开发投资、设计制作和营销渠道。拓宽社会资本对博物馆公共服务的支持渠道，发挥各投资主体的优势，促使社会资源进一步合理配置，既可以弥补政府经费投入不足，也可以扩大博物馆的社会认知度，从而成为博物馆发展的重要动力。保护文化遗产不仅是政府的责任，也是全社会共同的义务。社会资本介入博物馆公共文化服务事业发展，是文化遗产保护的进步，也是社会文明的进步。

三 整合博物馆公共文化服务资源

江苏省博物馆数量众多，馆藏文物种类齐全，整体水平居于全国前列，但就个体而言，博物馆资源有待进一步整合，高等院校、科研单位、社会团体设立的博物馆资源没有充分利用，非国有博物馆没有充分发挥社会效益，博物馆公共服务资源利用率亟待提高。整合博物馆公共文化服务资源，必须引入公平竞争机制，确立多元化发展思路，提高公共文化服务的质量和数量。

有学者认为交流的需要有以下动机："现代化之必然、地域性之尊重、精致度之展现、文化体之互动。"体现在博物馆的交流方面，最基础的就是馆际文化交流。通过交流推进博物馆之间展览资源、学术成果、专业人才的优势互补和资源共享，逐步完善政府指导下的博物馆陈列展览巡展、联展、借展和互换展览方式，推介特色陈列展览，交流供求信息，形成整体、有机、高效的公共文化服务网络，提高综合服务能力，提高展览展示水平，实现社会效益最大化。以法国为例，法国政府积极发挥民间文化遗产保护组织的作用，与很多协会签订协作契约，并给予他们一定的参与权和管理权，使民间组织在文化遗产保护的责权利得到统一。政府通过多种手段对这些组织进行管理，从而形成文化事业上政府与民间力量优势互补的良性局面。在公共文化服务发达的美国，合作成为博物馆的共同选择。有位美国博物馆馆长说："博物馆行业正在与其他娱乐行业争夺人们的闲暇时光，因此我们必须找到一起合作的方式，否则就会成为其他娱乐行业的附庸。"美国当地很多博物馆与旅游点联合推出"城市通票"。大都会艺术博物馆与现代艺术博物馆和惠特尼美国艺术博物馆达成永久性合作协议。史密森尼研究院常年向全球几十个国家和美国近 50 个州的公共机构借出藏品，还通过其"联系成员"项目将部分藏品借给中小博物馆展览。

博物馆公共文化服务资源的有效整合和优势共享将成为今后博物馆发展的趋势和方向，可以有效地改变地区、部门的条块分割，促成博物馆共建、共有、共享平台的构成，真正体现博物馆的"公共性"特征。

四 创新博物馆公共文化服务手段

古德认为："博物馆不在于它拥有什么，而在于它以其有用的资源作了什么。"创新是博物馆吸引公众的重要手段。

实施免费开放之后，博物馆的社会服务工作比任何时候都需要求新、求变，确立公共服务导向，充分尊重受众的参与权和表达权，主动服务社会弱势群体，探索建立受众需求的动态反馈机制，重点加强对基层和社区群众文化需求的了解。根据馆藏特色和研究成果，针对不同年龄、不同知识层面和不同文化背景的观众，推出内容丰富、主题新颖，具有吸引力和代表性的社会服务项目，在选题上注重独特性和前瞻性，策划上注重活动的系列化、整体化。除了讲解、讲座等成熟方式，还应推进家庭和社区教育活动，以及教师、志愿者和博物馆之友的管理与培训等具有广泛持续性的教育活动。制定服务标准和服务规范，逐步实现公共文化服务制度化、标准化和规范化。探索建立博物馆教育纳入国民教育体系和义务教育体系的工作机制。博物馆应当利用电影、电视、音像制品、公益广告、出版物和网站、微博、微信、客户端等多种途径传播陈列展览、科研成果、藏品知识。

美国博物馆协会成立时就宣言“博物馆应成为民众的大学”。在解释博物馆的定义时，美国博物馆协会将“教育”与“为公众服务”并列视为博物馆的核心要素。美国博物馆协会的总经理和首席执行官小爱德华·埃博认为：“博物馆第一重要的是教育，事实上教育已经成为博物馆服务的基石。”从史密森尼研究院开始，许多博物馆相继为儿童设立了专门的活动室或学习间，芝加哥艺术学院、洛杉矶郡立艺术博物馆等还设有儿童博物馆或儿童艺术馆。布鲁克林儿童博物馆是世界上第一家专门面向儿童的博物馆，宾夕法尼亚博物馆是世界上最早开办博物馆培训课程的博物馆，波士顿美术博物馆是世界上第一家设立讲解员的博物馆，伊利诺伊大学的克兰勒特艺术馆是全世界第一家在国际互联网上建立网站的博物馆。大都会艺术博物馆称其教育活动的对象是“所有的人”。克利夫兰艺术博物馆常年推出“家庭快车”培训班、“教师资源中心”、“学校之旅”等教育项目。波士顿美术博物馆专门设有“高科技部”。克利夫兰艺术博物馆为每项特展设立“新技术应用”专项预算。这些都为博物馆进入公众生活提供了保障和支撑。

五 凸显博物馆公共文化服务理念

江苏是中国博物馆事业的发祥地，自 1905 年张謇先生在南通创办中国第一座博物馆——南通博物苑开始，江苏的博物馆一直在探索服务公众、服务社会的方式方法，并已经取得瞩目的成绩。

作为中国经济、文化和社会事业最为发达的省份之一，江苏的生产力水平发展迅速、经济高度发达、产品十分丰富，公众的消费超出了满足基本生存需要的功能层次阶段后，将快速进入具有满足精神、享受和发展消费的高层次功能阶段。博物馆作为精神文化消费的重要载体，将成为实现国民幸福的重要路径，这也对博物馆公共文化服务的水平和能力提出了更高的要求。公益性、开放性的基本属性决定了博物馆在国家公共文化服务体系中占有的重要地位。“国际博物馆协会职业道德准则”被认为是博物馆专业人员实行之最低要求的职业道德总规定。这一准则对机构道德和职业行为都有明确的要求，特别是在博物馆管理基本原则，比如博物馆机构身份、人员、藏品征集和保存、陈列与展览、合法运营等方面都作了明确的规定。体现公益性文化属性和发挥基本职能是博物馆必须承担的社会责任和义务，展示传播和教育服务是博物馆与生俱来的基本功能和社会职责，不同题材类型、不同行政辖属、不同管理部门的博物馆，从这一角度而言，没有本质差别。各级、各类博物馆的各项业务工作要始终坚持社会效益第一的原则，普及科学知识，弘扬科学精神，清晰地诠释博物馆的教育目标、理念与思想，反映主流价值和审美需求，坚持博物馆的公益属性，恪守博物馆的职业道德准则。

六 结语

著名学者苏东海认为：“博物馆是通过为观众自我学习提供服务而实现教育目的的。”美国学者詹金斯在其《博物馆之功能》一书中指出：“博物馆应成为普通人的教育场所。”大都会艺术博物馆的菲利普·德·蒙特伯诺馆长在其《大都会与新千年》一书中，把“藏品研究与教育公众在本博物馆具有最优先的地位”视为该馆的重要传统。可见，中西方学者都把公共文化服务作为博物馆的重要功能进行研究和阐释。如何使博物馆更加有效地服务社会，已成为文物行政部门管理者应当面对和解决的重要课题。文物行政部门将更加关注博物馆提供的公共产品的质量、数量、结构和效益，以及社会公众是否享受到基本的、均等的、优质的服务，将博物馆有效地融入公共文化服务体系中。而对于博物馆来说，必须在坚持社会效益的前提下，接受社会、市场和公众的考验，在收藏、保护、研究的基础上，推出公共文化服务品牌项目，既满足公众的精神文化需求，又对公众有所导向和规范，以服务社会、服务民生为要求，在构建公众文化服务体系中发挥更为积极的作用，力争实现公共文化服务水平的全面提升。

参考文献：

1.《江苏省文物事业发展“十二五”规划》。
2.《文化建设工程读本》编委会：《文化建设工程读本》，江苏人民出版社，2013 年。
3. 段勇：《当代美国博物馆》，科学出版社，2003 年。
4. 徐耀新：《江苏文化年鉴（2013）》，广陵书社，2014 年。
5. 宋新潮：《理事会制度是博物馆公共属性的生动体现和组织保障》，《中国文物报》2015 年 3 月 10 日。
6. 段勇：《非国有博物馆迎来新的发展机遇》，《中国文物报》2015 年 3 月 10 日。
7. 李耀申：《搞好博物馆经营、助力博物馆健康永续发展》，《中国文物报》2015 年 3 月 10 日。
8. 郭长虹：《发挥博物馆传承中华优秀传统文化、弘扬社会主义核心价值观的作用》，《中国文物报》2015 年 3 月 10 日。
9. 邢致远：《江苏博物馆提升工程十年记》，《中国文物报》2015 年 3 月 3 日。
10. 邢致远：《江苏县级博物馆体系规划刍议》，《东南文化》2012 年第 2 期。

博物馆社会服务功能研究

谢　伟

（淮安市博物馆　江苏淮安　223001）

内容提要：我国博物馆事业目前正处于建设与发展的大好时机，几乎所有的省级馆都经历了或者正在经历新建、改扩建。博物馆受到前所未有的关注，逐步对未成年人、社会特殊人群乃至更广大范围的公众实行免费开放，提供更好的服务。博物馆是当下社会文化服务体系的重要组成部分，担负着保障公众基本文化需求的社会责任。

关键词：博物馆功能　社会服务　公共文化需求　公共关系

作为公益性文化机构，社会服务是博物馆功能十分重要的一个方面，也是当前文化和社会资源配置多元化背景下博物馆获得持续发展动力的重要支撑。我国博物馆长期以来在这方面一直做得不够，主要原因是对博物馆的认识和定位过于强调其收藏与科研功能，强调博物馆与政府的管理关系和意识形态，忽略博物馆展示、社会服务以及博物馆事业发展与公众、社会环境的内在联系。

人民群众对文化的需求，是社会主义制度下人民群众必须得到保障的基本文化权益。博物馆作为公益性社会文化机构，是公共文化服务体系的重要组成部分，担负着保障公众基本文化需求的社会责任。其性质决定了博物馆是以政府为主导，以公共财政为支撑，以公益性文化事业单位为骨干，以全民为服务对象，以基层特别是农村为重点，覆盖城乡的公共文化服务体系之一，是当前文化建设的重要内容之一。加强博物馆建设并充分发挥博物馆在公众社会文化生活中的影响力，对促进人与社会的发展、人自身的发展以及人的精神与体魄的和谐发展具有十分重要的意义和作用。

一　博物馆是人类文明记忆、传承、创新的重要阵地

博物馆的藏品及其内涵，不仅是自然与人类社会历史的实物档案、记忆宝库，其内涵还是维系民族统一的精神纽带，是传播不同地区文化与知识的历史桥梁。一座博物馆就是人类社会历史进程中的一座里程碑，以其特有的“以物说话”方式，真实记录了人类社会不同领域的演变进程。博物馆以其特有的方式，承载了国家、民族、城市和所在地的血脉和灵魂，承担着让人们面对过去、思考现实与未来的社会责任。博物馆中蕴藏着优秀民族文化的结晶，是民族文化之根，也是民族文化创新的源泉。

二 博物馆是启迪智慧、陶冶情操、欣赏艺术的文化休闲场所

博物馆举办的展览，是经过深入研究、精心策划和认真组织的，可以使观众获得对一个事物真实的、全新的、完整的、连续的或相对独立的发展脉络的体验、感受和认知，从而启迪智慧。博物馆的展览或展品，能够自然地把观众带到历史长河中，让人们思考现实并畅想美好的未来，在温故而知新的过程中体验生活中的真、善、美，从而更加珍惜美好的生活。在博物馆，公众可以体验在其他场合难得的静谧和幽雅，获得认真思考的条件与环境。面对自然界的神奇我们惊叹，面对先辈们的艺术创造我们敬仰，置身文化与艺术的殿堂中，可以放松心情、产生灵感、激发创意，从而增长知识、陶冶情操，为社会创造更多的物质和精神财富。博物馆在满足人们娱乐休闲需要的同时，更让人们体验到博物馆文化的博大精深。

三 博物馆是普及科学知识、提升公民素质、提高社会文明程度的重要平台

博物馆作为社会教育和文化机构，既是科学与文化知识的宝库、人类社会文明教化的殿堂，也是促进人类精神与体魄和谐发展的大课堂。博物馆是功过是非的历史审判庭，很多历史事件的真相能够在博物馆得到解读，使人知荣明辱，从而培育高尚的道德情操。博物馆作为公共文化设施，既是理论宣传和爱国主义教育基地，也为我们架起了一座沟通政府与公众、历史与现实的桥梁，承担着传播知识、传承文明、促进和谐、增进国际文化交流和培养先进文化的责任。博物馆还是一个国家或者一个城市文明程度的重要标识，高水平的博物馆是世界城市的重要标志之一。在全球化进程中，博物馆还充当了连接不同文化的纽带的作用。博物馆是高层次的学术研究机构，通过专业的藏品研究及其学术成果的展示，能够提升博物馆的学术水平。在建设学习型社会和学习型组织方面，博物馆是公众的终身学习课堂。

随着社会经济发展、公众文化需求增长、博物馆研究进一步深入和相关认识理念更新，博物馆正从“藏品为本”转向“以人为本”、从“馆舍天地”走向“大千世界”，呈现出特色化、生态化、社区化和人性化趋势，功能不断向社会服务领域延伸。

四 提升博物馆社会服务

博物馆社会服务功能是指以持续提升社会服务水平为导向，在藏品征集、鉴定、保管、研究、讲解、陈列设计等工作中配置、开发和整合博物馆内外的各种资源，主动利用、分析和管理博物馆公众信息，满足博物馆公众参观、学习、赏鉴、娱乐等多样化、个性化的需求，建立、发展和提升博物馆与公众之间的关系，形成发展活力、竞争优势的知识技能的集合。

在进一步巩固、完善博物馆免费开放保障制度的基础上，博物馆工作重点正逐步转向“机制转换、增强活力、改善服务”。如何提升博物馆社会服务功能迫在眉睫。转变观念，摸清情况，掌握新动向，从落实“以观众为主”、“以人为本”指导理念出发，重视和支持公众调研工作，提高决策科学性和增强竞争力，引导博物馆加大对公众调研的关注和利用。确立“基本陈列做精、临时展览求特”的办展原则，挖掘馆藏精品的多重价值，提升基本陈列的内涵品质，以具有鲜明时效的特征或关联信息的特色，策划临时专题展览，提高公众参与热情。

同时，通过多种艺术形式、运用现代科技手段，使观众在休闲娱乐中深化对展陈内容的认识和理解。从主题规划、受众分析、内容策划、载体选择和效果评价等环节加强宣传。加强与社区、学校等合作，开展针对社区人群和学校师生的系列展览延伸和拓展活动。明确岗位职责和选聘标准，认真做好现有博物馆人员的全体培训工作，培养“政治上可靠、业务上精通”的新型管理人才。关注和研究博物馆文化产业投资相关政策，开发衍生文化产品，逐步增强博物馆的自我造血能力。

随着博物馆社会服务实践的丰富和发展，面临的问题将更为广泛、更加复杂。有关博物馆社会服务功能提升的研究将不断深化，及时提出破解问题的思路和方法，可以为博物馆社会功能持续提升奠定坚实的理论基础。

公共文化服务体系中的博物馆建设

路亚北　杨　赛

（常州博物馆　江苏常州　213000）

内容提要： 博物馆作为公共文化服务体系不可或缺的部分是历史发展的必然结果。博物馆在三百年的发展历程中，完成了从私人的艺术品藏宝室到社会教育、服务机构的转变，完成了从精英主义到服务大众的经营路线的变化，完成了从强权和荣耀的象征到系统博物馆学的诞生的文明演进。博物馆不断被赋予新的内涵，教育和为社会发展服务的功能逐渐成为博物馆的重要使命，在公共文化服务体系建设中发挥着持久而独特的作用。

关键词： 博物馆　公共文化服务体系

党的十八大以来，中央对现代公共文化服务体系建设作了系列部署，并把公共文化服务体系建设作为全面建设小康社会的重要内容。2015 年 1 月，国家又出台了《关于加快构建现代公共文化服务体系的意见》，提出到 2020 年基本建成现代公共文化服务体系的目标。

公共文化服务体系是面向大众的公益性文化服务体系，它是指以政府部门为主的公共部门提供的、以保障公民的基本文化生活权利为目的、向公民提供公共文化产品与服务的制度和系统的总称。博物馆是一个为社会及其发展服务的、面向公众开放的非营利性常设机构，公共服务是它最主要的基本职能之一，也是体现博物馆存在的价值之所在。

博物馆是公共文化服务体系的重要组成部分。从博物馆的功能看，博物馆为教育、研究、欣赏的目的，征集、保护、研究、传播并展出人类及人类环境的物质及非物质遗产，在公共服务体系中的各个方面发挥积极作用，由于博物馆“以物说话”的特性和不断发展的博物馆理念影响，博物馆的教育与服务具有诸多独特之处，在整个公共文化服务体系中具有不可替代的作用。

一　博物馆公共性的嬗变和服务观念的发展

“公共性”是现代博物馆的标志。学者徐坚曾说：“历史上从不缺乏古代艺术和遗物的保管机制，但是化‘私’为‘公’才催生了近代意义的博物馆。”

博物馆经历了为王室与贵族、富商与专家学者服务到为社会大众服务的发展过程。博物馆起源于古希腊时期，最早的博物馆被认为是公元前 290 年埃及王为礼拜缪斯女神而建立的亚历山大博物馆。由于当时学科尚未分化，早期博物馆是哲学、宗教的研究场所，只对少量人群开放，远离人们的日常生活。此时，人们把博物馆当作名器重宝的收藏所。到中世纪时，教堂、修道院和教会学校成为宗教文物的收藏所，世俗文物则集中在宫廷和贵族府邸。藏品是神权和财富的象征，教会或王公贵族对藏品的展示和交流只在小范围内进行，是上流社会的活动，具有明显的特权属性。文艺复兴运动兴起之后，人们掀起对古希腊、古罗马文化的学习热潮，同时也兴起了对古典时期艺术品的收藏热，私人收藏兴盛。直到1683年英国牛津大学阿什莫尔博物馆向公众开放，博物馆才走出私人领域，走向大众。

历史上的博物馆走向大众不是一个偶然事件，而是伴随着启蒙运动，人们对天赋人权、平等、自由等观念的认识不断加深而产生的。博物馆的藏品，不管是见证人类历史的文物还是反映环境变迁的自然标本，都是人民共有的财富，这也是博物馆公共性的基础。

从18世纪开始，博物馆的公共性质促使由政府集中管理的各大博物馆纷纷建立。大英博物馆1759年向公众开放，公民必须手持证明文件才允许在中午11点至12点参观；法国的卢浮宫于1793年向公众开放，但每周只对公众开放三天。此时的博物馆，一方面服务于艺术鉴赏家、博学之士，另一方面鼓励公众求知，博物馆演进成为一种更开放的、心怀公众的机构。19世纪是博物馆的黄金发展期，各种类型的博物馆的设立都有一个共同的目标——让公众认识自己所处的世界。1846年，由美国国会主导的史密森学院成立，它把自己定位为“一个致力于科学、人文和艺术领域的公共教育、基础研究和国家服务的独立机构”[1]。20世纪以来，博物馆的定义被多次修订，博物馆理念由从以“物”为中心转变为以“人”为中心，其教育功能这一公共属性不断得到凸显，在最近的一次修订中，教育功能的地位已经超越了展示、收藏等其他功能。20世纪70年代，国际博物馆学界提出“博物馆应为社会及社会发展服务”，博物馆的公共性阐释达到了新高度。

2007年以来，我国将博物馆事业明确定位于公益性文化事业，实行公立博物馆向社会、公众免费开放的政策，把博物馆建设和管理纳入公共文化服务体系建设和保障公民基本文化权益体系中。这种推进博物馆转型、转向的力度，在全世界范围内也是最大的，博物馆必将以更加开放的理念迎接新的挑战，在公共文化服务体系中发挥应有的作用。

二　博物馆教育与公共服务的特点

1. 博物馆开启民智

中国现代意义上的博物馆于20世纪初出现，在救亡图存的社会背景下，这个博物馆的建立从一开始就被寄予了现代化和民族性的希望，这也是文化领域在民族觉醒的时代表现出的社会担当。

1905年，张謇在通州师范学校公共植物园基础上创建中国第一个公共博物馆——南通博物苑，其设立的最大目标是辅助学校教育并对公众开放。1933年，民国政府成立“中央博物院”筹备处，教育部下发的《中央博物院设立意见书》中写道：“自然馆中，求系统的扼要的表示自然知识之进展，并求其利用中国材料。人文馆中，求能系统的表示世界文化之演进，中国民族之演进。工艺馆中，表示物质文化之精要，尤其是关于实业及国防者，用以激励国人。”[2]被迫进入世界格局中的中国，期待通过博物馆中呈现的方式主动融入国际社会秩序，并通过博物馆展览的方式让国人了解世界，进而达到开启民智、强我中国的理想，这是特殊历史时期博物馆的作用。在和平时代，博物馆主要以爱国主义教育基地和科普教育基地的形式发挥服务和教育功能。

博物馆作为公共文化服务的中坚力量，将责无旁贷地肩负起发扬文化遗存公益性价值的重任，为社会文明进步起到推动作用。博物馆可以使人开拓眼界、增长科学知识、感受传统文化的魅力，并接受艺术的熏陶、提高文明素养，它是终身教育的场所，是学校教育的有益补充。常州博物馆每年举办超过 80 场社会教育活动，这些活动以趣味的形式为青少年提供亲近传统文化和非物质文化遗产的机会和平台，另外，从 2015 年起，常州博物馆计划用五年时间建成博物馆课程体系，实现与学校教育的对接，博物馆将切实成为青少年的第二课堂。成人教育也在博物馆教育体系之内，由于成人学习的特性，博物馆在成人教育方面是一个帮助者角色，而不是高高在上的灌输者的角色。博物馆在国家公共文化服务体系建设中还有许多发展空间，可以给公众带来广阔的文化视角，丰富民众的精神文化生活。

2. 博物馆增强创造力和民族自信心

博物馆汇聚着国家和民族的历史文化精品，展示着生活在这片土地上的祖祖辈辈的智慧和精神。参观博物馆尤其是参观国家象征的大型博物馆，如国家博物馆或抗日战争纪念馆等，除了知识的提升外，更直接的是民族感情的洗礼，这也是许多博物馆都被列为爱国主义教育基地的原因。

博物馆的研究、博物馆的价值观都通过阐释活动来完成。博物馆的阐释可以是展览，可以是出版物，可以是内部装饰的细节，可以是开展的活动等一切传递信息的途径。博物馆作为文化殿堂和记忆现场，它扎根历史、关注社会，可以增加民族自信心、增强创造力。博物馆具有文化宣传的作用，如中国国家博物馆是新中国的文化象征，具有国家殿堂的权威感，有增强凝聚力和民族自信心的精神力量。2012 年国家最高领导人参观的中国国家博物馆“复兴之路”展览，回顾了近代以来中国人民为实现民族复兴走过的曲折而伟大的历史进程，传递出国家命运、民族命运与每个人命运的紧密相关，民族富强、国家昌盛才有个人的幸福。展览站在国家的层面，号召党员从历史中汲取力量，继往开来，把我们的党建设好，同时，激励和团结全体中华儿女把我们国家建设好、把民族发展好，为实现中华民族的伟大复兴而奋勇前进。好的展览，不论是体现历史发展还是文化成就，都会增加观众的民族自豪感，起到凝聚人心的作用。

3. 博物馆关注社会发展

公共文化服务体系的建设主要包括两个方面，一是建设公共文化服务网络，二是建设公共文化服务的各项工程。建设公共文化服务网络即公共文化基础设施建设，包括拓展大型公共文化设施、社区和乡镇基层文化设施。建设公共文化服务的各项工程包括广播电视村村通工程、全国文化信息资源共享工程、社区和乡镇综合文化站工程等。博物馆的公共性和服务理念在与社会和社区的联系过程中不断嬗变，尤其以 20 世纪 70 年代为转折点。1971 年，国际博物馆协会第九次大会在巴黎和日内瓦召开，大会以“为人民服务的博物馆：今天和明天博物馆的教育和文化功能”为主题。1974 年，国际博物馆协会更是将“为社会及其发展服务”作为博物馆的根本任务明确写进博物馆的定义中，明确了博物馆的发展方向。而在此之前，博物馆更在乎自身的发展，更关注自身作为研究机构和收藏机构的特性。70 年代之后，博物馆开始关注其所处的社会和时代，博物馆的社会意识、社会担当和社会责任感逐渐增强，不仅是展示历史文化的殿堂，而且走进社区，生态博物馆、社区博物馆纷纷成立。

博物馆的社会公共意识从近年来国际博物馆日的主题可以管窥一斑。如 1992 年主题“博物馆与环境”，2000 年主题“致力于社会和平与和睦的博物馆”，2001 年主题“博物馆与建设社区”，2002 年主题“博物馆与全球化”，2008 年主题“博物馆：促进社会变化的力量”以及 2015 年的主题“博物馆致力于社会的可持续发展”等。这些主题体现当下人们关注的热点问题，如环境问题、文化多样性问题、社区发展问题等，体现了博物馆作为公共文化机构的社会责任。

中国博物馆从西方引进之初便紧密跟随国际博物馆发展的理念。每年的“5·18”国际博物馆日，各博物馆争相举办契合主题的活动，业内学者也纷纷阐释博物馆日主题的内涵。如 2015 年国际博物馆日，常州博物馆举办了“古人的低碳生活”亲子展厅寻宝活动，提倡简单、自然的生活之道，让参与活动的小朋友和家长通过“寻宝”认识古代文物，感受古代生活与现代生活的不同，同时也引起人们对某些不够节约的生活方式的反思。这是博物馆关注社会、做好公共文化服务的一些探索。

4. 博物馆教育和服务具有灵活性

博物馆开放的目的即进行公共教育。博物馆教育含有两方面的含义，一个是研究人员利用博物馆藏品进行的自我教育，即研究；另一方面是民众参观博物馆时受到的教育。在学术发展的最初阶段，博物馆中的藏品为研究提供了良好的资源，此时的博物馆为分类学和多种自然科学的发展做出了一定的贡献。学术发展到今天，自然科学的发展多依靠大学和实验室获得间接和直接的经验，具有基础性资料的博物馆已经很难为自然科学的发展提供有力的帮助，更多地成为展示自然科学发展成果的场所。博物馆成为人们科普、猎奇，甚至娱乐的场所，是青少年认识世界的窗口。

与文化馆、图书馆等公共文化教育机构相比，博物馆具有独特的优势。博物馆是以藏品为基础的机构，通过实物进行教育，使参观者具有参与感，更容易产生良好的教育效果。另外，博物馆的藏品也是优质的文化资源，可供开发多样的文化产品，如参与地方文化传承和保护、关注生态环境、关注社会问题、开发与学校教育互补的课程等。

故宫博物院李文儒先生论述博物馆的当代性时曾说：“随着博物馆自身的发展，博物馆概念的演化，博物馆文化价值的丰富和扩展，博物馆已经走过了‘我的（个人的）—社会的—公众的—我的（每一个人的）’这样一条嬗变的路。”[3]最后一个“我的”即体现每个人对博物馆这一公共机构的利用。

2015 年 8 月底到 10 月底，常州博物馆引进敦煌艺术大展，展览期间推出“指尖上的敦煌”非遗项目，邀请金坛刻纸国家级代表性传承人杨兆群、常州梳篦省级代表性传承人邢粮、留青竹刻省级大师邵风丰等 6 人，把常州非遗和敦煌元素相结合，创作作品，同时开发非遗课程，让社会大众尤其是青少年在各位非遗传承人、工艺美术大师的指导下，通过动手体验更深入地理解敦煌文化，同时在更广范围内宣传、普及当地的非遗。形式灵活多样的博物馆教育活动强化动手体验，寓学习于娱乐，增强了少年儿童学习传统文化的兴趣，在此基础上吸引更多的学生走进博物馆，使博物馆真正成为学校教育的延伸和学生素质教育的第二课堂，使博物馆真正成为每个人的博物馆。

三 博物馆如何做好社会服务

构建覆盖全社会的公共文化服务体系，是文化建设的重要内容之一。博物馆是一个代表公众利益并致力于为公众服务的文化机构，公众不仅是当代博物馆的服务对象，更是博物馆的生命所系。为公众服务，是博物馆一切工作的出发点和落脚点。那么，如何充分发挥博物馆的服务功能，不断提高博物馆的公共服务水平，使博物馆离群众更近些，让更多的群众喜欢博物馆，是目前各博物馆亟待解决的问题。

首先，博物馆要注重公平性，注重城乡服务、地区服务的均衡性，注重文化发展的多样性。当前，博物馆对社区的关注主要以“文化大篷车”、“展览进社区”等形式进行，社区博物馆开展得并不充分。中国博物馆学界已经开始认识到居民自己构建社区历史的重要性，有学者自2013年就发起了“乡村档案、本土考古学、社区博物馆和村史计划”的课题，课题选取偏远的土著山寨、发展生态旅游的热点、一村一姓的传统聚落、与外村人格格不入的聚落、三线工厂形成的聚落、城中村等由社会发展而形成的具代表性的村庄，运用多学科方法记录和再现乡土记忆，体现乡土关怀和乡土发展过程，拟以出版村史、展陈乡村档案和建立社区博物馆为主要成果形式。这种有益的尝试，将引导大众充分认识本土文化，在保持文化多样性中从容应对全球化带来的冲击。这将是未来博物馆服务社会的另一重要维度。

第二，博物馆应当适应社会发展形势，在专业与服务之间找到平衡点。博物馆服务的对象是多元性的，有不同层次的观众、追随者，他们有不同的兴趣、目标和期待。博物馆吸引观众，一方面要增加观众数量，培养忠实观众，让观众养成“不在博物馆，便在去博物馆路上”的习惯，另一方面，博物馆还应当建立观众参观体验效果的评估机制。

早期博物馆陈列室和展览会主要向专家、艺术鉴赏家、博学之士和有钱人等精英群体开放，因为目标人群明确，博物馆的设计已经假设出了观众的学识水平，藏品和展览很少需要解释和说明。由于博物馆几乎不提供历史或情景方面的信息，缺乏描述性的、情境的和解释性的材料，当非假定群体参观时便会感到索然无味。法国卢浮宫在最初选定每周三天向普通观众开放，并自认为是一种“恩惠”，而事实上普通民众并不领情，糟糕的参观体验甚至使他们对这些艺术品和博物馆产生反感。展览若不以人为本，便会起到适得其反的效果。

今日的博物馆面对不同观众时，应该顺应时代发展，以专业性的服务赢得观众。展示和阐释手段上要打破成规，采用新的技术手段。如，一些博物馆已经开始注意到智慧博物馆建设，而不仅仅限于多媒体展示、虚拟成像技术等；在教育观念上强调多元智力、多样的学习风格以及各种文化性的学习模式，引入了讲故事、戏剧、舞蹈和音乐表演等新颖方式。台湾历史博物馆采用“戏剧导览”的方式，将传统戏剧引入博物馆讲解阐释中，新颖而别致。常州博物馆也在准备与其他机构合作，进行常州方言导览的尝试。此外，博物馆要创造高品质的游客体验。博物馆要及时增加新的服务措施，比如博物馆餐厅、咖啡店、文创产品商店、书店、自动取款机、休息室、儿童区、资料中心、放映厅等，为游客提供便利，同时也为博物馆经营创收提供可能。

第三，去精英化时代的博物馆应在引导和迎合观众中取得平衡。现代博物馆已经摒弃了精英化的服务理念，然而却容易走向另一个极端，表现为低估观众的理解力，生产出质量一般的文化产品。博物馆提高声誉，不在于迎合观众，而在于在做好服务的基础上引导观众欣赏高雅的艺术，引导观众接受高层次的文化，引导观众学习与自我提高。

四 小结

在现代意义上的博物馆三百年的发展历程中，人们对博物馆社会功用的反思推动着博物馆的变革。在这期间，博物馆完成了从私人的艺术品藏宝室到社会教育、服务机构的转变，完成了从精英主义到服务大众的经营路线的变化，完成了从强权和荣耀的象征到系统博物馆学的诞生的文明演进。博物馆的定义不断被修订，随着新博物馆学理论的产生，博物馆的形式甚至也发生了颠覆性的改变，但不管在国内还是国外，如何更好地为社会服务都是博物馆追求的目标。我国将博物馆纳入公共文化服务体系建设中，有利于博物馆文化资源的整合，也使博物馆致力于社会发展的目标具体化，有利于博物馆发挥自身优势、创新社会服务形式，用多元化的服务提高公共文化服务水平，让公众普遍享受到文明发展的成果。

注释：

[1]（美）爱德华·P. 亚历山大等：《博物馆变迁：博物馆历史与功能读本》，译林出版社，2014 年。

[2] 梁吉生：《旧中国博物馆历史述略》，《中国博物馆》1986 年第 2 期。

[3] 李文儒：《博物馆的当代性问题》，《中国博物馆》2009 年第 4 期。

浅谈徐州市公共文化服务评价指标体系研究

李永乐

（徐州博物馆　江苏徐州　221000）

内容提要：公共文化服务评价指标的目的是通过客观分析比较公共文化服务和产品的供给与预期效果满意程度，进而改进和提高公共产品供给水平。本文结合实证研究，尝试通过分析徐州市公共文化特色，并通过专家调查法、层次分析法和模糊综合评价法来确定公共文化服务建设体系的主要相关因素，以此构建徐州市公共文化服务评价指标，并确定各相关指标权重。最后，从三方面提出徐州市公共文化服务建设的对策和建议。

关键词：公共文化服务　评价指标　权重

一　研究背景和意义

近年来，党中央和国务院高度重视文化服务建设，并站在国家的层次上以一系列的政府文件、领导讲话等方式进行国家文化政策制定和文化制度安排，开始进行加强公共文化服务建设、构建公共文化服务体系工作。各地政府都在积极响应中央号召而开始构建和完善公共文化服务体系，但是因为缺乏统一、科学的公共文化服务评价指标体系，相当多的构建行为显得有些盲目和无序。因此，建立公共文化服务评价指标体系显得尤为迫切。公共文化服务评价指标体系是地方政府公共文化服务产品供给的综合绩效评价，是衡量地方政府满足当地社会公共文化产品服务需求的总体输出和效果程度的标准。同时，公共文化服务评价指标体系对地方政府公共文化服务建设具有引领作用。可以说，公共文化服务评价指标体系是地方政府公共文化服务建设的关键因素。因此，地方政府公共文化服务评价指标体系的建立，具有很强的现实性和迫切性。

本文将提出建立江苏省徐州市公共文化服务评价指标体系，以强化政府公共文化服务供给职能，加快推进政府职能转变，对下一步公共文化服务的发展做出政策建议具有重要的意义。

二　徐州市公共文化服务评价指标体系的构建

1. 徐州市公共文化服务评价指标体系结构层次

为构建科学、合理的公共文化服务建设指标体系，参考相关指标构建原则与指标内容，决定利用专家调查法确定指标体系构建。本文征求行业内部分领导与基层工作人员意见，制作相关指标体系征求意见表，经领导推荐并自主寻找，确定了23位参加预测的代表，包括文化服务事业领导、基层工作人员、文化服务行业从业人员、普通居民等，确定代表面既足够广泛，又对文化服务领域有充分而独特的见解。最后形成徐州市公共文化服务建设指标的三级评价指标。

2. 徐州市公共文化服务评价指标权重的确定

以一级指标为例，运用专家调查法和层次分析法解决权重的大概步骤如下：将公共文化服务评价指标体系作为决策变量，将公共文化设施、政府投入、公共文化活动、公共文化信息发布和管理部门、社会参与方面作为评判标准，根据专家调查法获得的这五项一级指标的优先级，将其两两比较，然后将其中每个系数分别与“列合计”相除，可以得出公共文化服务评价指标体系一级指标权重分析。按照同样的办法计算出二级指标及三级指标的权重，得出徐州市公共文化服务评价指标体系权重（表一）。

表一　徐州市公共文化服务评价指标体系权重分析

一级指标	权重	二级指标	权重	三级指标	权重
公共文化设施	0.221	公共图书馆	0.051	藏书量	0.021
				办理借书证数量	0.018
				馆舍硬件建设	0.012
		文化馆	0.042	馆舍硬件设施	0.023
				文化服务老师层次	0.019
		公园、广场、体育馆	0.055	数量	0.021
				设施面积	0.034
		文物、非物质文化遗产、博物馆、美术馆、纪念馆	0.073	占地面积	0.031
				接待参观人次	0.042
政府投入	0.248	政府在公共文化上财政投入	0.073		0.073
		财政投入占总体财政支出的比率	0.017		0.017
		人均公共文化事业财政投入	0.027		0.027
		公共文化系统管理机构	0.131	机构数	0.051
				人员编制	0.043
				经费	0.037

续表

一级指标	权重	二级指标	权重	三级指标	权重
公共文化活动	0. 354	群众性文化活动	0. 077	年举办次数	0. 047
				参与观众数	0. 030
		群众性体育健身活动	0. 075	年举办次数	0. 043
				参与观众数	0. 032
		影院	0. 058	机构数	0. 021
				年放映电影场次	0. 027
				观众人次	0. 010
		高雅艺术（音乐剧、歌剧、话剧）	0. 087	年举办次数	0. 050
				上座率	0. 037
		表演团队、文艺演出	0. 057	团队数量	0. 017
				年演出场次	0. 031
				参与观众数量	0. 009
公共文化信息发布和管理部	0. 115	出版社	0. 022	机构数	0. 009
				年出版书籍数量	0. 013
		电视台、电台	0. 047	部门数量	0. 022
				收视率	0. 025
		报社	0. 027	发行数量	0. 027
		地方网站	0. 019	数量	0. 006
				点击率	0. 013
社会参与方面	0. 062	公众需求方面	0. 045	文化活动应建设施	0. 027
				文化活动	0. 006
		公众意见反馈	0. 017	业余指导	0. 012
				满意度	0. 017

3. 基于权重分析的简单说明

(1) 指标调查结果的简单说明

徐州市公共文化服务评价指标体系共分四个层次，最高目标即公共文化服务建设的权重为1，其后一级指标中的公共文化设施权重为0.221，政府投入权重为0.248，公共文化活动权重为0.354，公共文化服务信息发布和管理部门权重为0.115，社会参与方面的权重为0.062。

（2）指标权重简要分析

从表一可以看出，在一级指标中公共文化活动权重排列第一，说明专家对公共文化活动的重视；政府投入排列第二，说明专家认为公共文化服务建设过程中政府投入十分重要；社会参与层面虽然排列最后，但是在最低层的文化活动参与人数等情况来看，都是位居前列的，说明专家普遍认为在公共文化服务建设过程中群众的参与十分重要、必不可少。

三　徐州市公共文化服务评价与建议

1. 徐州市公共文化服务评价

根据徐州市公共文化服务评价指标体系及权重分析，采用模糊综合评价方法对徐州市目前公共文化服务现状进行分析。

（1）确定评价对象集

徐州市公共文化服务质量。

（2）构造评价因子集U

$U=\{u_1, u_2, u_3, u_4, u_5\}=$ {公共文化设施、政府投入、公共文化活动、公共文化信息发布和管理部门、社会参与}

（3）根据表一权重分析，组成评价因素的权重集合A

A＝（0.221，0.248，0.354，0.115，0.062）

（4）确定评语等级论域，即建立评价集V

$V=\{V_1, V_2, V_3, V_4\}$ ＝｛优秀，良好，一般，差｝

为便于计算，将主观评价进行量化，并依次赋值为4、3、2、1（表二）。

（5）建立模糊关系矩阵R

在构造等级模糊子集后，逐个对被评事物从每个因素上进行量化，确定从单因素来看被评事物对等级模糊子集的隶属度（$R \mid U_i$），进而得到模糊关系矩阵：

表二　评价定量分级标准

评价值	评语
x1 >3.5	优秀
2.5 < x1 ≤3.5	良好
1.5 < x1 ≤2.5	一般
x1 ≤1.5	差

$$R = \begin{bmatrix} R \mid U_1 \\ R \mid U_2 \\ \cdots \\ R \mid U_p \end{bmatrix} = \begin{bmatrix} r_{11} & r_{12} & \cdots & r_{1m} \\ r_{21} & r_{22} & \cdots & r_{2m} \\ \cdots & \cdots & \cdots & \cdots \\ r_{p1} & r_{p2} & \cdots & r_{pm} \end{bmatrix}$$

根据层次分析法计算出各项指标权重系数的基础上，将各项权重系数 A 与上式中的 R 进行合成，得到各被评事物的模糊综合评价结果向量 B。

$$A \cdot R = (a_1 \quad a_2 \quad \cdots \quad a_p) \begin{bmatrix} r_{11} & r_{12} & \cdots & r_{1m} \\ r_{21} & r_{22} & \cdots & r_{2m} \\ \cdots & \cdots & \cdots & \cdots \\ r_{p1} & r_{p2} & \cdots & r_{pm} \end{bmatrix} = (b_1 \quad b_2 \quad \cdots \quad b_m) = B$$

将来源于抽样调查的统计数据代入建立的模型中，计算出结果如下：

$V_{(\text{总体评价})} = 3.57$ = 优秀

$V_{(\text{公共文化设施})} = 2.09$ = 良好

$V_{(\text{政府投入})} = 3.68$ = 优秀

$V_{(\text{公共文化活动})} = 2.177$ = 良好

$V_{(\text{公共文化信息发布和管理部门})} = 3.759$ = 优秀

$V_{(\text{社会参与})} = 2.356$ = 良好

由上述结果可知，徐州市公共文化服务总体是比较好的，但在公共文化设施建设、公共文化活动以及社会参与方面，居民的满意度还不是很高。虽然徐州市在这方面做出了很大努力，也有了一定成绩，但距离居民的需求，仍有一定差距。

2. 徐州市公共文化服务改进的对策和建议

综观国内外公共文化服务建设，结合徐州市目前发展状况，笔者认为，以政府为主导，积极发展市场化运作是今后公共文化服务建设的趋势，也是搞好徐州市公共文化服务体系建设的重要模式。

（1）科学规划公共文化设施的建设和使用

在本文构建的指标体系中，公共文化设施权重系数为0.221，在组内排序第三，而模糊综合评价结果仅为良好，这既充分说明了基础的公共文化设施在群众日常公共文化生活中的重要位置，也说明目前的设施建设情况并没有达到群众的满意程度。公共文化设施是公众实现文化权利的一个重要途径，在今后的工作中，公共文化设施建设应放在一个重点来抓。当然，重视公共文化设施建设并不意味着单纯搞重复建设，越多越好、越大越好，而应该是在重视公共文化设施建设的同时，更科学地筹划如何有效发挥文化设施在公共文化服务中的作用。只有科学筹划基础文化设施建设，才能真正使公共文化服务建设起到保障人民群众文化权益、维护公民文化权利的作用。

重视公共文化设施建设，不仅是搞好基础设施建设，更好做好文化设施的保护工作。在我国这个问题尤其严重，特别是文化遗产的使用上。健全、完善对公共文化设施及资源的管理是十分必要的。

（2）尊重和维护不同人群的文化权益

在公共文化服务指标体系中，公共文化活动权重高达0.354，在所有一级指标中位居首位，充分说明群众对公共文化活动的重视程度，而模糊综合评价的结果只是良好。在人们希望有更丰富更精彩的公共文化活动同时，有一些人甚至得不到最基本的文化娱乐，他们就是我们通常说的“外来人口”或者叫“农民工”。这些外来人口在给城市带来新的活力，带来丰富多样的文化，但城市本身对他们的文化诉求普遍重视不够，电视台、广播、报纸等很少有反映这个庞大群体的节目和专版。

给群众提供他们所需要的文化生活，满足他们最基本的文化诉求，这既是我们的追求，也是我们应该做到的。

（3）推动公共文化服务创新

在目前的国情下，要加强公共文化服务建设，提高公共文化服务水平，建立与社会主义市场体制相适应的公共文化服务体系，关键是要推进公共文化服务创新。

所谓的公共文化服务创新包括观念创新、体制创新、服务创新三方面内容。

观念创新：一是强化政府在公共文化服务方面的职能和责任。政府在承担本身的职能和责任时，不仅包括经济建设，还要重视文化建设，不仅要满足公众的物质需求，还要满足公众的精神文化需求，努力构建服务型政府。二是坚持以人为本、惠及全民。三是树立成本意识和效率观念。强化公共文化服务的经济核算和预算控制，力求以最小的投入获得最大的收益。

体制创新：一是实现公共文化服务的多元化主体，在以政府为主导的大方向下，加强市场作用，鼓励社会各界投入文化服务建设。由政府掌握文化服务的方向和途径，由社会资金进行具体建设。二是实现供给方式的多样化，扩大公共文化服务的覆盖范围。这要求我们在公共文化服务建设时要不断扩大公共文化服务项目范围、扩大公共文化服务的服务群体和范围，尤其应制定公共文化服务最低标准，保证低收入人群能够获得最基本的公共文化服务，实现公平、公正和惠及全民的原则。

服务创新：主要是指加强法治建设。一是建立、健全法律法规，确保立法先行。二是要依据法律法规，根据实际情况，因地制宜的发展公共文化服务体系。

四　结论

本文通过借鉴国内外较为成熟的经验和理论，结合徐州市公共文化服务实际，在做了充分调查的基础上，利用专家调查法确定了徐州市公共文化服务评价指标体系，在专家调查法的基础上根据层次分析法得到了指标体系中各级指标的权重。本文利用模糊综合评价法对徐州市公共文化服务进行了初步评价，总体评价为优秀，公共文化设施评价为良好，政府投入为优秀，公共文化活动为良好，公共文化信息发布及管理部门为优秀，社会参与为良好。从评价结果可以看出，徐州市公共文化服务建设在总体上还是非常成功的。在分级指标中也存在诸多问题，如公共文化设施建设、公共文化活动举行以及辖区居民对文化服务的参与度三方面不能令人满意。针对问题，本研究报告根据实际情况提出了一些对策建议，希望对公共文化服务政策的制定及实施起到微薄之力。

参考文献：

1. 马国贤：《政府绩效管理》. 复旦大学出版社，2006 年。

2. Robert B. Denhardt、Janet Vinzant Denhardt：the New Public Service：Serving Rather than steering, *Public Administration Review*, 2000,（6）：549 – 559.

3. 傅利平等：《城市公共文化服务的综合评价模型》，《统计与决策》2013 年第 16 期。

4. 马睿：《我国各省公共文化服务建设评估》，《经济视角》2013 年第 30 期。

5. 胡守勇：《公共文化服务效能评价指标体系初探》，《中共福建省委党校学报》2014 年第 2 期。

6. 胡永宏、贺恩辉：《综合评价方法》，科学出版社，2000 年。

7. 杨纶标：《模糊数学原理及应用》，华南理工大学出版社，2000 年。

8. 宁晓秋：《模糊数学原理与方法》，中国矿业大学出版社，2004 年。

9. 徐州市统计局：《徐州市统计年鉴》，2013 年。

浅析纪念馆在公共文化服务体系建设中的作用发挥

——以苏皖边区政府旧址纪念馆为例

张冠中

（苏皖边区政府旧址纪念馆　江苏淮安　223001）

内容提要：纪念馆作为公共文化服务体系建设的中坚力量，在实现人民群众基本文化权益和构建公共文化服务体系方面拥有难以替代的独特优势，在公共文化服务体系建设中发挥了主战线、主阵地和主力军的作用。在全国人民纪念抗战胜利70周年之际，纪念馆要不断提高自身服务质量，创新自身的管理体制，更好地提升公共文化服务水平，进而在推动社会文明事业进步中起到重要作用。

关键词：纪念馆　公共文化服务体系建设　作用发挥

2015年，中共中央办公厅、国务院办公厅印发了《关于加快构建现代公共文化服务体系的意见》，指出："在新的形势下，构建现代公共文化服务体系，是保障和改善民生的重要举措，是全面深化文化体制改革、促进文化事业繁荣发展的必然要求，是弘扬社会主义核心价值观、建设社会主义文化强国的重大任务。深入推进公共图书馆、博物馆、文化馆、纪念馆、美术馆等免费开放工作，将中小学生定期参观博物馆、美术馆、纪念馆、科技馆纳入中小学教育教学活动计划。"作为公益性社会文化机构的纪念馆，担负着保障公众基本文化需求的社会责任，加强纪念馆建设并充分发挥纪念馆在公众社会文化生活中的影响力，具有十分重要的意义。

一　纪念馆是公共文化服务体系建设的中坚力量

公共文化服务体系，从其性质而言，是一种社会公共产品。而纪念馆作为公益性文化事业单位，其本质属性决定了纪念馆是公共文化服务体系的中坚力量，也必将发挥重要的骨干作用。

1. 纪念馆的职能

纪念馆，是为纪念有卓越贡献的人或重大历史事件而建立的陈设实物、图片等的一种文化教育机构。长期以来，纪念馆通过收藏征集文物，进行科学研究，举办陈列展览，开展爱国主义教育，进行革命传统教育，在弘扬民族精神，树立理想信念等方面发挥了独特的社会教育作用，为我国社会主义现代化建设做出了贡献。

新时期，纪念馆已经成为社会中不可或缺的文化资源，承担着引领文化发展方向的重任。因此，纪念馆应树立“为社会和社会发展服务”的理念，形成新的服务意识，承担起服务的职能，满足群众共享文化发展成果的需求，根据办馆宗旨，结合自身特点，开展形式多样、生动活泼的社会教育和服务活动，为科学研究和广大人民群众服务。

2. 纪念馆的优势

作为公益性事业单位，纪念馆在实现人民群众基本文化权益和构建公共文化服务体系方面，拥有独特的、难以替代的优势。主要表现在以下几个方面：

（1）传统优势

众所周知，纪念馆有着丰富的馆藏文物、科学的研究成果，使之成为提高全社会公民思想道德素质的主要阵地，承担着传承历史记忆，弘扬民族精神，巩固民族团结，密切对外联系，记录革命历史，见证寻梦之路的神圣使命。纪念馆在弘扬传统、开展教育方面积累了丰富的经验，也形成和打造了一批精品展览和服务品牌，在构建现代公共文化服务体系中发挥着重要作用。

（2）属性优势

纪念馆是由政府设立的公益性文化事业单位，政府投入是其主要的资金来源，免费开放是其主要的服务方式。这种公益性的服务方式是其他专业机构、企业等无法替代的属性优势，在组织和开展公共文化传播工作方面具备独有的优势，能够保证长期为广大群众提供公共文化服务。

（3）设施优势

纪念馆现有的基础设施是十分宝贵的国有资产和国有阵地，近年来已成为实现人民群众文化权益的重要物质基础。特别是 2008 年博物馆、纪念馆实行免费对外开放以后，300 多家纪念馆成为党和政府联系群众的桥梁，随着各级政府纷纷加大投入，不断建设、改造和完善场馆设施，搭建了完备的公共文化服务体系。

二 纪念馆在公共文化服务体系建设中的作用

1. 纪念馆是提供公共文化服务的主战线

纪念馆是国家确立的公益性文化事业单位，是研究一段历史的机构。在新的形势下，纪念馆自身所肩负的职能决定了其将依托自身在馆藏、学术、技术、服务以及社会影响力等方面的公共资源，为社会提供更多优质、鲜活、多元化的展览和服务。在构建社会主义公共文化服务体系过程中，纪念馆作为社会宣传教育机构，要充分体现革命文物和革命历史文化资源的社会教育和服务作用，深入挖掘蕴含其中的文化资源，赋予新时代的内涵，使其与当代社会相适应，与现代文明相协调，形成全民族奋发向上的精神力量，成为团结和睦的精神纽带，不断推进和谐文化建设，使到纪念馆参观的人更多，受教育的面更大，取得的社会效益更广，充分发挥提供公共文化服务的主战线作用。

近年来，位于江苏省淮安市的苏皖边区政府旧址纪念馆在提高公共文化服务能力的主战线上发挥了积极作用。该馆明确“特色立馆、学术兴馆、服务强馆、和谐建馆”的方向，通过不断充实更新的展陈内容，营造干净整洁的环境、庄重有序的氛围，把纪念馆建成了提供公共文化服务的“窗口”。在基本陈列中，新增苏皖边区革命史陈列，采用声、光、电等手段，通过场景再现的形式，生动展现了边区政府依靠人民取得的历史功绩。结合刘瑞龙百年诞辰和李一氓逝世20周年纪念，增设“刘瑞龙生平陈列室”，改建了“李一氓生平陈列室”，生动再现了老一辈革命家光辉战斗的一生。新建“交际处”互动式多媒体展示系统，让观众能十分直观地感受淮阴军调的历史场景。积极开展党的群众路线实境课堂教学及服务工作，对景区的环境、设施等进行改造、提升，营造教学氛围，通过现场互动、典型示范、理论教学，让“一切为了群众、一切服务群众”的宗旨深入人心。同时成功创建成为江苏省党性教育基地，成为中组部全国组织干部学院、省委党校市厅级班、县处级班的固定教学点，在公共文化服务中主战线作用发挥突出。

2. 纪念馆是提供公共文化服务的主阵地

纪念馆是为纪念有卓越贡献的人或重大历史事件而建立的陈设实物、图片等的一种文化教育机构，是党和政府开展爱国主义教育，进行革命传统教育，弘扬民族精神，树立理想信念的主阵地。在建设和谐社会，营造文化氛围，推进公共文化服务体系建设方面发挥了不可估量的作用。纪念馆通过举办陈列展览为观众服务，能够与观众面对面进行交流，观众通过参观展览向纪念馆提出具有建设性的意见和建议，不断完善纪念馆的展览服务功能，这是其他传播方式所不能比拟的。

苏皖边区政府旧址纪念馆为实现“弘扬传统、激励后人、服务社会”的目标，针对不同年龄层次、不同经历和不同理解能力的观众，坚持因人施讲，有针对性的做好宣传接待工作，成为对青少年进行爱国主义教育的“第二课堂”。该馆先后与60多家党政机关、企事业单位签订爱国主义教育共建协议，其中大中小学校就达40多家。在配合学校开展主题教育活动后，淮阴师院英语系一位同学在日记里写道：“看到一件件革命文物、一幅幅照片、一组组数字，血写的史实，令人怦然心动。这段历史再一次证实：没有共产党就没有新中国。”淮阴工学院的学生在留言簿上写道：“到了这里，我才知道，人民的江山来之不易，人民共和国的旗帜是千万烈士的鲜血染红的。共产党英明伟大，只有听党的话，才不会走错路。”为了让公共文化服务不断延伸，该馆利用游客服务咨询中心新建了红色书屋，为游客提供红色书籍借阅、影视放映资料、签名留言打印、宣传资料发送、免费茶水供应、残疾人服务等服务项目。该馆还编辑出版了《苏皖边区画史》、《苏皖边区研究论文集》、《李一氓书法选》、《苏皖边区研究》会刊等多部学术著作，通过学术研究，成为传播先进文化理论、传授文化知识、传承优秀文化的公共文化服务主阵地。

3. 纪念馆是提供公共文化服务的主力军

纪念馆作为重要的文化科学服务机构，是社会公众进行终身学习和教育的重要基地。纪念馆应以长期性、群众性、广泛性的公共文化服务体系建设为宗旨，不断适应社会发展需求，转变服务观念、创新服务意识，更好地发挥纪念馆服务社会、服务大众的能力。在构建公共文化服务体系的新形势下，纪念馆只有发挥主力军作用，开展形式多样的社会教育和服务活动，积极参与社会文化建设，满足群众求知、求美、求乐的需求，才能切实提高公共文化服务能力。

苏皖边区政府旧址纪念馆充分利用自身丰富的精神文明内涵，开展形式多样的活动，发挥了公共文化服务主力军的作用。该馆以“清明”、“五一”、“七一”、“八一”、“中秋”、“国庆”及学生军训、新兵入伍等为契机，配合学校、机关企事业单位、部队开展各种类型的群团参观和党团教育活动，并免费提供宣传教育资料一万余份。该馆在全省首创的“夜游纪念馆”以及“革命歌曲大家唱”、“党史知识竞猜”、“大学生革命知识攻关竞赛”、“革命电影展映”等都引起热烈反响。为了使爱国主义教育向纵深发展，让更多没有机会走进纪念馆的人了解革命先辈的丰功伟绩，投身到“中国梦”的伟大实践中来，该馆还积极探索“主动上门”的形式开展活动。“苏皖历史巡回展”、“铁血雄风——新四军在江苏抗战文物图片展”以及“铁血淮安　中华之光——淮安抗战胜利70周年巡展”主动到机关、学校、工厂、社区展出，使大家不出门就能接受公共文化服务。在此基础上，该馆还创新形式，开展“苏皖历史”主题宣讲活动，区分不同受众面，编写了多套PPT课件，走学校、入社区、进军营，使爱国主义教育和公共文化服务走向社会。该馆还开通了网上纪念馆和微信公众服务号，积极发挥网络的及时教育功能，开展爱国主义教育，使其成为新时期提供公共文化服务的新载体和主力军，取得了良好的效果。

三　纪念馆如何更好地在公共文化服务体系中发挥作用

1. 提高纪念馆自身的服务质量

纪念馆作为公共文化设施，其首要职责是公共服务，免费开放既是公共权力的回归，又是了解民族文化、触摸传统历史、提高国民素养的重要举措。公共服务体系的核心是以人为本，观众满意度是衡量纪念馆公共服务功能的根本依据。因此纪念馆要提高服务意识、服务水平、服务质量，健全和完善服务设施，努力构建多层次的服务体系，提供全方位的优质服务。

为了把“以人为本”贯彻到服务过程的始终，苏皖边区政府旧址纪念馆在免费开放后，从微笑服务、首问负责、承诺服务等方面为广大观众提供优质、热情、周到、细心的服务，在服务细节上贴近群众，在服务设施上方便群众，尤其关注特殊群体、弱势群体，从提供残疾人服务、供应饮用水等便民服务细节入手，为观众营造了一个轻松、舒适的参观环境，在业界树立了良好的社会形象，成为淮安公共文化服务的窗口。

2. 创新纪念馆自身的管理体制

为更好地实现纪念馆的服务职能，在构建公共文化服务体系中充分发挥作用，纪念馆必须结合文化事业体制改革，学习借鉴现代企业制度要求，不断创新自身的管理体制、机制，配套进行人事制度改革。建立起科学、规范的人才引进、培养、流动机制和干部能上能下的干部管理制度，由过去的“人管住人”向“市场机制调动人”转变，用能进能出、能上能下的管理机制带动纪念馆事业发展。从而推动公共文化服务活动的开展，增强公共文化服务效能。

苏皖边区政府旧址纪念馆摒弃“闭门守摊”的观念，结合淮安市直文化单位内部机制改革，建立重能力、重实绩、重贡献，岗位靠竞争，薪酬靠实绩的分配制度。结合年度和阶段性目标任务，采取目标考核责任制，奖优惩劣，调动了干部职工的工作积极性，使纪念馆在公共文化服务中焕发出勃勃生机。

3. 更好地融入地方城市发展

一个城市的和谐文明程度，不仅以经济发展为标杆，而且还包括城市精神、城市文化共荣、文化公平实现、人际关系融合等。在整个社会的文化价值结构开始以经济为主导的今天，纪念馆完全可以自觉地融入市场经济的大潮中，从而形成纪念馆与地方城市经济发展的良好互动，使之成为文化地标，更好地服务于社会。

纪念馆有着很大的文化附加值，可以带动相关产业的发展，造就优越的城市文化软环境，提升城市的集聚和扩散功能，提高城市的竞争力。而且这种效应已经随着纪念馆事业的发展而逐渐显现。现在大多数纪念馆已经实行了免费开放，同时很多纪念馆又是当地最重要的旅游景点或景区，因此纪念馆与旅游、交通、住宿、餐饮等方面有着或多或少的联系与协作，从而形成了围绕纪念馆的“一条龙”配套服务体系，组成涵盖参观、吃、住、行、购、娱等功能俱全的“集团军阵”，满足了公众包括公共文化服务在内的多方面需求。由周恩来纪念馆、苏皖边区政府旧址纪念馆、新安旅行团纪念馆、黄花塘新四军军部纪念馆组成的红色旅游特色专线已经成为江苏淮安旅游的拳头品牌和最靓丽的城市名片。

四 小结

综上所述，为了满足日益增长的群众物质文化需求，纪念馆必须不断加强公共文化基础设施建设，不断创新服务形式和内容，不断创新体制机制，不断提升服务质量和服务水平，融入地方城市发展，面向不同的人群提供优质的公共文化服务，使纪念馆成为公共文化体系建设的中坚力量，发挥不可替代的重要作用。

参考文献：

1. 张彦：《试论城市建设与文物的保护与利用》，《革命纪念馆建设研究》，中共党史出版社，2012 年。
2. 史建和：《创新理念革新管理不断提高公共服务水平》，《革命纪念馆建设研究》，中共党史出版社，2012 年。
3. 李其惠：《在公共文化服务体系建设中如何发挥文化馆的作用》，《四川戏剧》2009 年第 1 期。
4. 罗国雄：《论博物馆在构建公共文化服务体系中的作用》，《中国科技博览》2012 年第 16 期。

美术馆公共教育新探索

王晓露

（江苏省美术馆　江苏南京　210000）

内容提要：中国的美术馆由为艺术家服务转型为公众服务，以观众为中心成为美术馆生存发展的必要条件。本文从学术讲座、公共教育活动和公共教育惠及基层三方面探讨美术馆公共文化服务的职能发挥，以江苏省美术馆公共教育实践为例，为中国美术馆公共教育活动形式的多样化提供借鉴。

关键词：美术馆　公共教育　探索

美术馆是不以营利为目的，永久面向公众开放，旨在研究、教育与欣赏，保存及展示在文化及科学方面具有重要价值的对象的机构。在中国，美术馆的发展相对滞后，直至20世纪80年代中后期才开始兴起建立美术馆的热潮。如今，越来越多的美术馆以国际化运营标准来要求自己。伴随着国际美术馆的发展，中国的美术馆也从单纯的为艺术家服务转向为公众服务，以公众为中心建立艺术和社会的关系。以观众为中心成为美术馆生存发展的必要条件，成为美术馆生存法则。

江苏省美术馆公共教育活动是伴随着新馆开放，充分利用美术馆拥有的藏品、展览和学术等资源，面对不同年龄、不同结构、不同阶层多元多样的文化需求，逐步开展面向社会公众的内容丰富、形式多样的教育活动，充分体现美术馆的公共性和公益性。近年来，该馆公共教育部配合重大展览、重要节庆等，结合馆内的藏品资源，有针对性地开展了大量公共教育活动，不断以形式多样的文化艺术活动拓展公共服务层面和范围。

一　提升美术馆讲座的影响力

19世纪末在欧美开始出现大量的公共美术馆建筑，成为大城市的文化象征，由此美术馆与博物馆一起在政府主导的教育政策中扮演重要角色。美国大都会艺术博物馆在成立两年后，开设的第一个教育项目就是针对成年观众的系列讲座。讲座，是由主讲人向学员传授某方面的知识、技巧，或改善某种能力、心态的一种学习形式，以扩大听众知识的一种教学活动形式，因其知识性、开放性、教育性和互动性等特征，而成为文博机构履行公共教育职能的重要形式和开展观众服务的有效载体。

江苏省美术馆自2011年起正式创办“江苏美术讲堂”，作为常设性的学术讲座品牌，成为拓展美术馆免费公共服务的一项重要举措，将目标人群定位在普通观众和艺术爱好者。主题横贯东西，紧扣同期举办的展览，内容涵盖中外美术史、美术技法、艺术鉴赏等方面，立足江苏本土特色的同时兼具宽广视野，旨在普及与提高。如“油画·新青年”、“雕塑的灵魂”、“生门与蹊径——从观察自然的角度谈传统题材的创新”、“写意性油画的色彩处理”、“1970年代以后的韩国现代美术和今日文化”、“美术馆典藏意义与定位、艺术品收藏与市场之道”等，至今已免费举办约80场，收到了良好的社会效益。

对于美术馆未来讲座的探索，要求我们既能展示出一种引路人角色的权威性，又能随时换位思考，学会应对公众带来的大量信息，还需要理性的判断和长远的规划。讲座讲求的是质量，而不只是数量，如何行之有效的与相关展览结合，并形成可持续发展的系列，共同纳入统一规划的公共教育活动体系才是讲座运营的最基本原则。

二 拓展美术馆公共教育范畴

公共艺术教育与社会的发展是息息相关的，社会文明程度的高低在很大程度上取决于公共艺术教育的完善。教育功能是美术馆的使命所在，在新时代越来越被社会大众所重视。

纵观西方美术馆公共教育的发展脉络，1793年法国大革命以后，卢浮宫成为博物馆，正式对外开放，这实际上宣示了新的博物馆理念，强调博物馆不再是上流社会的玩物，而是肩负了教育公众的使命。很快，欧洲各国政府大力支持博物馆的建造和营运，1852年，英国伦敦设立了维多利亚与艾伯特博物馆，该馆当时已将公共教育列为工作项目。随后，美国也陆续建立自己的博物馆，其中有第一家专门面向儿童的布鲁克林儿童博物馆，有最早开办培训课程的宾夕法尼亚博物馆，还有第一家设立讲解员的波士顿美术馆。对于博物馆公共教育的发展，香港艺术馆的林雪虹博士有这样的描述：“法国如卢浮宫般让公众参观，英国给了博物馆一个教育目的，美国让教育节目变得多样化。”与欧美发达国家的美术馆传统相比，中国的美术馆公共教育是在21世纪以后才出现了发展热潮。

江苏省美术馆2011年成立公共教育部以来，公共教育活动已形成规模，并有计划地围绕馆内重大学术活动和重要展览确定不同主题，逐步树立了具有本馆特色的活动品牌。如面向艺术爱好者的学术讲座“美术大讲堂”，每年暑期定期组织开展的面向中小学生“暑假做客美术馆”，双休日面向普通观众的“我在美术馆上美术课”和“大家一起看展览”，“5·18”国际博物馆日的“美术走近你”，以及面向十八岁以下非专业人员的“江苏省青少年优秀艺术作品大赛”，还有以志愿者服务为主题的“文化使者·青春行动”等，搭建起艺术作品与大众、美术馆与社会良好的互动平台，充分发挥美术馆文化教育、文化休闲、文化娱乐的社会作用。该馆每年举办各类活动约70场，活动影响覆盖面和辐射力已扩大到全省。如“江苏省青少年优秀艺术作品大赛”，每届都可收到来自全省各地的3000多件国画、书法、油画、水彩作品，从中评选出400多件获奖作品。“走近美术馆”系列活动联合全市大、中小学、职业学院、社区、企业、部队等十多家单位，共同开展艺术体验活动，活动获2012年文化部优秀扶持项目。“文化使者·青春行动”青年志愿者主题活动以弘扬志愿精神为宗旨，对2012年启动以来的发展历程和成果进行总结，参加由团中央联合民政部、中国志愿者联合会共同主办的首届中国青年志愿服务项目大赛，并通过全国1500多个项目的初选、复赛获得银奖，是全国文博系统唯一获奖单位。而“大学生艺术沙龙”，主要以大学生为服务人群，与多家南京高校联合开展导赏、讲座、创作、参观工作室等形式的活动，并申报2013年文化部优秀项目评选。

三　公共服务惠及基层

文化建设是我国现代化建设总体布局的重要组成部分，公共文化服务体系建设是国家重要的文化发展战略，也是文化建设的重要内容。近年来，江苏省按照中央的部署和要求，以高度的文化自觉、创新的理念和扎实的举措，积极全面推进公共文化服务体系建设，着力构建现代公共文化服务体系，取得了令人瞩目的成绩。为贯彻落实党的十七届六中全会精神，推动文化大发展、大繁荣，丰富基层群众文化生活，江苏省文化厅开展了“送展览下基层”活动。江苏省美术馆发挥自身优势，创新活动载体，率先开展送展到基层工作，并逐年加大活动力度、丰富活动内容。自2011年起，四年来先后将展品展板、馆藏精品原作、馆内艺术家近期创作成果送展，其中有由文化部、财政部共同组织实施的国家重大美术创作工程“国家重大历史题材复制作品展”；有江苏省美术馆自主展览品牌，体现美术馆创作水平的“感悟生活——江苏省美术馆艺术家作品展”；有文化部2014年馆藏精品展出季获奖项目和国家艺术基金推广项目，集中展示了傅抱石、钱松喦、亚明、宋文治、魏紫熙等艺术家代表作品的“江山如此多娇——馆藏新金陵画派精选复制作品展”等。展览免费送到江苏省各市、县、乡、镇文化场馆，遍及苏北、苏中、苏南二十多个地区，最远送到乡村文化室。同时开展配套的普及讲座和公共教育活动，将公共教育普及到基层，更好地体现美术馆为公众服务的基本职能。在全国率先尝试把艺术展送到人民群众中去的举措，让老百姓都能享受更丰富、更优质的文化艺术，让文化艺术更贴近百姓的心灵，受到基层人民的热烈欢迎。

美术馆不再是社会教育的辅助机构，而是社会公共教育的主体，美术馆人要转变观念，积极思考与探索公共教育新形式，将此作为一项长期的、系统的根本任务去完成，从而让艺术完美生活。

参考文献：

1. 黄光男：《美术馆管理》，文化艺术出版社，2011年。
2. 王璜生：《大学与美术馆：美术馆的公共性与知识性》，同济大学出版社，2011年。
3. 张子康、罗怡：《美术馆》，中国青年出版社，2009年。
4. 林明美：《博物馆有什么价值》，十三行博物馆，2005年。
5. 林雪虹：《文博新潮：艺术博物馆教育》，香港大学美术博物馆，2007年。

浅议馆史文物与博物馆的可持续发展

胡小甜

（南通博物苑　江苏南通　226001）

内容提要：博物馆做好文物征集可以不断地丰富馆藏文物，满足陈列展览需要，更好地服务观众。目前许多博物馆主要征集古代文物和反映地方历史遗存的文物，与博物馆自身相关的文物、资料却往往被忽略掉，成为馆藏文物的空白。博物馆可通过对馆史文物的征集和研究，举办博物馆专题馆史展，推动博物馆的可持续发展。

关键词：馆史文物　征集　展览　博物馆发展

文物是人类在历史发展过程中遗留下来的遗物、遗迹，是历史的载体，具有不可再生性，同时也是博物馆存在和发展的基础，是博物馆征集的主要对象。由于文物具有极高的历史价值和文化价值，导致许多博物馆墨守成规，习惯把眼睛盯在古代文物收藏上，而与博物馆自身相关的文物史料却往往被忽略掉，成为馆藏文物的空白部分。

南通博物苑是第一所由中国人独立创办的公共博物馆，与博物苑相关的文物史料不仅是其自身历史的见证，也反映了中国博物馆事业的发展，因而具有更高的历史价值。

一　开展馆史文物史料征集的重要意义

每个博物馆都有其产生的时代背景和创办过程，与博物馆相关的文物史料是博物馆建立和发展的最直接的见证，因此做好馆史文物的征集工作具有相当的意义。

1. 创新文物征集理念，拓宽文物征集外延

文物征集是博物馆事业可持续性发展的基础，做好这项工作可以不断地丰富馆藏文物，满足各类陈列展览的需要，更好地服务于观众。博物馆征集工作者必须用可持续发展的文物征集新理念，扩大文物外延，赋予文物新的内涵。中国博物馆创始于 1905 年，具有一百多年的历史，而大部分博物馆的历史较短，有的是新中国成立后创办的，有的则是改革开放后的产物，有的是在新时代应运而生的，只有短短的十多年历史，因而大部分馆史文物都属于社建文物，没有受到重视。1996 年国际博物馆日提出“为了明天而收集今天”的主题。每一件馆史文物都具有历史传承性，反映了一段特定历史时期的变化与发展，现在不征集，若干年后征集将更加困难，它的缺失极有可能造成一段时间内没有文物史料证明博物馆的进步和发展。这样的创新理念要求博物馆要拓宽文物征集收藏范围，增强可持续发展的基础和后劲。

2. 开展馆史文物研究，见证中国博物馆发展史

通过对馆史文物史料的研究，可以全面而准确地书写本馆发展的历史，填充中国博物馆发展的历史。

一百多年来，中国博物馆事业发展的道路风雨兼程。1905 年，张謇秉承“开启民智、富国图强”的宗旨，筚路蓝缕，艰苦探索，创办了中国第一所公共博物馆，揭开了中国博物馆事业的序幕；20 世纪二三十年代，故宫博物院、河南博物馆、南京国立中央博物院筹备处、上海博物院等有代表性的博物馆相继建立，中国博物馆事业进入了一个发展高潮；抗战期间，博物馆事业遭到重大破坏；新中国成立后，中国博物馆事业高扬先进文化的旗帜，与时俱进，开拓创新，全国的博物馆都有了新的发展契机；改革开放后，全国博物馆规模空前扩大，中国特色博物馆体系初步形成，在全面建设小康社会的实践中发挥着越来越重要的社会功能。

2005 年南通博物苑百年苑庆时，文化部、江苏省人民政府、国家文物局共同在南通举办了“南通博物苑一百年暨中国博物馆事业发展一百年庆典”活动，其中在南通博物苑的北馆举办“中国博物馆发展百年展”，介绍了中国博物馆百年历程中各个历史时期的基本情况。每一个博物馆都是这个大家族的一员，因而每个博物馆都应该对自身的发展史进行研究，准确地传达其中蕴藏的文化内涵，为自己，也为中国博物馆发展史添上浓墨重彩的一笔。

3. 举办博物馆馆史陈列，扩大宣传教育效果

根据馆史文物史料的征集和研究成果，博物馆可举办馆史陈列，让博物馆工作人员和社会大众对身边的博物馆有更多的了解和认识。

2005 年百年苑庆时，南通博物苑对其原来的苑史展进行了补充和修整，以全新的面貌进行了呈现。“跋涉百年——南通博物苑苑史掠影”系统、详尽地介绍了南通博物苑百年来的历史，揭示了博物苑的沧桑巨变。展览主要分两部分：一部分为文物陈列，以南通博物苑早期藏品为主，复原了建苑初期的展陈格局。一部分为苑史介绍，以图片、文物及史料为载体分四单元介绍了南通博物苑的发展史。第一单元为“创始篇”（1905～1926 年），即博物苑创办到张謇去世，反映博物苑诞生并走向成功。第二单元为“磨难篇”（1926～1949 年），即张謇去世后到新中国成立前夕，反映博物苑在张謇去世后的衰落、抗日战争时所遭的毁坏及国民党统治时的荒废。第三单元为“新生篇”（1949～1999 年），即南通解放到人民公园并入前夕，反映博物苑真正回到人民手中及其所经曲折历程，同时扼要展示博物苑人在曲折环境下努力工作的成绩。第四单元为“腾飞篇”，表现 1999 年底人民公园并入后，博物苑的变化及各级领导的重视，特别反映百年苑庆给博物苑带来的发展契机。展览推出后受到一致好评，成为博物馆同行来南通必看的展览。各个博物馆也可借鉴南通博物苑苑史展的经验，举办自己的馆史展，成为推介自己的宣传手段。

二　馆史文物史料包含的主要内容

做好馆史文物史料征集工作的前提首先是要对馆史文物史料所包含的范围和种类作一

个清楚的认识和梳理。笔者根据南通博物苑的工作情况，初步确定馆史文物史料大致可分为以下几大类：

与本馆发展相关的重大事件、重要人物的具有纪念、教育意义或者史料价值的实物；

社会各界有关博物馆研究的重要文献资料以及具有历史、艺术、科学价值的手稿、图书和音像资料等；

相关人员对博物馆各个时期发展情况的回忆录、整理文章、影像视频资料等；

博物馆从业人员创新、积累的工作经验、工作方法的手稿、影像资料等；

历年来国家重要领导和知名人士来馆参观视察的讲话、题词、照片及文章等；

博物馆在各个历史时期使用过的具有代表性的物品；

本馆自创或承办的各类大型活动的资料档案；

博物馆或本馆职工的各类获奖证书、奖牌、奖杯等实物和资料档案。

三　馆史文物史料的具体征集方法和策略

文物史料征集的手段是多样的，在新形势下我们要明确服务社会、服务公众的征集目的，遵循“拾遗补阙”的原则，有目的、有目标地制定出理性的、符合博物馆性质特点与要求的文物史料征集办法和策略。下面结合南通博物苑的实际情况，具体谈谈馆史文物史料的征集思路。

1. 充分利用博物馆品牌效应征集相关文物

征集文物时，要充分利用博物馆的身份，以各种形式来开展工作，即便是流落外地或流散于民间的文物，也可以与这些文物的收藏者或所在地建立友好关系。大部分博物馆是国家机构，所有的收藏品都属于国家，这些文物进入博物馆后即是永久存于国家，不会散失，这在很大程度上保证了文物的稳定性。同时博物馆有充足的研究人员和研究能力，可以对征集来的文物进行细致的研究，更凸显了文物的价值，成为文化资源权威的研究者和守护者。

2014 年底，江苏大丰的一位收藏家咨询南通大有晋盐业公司的账本类藏品是否有收藏意义。大有晋公司是 1913 年张謇在南通创办的一所盐业公司，虽说与南通博物苑无直接关系，但也属于张謇在南通创办其他事业的史料。获此信息后，南通博物苑即与大丰收藏家取得联系，告知他这些史料的社会意义大于经济价值，如果能回到南通，让博物馆收藏是其最好的归宿，博物馆也会派专人对账本进行研究，挖掘更深层次的内涵。

2. 通过媒体宣传获得信息，协议转让或接受捐赠

随着媒体宣传效果的日益加强，人们从媒体上获取的信息量也愈加丰富。博物馆可以通过报纸、电视等媒体刊登征集启事，以协议转让或接受捐赠的形式征集文物。鼓励个人向博物馆捐赠，同时与捐赠者建立良好的关系，平时给予关怀，捐赠物进行展览时邀请其参观，在捐赠物的说明牌上注明捐赠者的姓名。

南通博物苑一直比较注意苑史文物的收集，但是相关资料仍然存在着许多空白，比如博物苑首位苑主任孙钺的资料就很少。2015 年是南通博物苑建苑一百一十周年大庆，该馆决定推出有关孙钺的展览。通过媒体宣传后，获悉一位老师手中有一份孙钺的手稿，即与这位老师取得联系，获得了这份有价值的文物。在展览使用这份文物时，该馆也将捐赠者的姓名登录在说明牌中以表谢意。

3. 通过拍卖会竞拍有关文物史料

博物馆文物藏品的来源是多元的。随着市场经济的快速发展，多年来把国营文物商店作为收购文物主渠道的模式已经逐渐淡出，一种古老又新兴的经营模式——文物拍卖市场正在迅速崛起。采用拍卖手段是博物馆合法取得藏品的一种方式。根据有关文物法律法规，博物馆可以在拍卖市场上享有文物优先购买权，因此博物馆可以先期进行筛选、研究，参与本馆相关的、值得收藏的文物史料竞拍。

2014 年，南通博物苑参加北京嘉德春季拍卖会，并成功竞拍博物苑创始人张謇的诗文稿。这套《张謇诗文稿》为水墨纸本册页，为张謇所写部分诗稿的底稿，全册共 92 开。诗文稿中包含张謇手书的诗文底稿，以及他的学生袁安圃考证《张謇日记》的摘录 62 条，另外还附有大量鉴藏记录，具有极高的文献和艺术价值。它的成功竞拍，不仅大大丰富了苑史文物的收藏，也是博物苑参加拍卖会的成功典范。

4. 通过有偿调拨获得与本馆有关的文物史料

交流与合作是解决文物征集问题的有效途径。馆际之间的藏品交流很有必要，它可以促进博物馆对资源作出最优的配置和选择，用活现有文物，充分发挥文物的社会价值、服务作用。在无法获得所需文物实物的时候，注重相关文物资料的征集，并有效地将文物资料进行数字化的分解与组合，为建设数字博物馆服务。

南通博物苑的创办者张謇在南通开办了很多企业、公益机构，现在部分企事业还存在，部分正面临改革的局面。南通唐闸大生纱厂是张謇 1895 年在南通最早创办的企业，创办时经历了许多艰辛。由张謇亲自设计，南京画家张之溶绘制的四幅《厂儆图》，如今还悬挂在大生纱厂公事厅（即张謇当年的办公室）。如果大生纱厂改制，这几幅作品何去何从将无法确定，若能通过政府部门的协调由博物馆收藏，则更能发挥其价值。

5. 从熟悉本馆发展情况的老人们的回忆中挖掘故事

对于博物馆的建立与发展，亲身经历的人更有感触，博物馆可以邀请一些参与过博物馆建设的老人们回忆过去。现代科技进步，已不仅局限于文字回忆，还可以运用录音、录像的方式，详细地记载历史。

1985 年南通博物苑八十年苑庆时，博物苑首任主任孙钺的儿子孙渠曾经写过一篇《南通博物苑回忆录》发表在《东南文化》的第 1 期上。因为孙渠出生于 1905 年，与南通博物苑同龄，小时候常常随父亲在博物苑，对博物苑的早期情况非常熟悉，写出来的文章很动情，很真实。张謇故居濠南别业的恢复也是按张謇孙女张柔武的回忆来复原布置的。目前南通博物苑早期工作者穆煊、黄然、徐志楠等都已是 90 多岁的老人，他们经历了博物苑的转折、沧桑、磨难和发展。另外社会上还有一些文化人士，他们一直关心博物苑的发展，也能回忆起博物苑的一些情况。博物苑要尽快与这些老人对话，获取直接的史料。特别是博物苑早期陈列的格局、使用的展橱等方面资料一直是个空白，如果能有人知晓当时的情况，将是十分珍贵的材料。

6. 协同各部门共同完成现代馆史资料档案的收集工作

博物馆是不断发展的，经历过不同的时期。除了早期的文献资料外，现代资料档案也很值得收藏、研究。在工作中，应制订现代资料的收藏、保管工作制度，避免现代资料的遗失。

现在南通博物苑还没有较为系统的苑史资料管理办法，造成一些文献、音像资料不健全，这对今后苑史展的不断填补、充实会造成影响，必须引起各级领导和相关部门的重视。首先苑内要制定规章制度，强调现代苑史资料的重要性，明确各部门的职责，采用经办部门收集整理档案资料，年底交资料室统一管理；领导视察时的签名、书法作品统一由文物征集部门签收交馆藏部；建立荣誉室，陈列各类获奖奖牌、证书等，建立健全现代档案的收集工作。

博物馆的征集工作除要建立有特色的藏品体系，还要另辟蹊径，像馆史藏品这类博物馆发展的见证物的收集入藏可以丰富博物馆的馆藏，也可以利用征集馆史文物的契机进行宣传，让市民对博物馆有更深入的了解和认识，加入宣传和建设博物馆的队伍中来。

深入浅出　化整为零

——关于综合博物馆科普教育功能的实践与思考

刘　钰

（镇江博物馆　江苏镇江　212002）

内容提要： 随着我国现代化建设的不断推进，提高全民族的科学文化素养已经成为全民参与的事业。作为社会教育机构，科学知识普及一直是博物馆社会教育工作的重要内容。本文将科学知识的传播规律应用到综合博物馆的科普教育工作中去，从陈列展览、社会教育以及科学传播手段等角度，就如何深化综合博物馆的科普教育工作展开探讨。

关键词： 综合博物馆　自然科学　科普教育

改革开放以来，我国的国民科学素养有了很大提高，但是与发达国家相比还存在着很大差距。原教育部副部长韦钰院士曾经提出，在科技能力建设中，最基础和最具战略性的任务是全民科学素质的提高。[1]2006 年，为提高公民科学素养，国务院首次将科学普及和创新文化建设写入了《国家中长期科学和技术发展规划纲要（2006～2020）》，至此我国的科普方针正式转变为“政府推动，全民参与”。科技能力建设是社会可持续发展的内在动力，在阐述 2015 年的国际博物馆日主题“博物馆致力于社会的可持续发展”时，国际博物馆协会主席 Hans-Martin Hinz 博士表示，博物馆在促成可持续发展的定义及其实践的实现方面正在发挥着越来越重要的作用。由此可见，作为社会教育机构的博物馆，在提高全民科学素养中正扮演着不可或缺的角色。

19 世纪中期，随着欧美国家科技博物馆的兴起，博物馆开始作为普及科学知识的重要文化场所受到社会的广泛关注。与科技博物馆相比，地方性综合博物馆在科学知识传播过程中既要遵循科学传播的一般规律，又要结合自身特点，深挖教育资源，走出一条特色化的科普道路。本文以镇江博物馆社会教育科普工作实践为例，对如何进一步深化综合博物馆的科普教育职能展开探讨。

一　发挥综合博物馆科普功能的必要性与优势

在 2015 年的“5·18”国际博物馆日开幕式上，国家文物局公布了我国博物馆现阶段发展情况：全国各类博物馆的总数量已经达到 4510 家，其中综合类 1743 家，历史纪念类 1840 家，艺术类 411 家，自然科学类 196 家，专题类（含其他）320 家。由这一数据可以看出，目前我国的自然科技类博物馆所占比例较低，综合性历史文化博物馆存在范围更广，在一些没有科技类博物馆的地区，地方性的综合博物馆作为重要的教育机构，更要充分发挥科普功能。

与科技博物馆相比，综合博物馆有着自己的特色优势。它集中展示了地方自然、历史、革命史、艺术等方面的藏品，这些藏品反映了地方生产、生活、科技发展状况，在反映地方历史文化的同时也映射出与其密切相关的其他知识领域。作为科学研究机构、文物收藏机构，综合博物馆还拥有着各类专业技术型人才，其科学研究范围不仅包括社会科学，也包括了自然科学，这些都是其发挥科普作用的重要资源。

此外，随着时代的发展，人们对传统文化的关注度逐渐提高，一些综合博物馆也日渐成为人们学习、休闲娱乐的重要场所，这也为综合博物馆充分发挥科普功能提供了契机。与其他文化机构相比，综合博物馆具有独特的文化吸引力，充分反映了地方文化“个性”。

二　综合博物馆的科普教育现状

从广义上讲，科学的研究对象既包括自然界也包括人类社会。对于综合博物馆来说，既要注重人文科学的普及又要加强自然科学的教育，二者相互促进，不可分割。然而由于类型不同，在绝大多数综合博物馆的教育定位中，历史与文化往往成为教育重点，教育趣味性和互动性较低，在科学普及的过程中，综合博物馆对观众特别是对青少年的吸引力稍逊于科技类博物馆。

从科普内容上而言，综合博物馆的陈列往往会设一个反映地方历史文化发展的通史式陈列，贯穿始终的基本上是文化线。[2]展览多采用展品与背板相结合的静态陈列，以物讲物，对于物背后所隐藏的自然科学知识涉及较少。

在科普方法上，大多数综合博物馆还停留在传统科普阶段，知识传播手段相对单一，对受众的科学传播还局限于知识的传播，缺乏科学方法、科学思想方面的培养。

三　综合博物馆的科普教育实践与探索

一般来说，科学的大众化经历了传统科普、公众理解科学与科学传播三个阶段，其目标是提高公民的科学素质。而具备基本科学素质的公民应该了解必要的科学技术知识，掌握基本的科学方法，树立科学思想，崇尚科学精神，并具有一定的应用科学处理实际问题、参与公共事务的能力，即所谓的“四科两能力”。[3]综合博物馆在进行科普教育中，也需遵循这一规律，在传播科学知识的同时注重人的科学思想、方法和精神等方面的能力建设。

综合博物馆在担当科学知识传播者角色的过程中，不仅需要博物馆人有针对性地去挖掘藏品蕴含的自然科学与社会科学内容，还需要在将知识进行梳理、展示的过程中，运用现代化、科学化的传播教育手段，让受众接受科学、理解科学，营造全社会爱科学、学科学、讲科学、用科学的良好氛围。与此同时，观众类型的多样性，也要求博物馆在科学的传播过程针对各个年龄层、文化层的观众特点“量体裁衣”，注重公众的体验与参与。

此外，科普还需要不断探索总结工作的新载体、新经验、新方法，充分调动社会各界力量参与和开展科普工作的积极性，扩大博物馆文化的覆盖面和影响力，进一步发挥科学知识普及、公共文化服务和社会公众教育的功能。

作为镇江市首批全民科学素质教育基地、省级青少年科技教育示范基地，近年来，为认真履行全民科学素质教育的工作职责，牢固树立精品意识，镇江博物馆通过推出各类科技展览、科学类社会教育活动，在满足市民多方面、多层次、多样化的精神文化需求的同时，还注重观众科学素养与能力的培养。

1. 深入浅出——丰富教育资源，创新教育模式

作为科学研究机构，博物馆是博物馆学研究的主要阵地，在藏品保护、修复、陈列及展厅的设计等方面的科学研究往往与社会科学、技术科学、自然科学等许多学科都有着密切联系，其背后所蕴藏的自然科学知识同样十分丰富。如何将这些丰富的科学知识以灵活的教育手段传播给大众，成为大多数综合博物馆都需要解决的问题。

（1）挖掘科学教育资源

博物馆的科学教育资源涉及两大类，一是与文物及博物馆各项工作相关的科学与学科知识教育资源，二是博物馆科研人员资源。在进行科普教育过程中，这两种资源均应充分挖掘。

在博物馆教育过程中，博物馆可以利用不同类型教育工作的手段优势，将科学知识以合理的方式掺揉进去，从而进一步完善博物馆作为文化机构的宣传教育职能。以镇江博物馆的讲解工作为例，讲解员在“以史讲物”的同时强调“移景换情”，根据各个展厅不同的文物种类、陈列特色，在与观众互动交流中进行“观摩式”讲解，深挖不同文物的制作技术，文物收藏、保护、修复技术以及文物陈列技术等科学知识，并以简单易懂的语言传达给观众，让其在体验中获取更多的科学知识。

此外，科学研究成果和科研人员也是博物馆进行科普的重要资源。传统的博物馆教育往往是“各行其政”，科研人员参与到社会教育活动的情况很少。在组织社会教育活动中，镇江博物馆在策划社会教育活动时充分利用本馆科研优势，例如在“十里长山寻访米芾”清明系列活动中，为提高青少年文物保护意识，帮助其了解基本文物保护方法，邀请馆内书画研究专家作了书画知识讲座，内容除了介绍米芾个人的书画特点，还涵盖了书画收藏、保护等方面的科学常识，极大地提高了讲座的科学性与专业性。

（2）“非说教式”方法的运用

在传统的说教式参观讲解中，参观者很少有机会和展品进行积极的互动，在欣赏展品时视角往往较单一。近年来，随着我国博物馆事业的不断发展，非说教式知识传播越来越为大多数博物馆所接受，在博物馆的社会教育中被广泛应用。

在策划组织各类社会教育活动中，镇江博物馆力求以观众为主导，通过亲身体验、亲子参与的形式，在传播科学知识的同时培养观众的科学素养以及运用科学的方法解决问题的能力。

在发挥“第二课堂”作用时，镇江博物馆注重青少年的主动参与性，针对不同团体量身定制了多套教育方案。例如，在针对外来务工子女的小学生团体讲解中，注重趣味性与实用性，通过展厅自主参观—集中提问、讨论—解决问题的形式，让观众获得文物及历史

文化知识，了解藏品的保护、修复，学习陈列的技术条件和不同文物的制作原料、制作方法等科学知识。又如，在“考古体验之旅”活动中，镇江博物馆以“文化”为线，将考古的科学知识穿插其中，组织青少年亲身体验了探访测量、洛阳铲勘探、探方发掘、考古绘图、拓片制作等考古过程，在体验中学习科学知识，达到了良好的科普效果。

此外，镇江博物馆还采用“激励式”教育方法，举办诸如“文创产品大赛”、“小讲解员职业体验”、“彩虹手工坊”等教育活动，以兴趣为先导，提高观众的参与度。

2. 化整为零——打造“立体化”知识传播

博物馆科普教育涉及展览陈列、社会教育、科研等多个工作领域，是科学知识进行全方位、立体化传播的过程。从内容上而言需要化整为零，将与展品息息相关的社会科学、自然科学方面的知识以“树叶”的形式镶嵌在“博物馆教育”这棵树上，让它变得更加枝繁叶茂。从传播途径上来说要注重手段“立体化”，即在强调观众多元化的体验的同时讲究知识传播途径的多样化。

（1）建立“三维立体”信息

博物馆陈列应该遵循科学性、实物性、艺术性、普及性的原则，其中普及性原则与博物馆教育功能中的科普功能息息相关。

由于观众类型多样，博物馆陈列需要被不同年龄、不同文化层次的观众所接受，从陈列内容设计角度而言，博物馆的陈列必须适应普及不同类型知识的需要，要从知识上让展览立体化，展观众所想，解观众所惑。

镇江博物馆在进行陈列内容设计时，充分考虑不同观众的知识需求，在立足于历史文化的基础上进行延伸，从“这件东西是什么”到“具有哪些历史文化内涵”，再到“这件东西材料是什么、怎么做以及需要运用哪些科学”，将一件文物的所有信息“化整为零”。例如在陶瓷器展厅中，在展示各代瓷器的同时，还将陶和瓷的区别、烧造的过程、各个窑口的特点以及官窑瓷器款式进行了生动描述，与观众进行互动，在强调各组成部分内在联系的同时，让展出的知识内容更加饱满，逐步建立起文物的“三维立体”信息，从而满足观众多元化的知识需求。

（2）创新陈列方法

博物馆陈列中科技化、多元化手段的运用可以让知识传播更加生动，让观众在多样化、趣味化的展览中体验、参与。

以镇江博物馆为例，作为一座地方历史综合艺术博物馆，虽然其陈列展示的内容以文物与历史发展为主线，但同时也增强了展览的参与性、交互性和趣味性。在陶瓷展厅内便充分运用了雕塑、布景、多媒体、影像技术等多种艺术和技术手段。在场景模拟中，将陶瓷制作的全部过程以动与静相结合的方式生动展示了出来，通过声音、动态图像等多渠道地向观众的各个感官输送信息，从而使观众产生情感上的共鸣。

（3）丰富展览内容，拓宽传播途径

对于综合博物馆而言，直观性的展览是传播知识的主要途径。除了基本陈列之外，博物馆的专题和流动展览在科普过程中也起着非常重要的作用。

与常设展览相比，可以更换的专题与流动展览内容上更加灵活，通过引进各类科技类展览来充实博物馆的展览内容也不失为普及科学知识的重要途径。近年来，镇江博物馆在馆藏资源的基础上多次推出与人们生活密切相关的科学知识的展览。例如，为普及自然科学知识，培养观众爱自然、关爱野生动物的良好品质，引进“天高任鸟飞——世界珍奇鸟类展”、“舞动的天使——世界精品蝴蝶展”；为让观众了解我国传统技艺、传承古代文明，引入“云想衣裳——南京云锦艺术展和摄影艺术展”、“晷运时成——古代钟表展”；为让观众了解国外的经济生活，引进“我们的朋友遍天下——与我国已建立外交各国硬币展”；为传播科技考古知识，组织“印记与重塑——镇江近年考古新发现展”；为传播名人、地方文化，特别组织“流动博物馆”系列活动，策划“镇江历史名人展”、“镇江博物馆馆藏精品文物展”、“鲁迅的读书生活展”等流动展览，先后走进大中小学、社区、部队、企事业单位，进一步丰富人民群众的科学文化生活。

此外，随着科技的进步，现代化的信息传播手段开始被各类教育机构广泛应用，建立多样化的信息传播手段也是博物馆加强科普工作的重要内容。近年来，镇江博物馆一直重视网络科普工作，充分利用各类科技手段建立自己的网上虚拟博物馆，使之成为除了陈列展览之外，观众接受博物馆教育的又一平台。与此同时，镇江博物馆还通过广播、电视、媒体等传播工具进行科学文化知识的普及，并建立起一套完善的微信、微博信息发布机制，定期发布宣传教育信息，拥有了相当数量的粉丝。

随着博物馆教育理念的不断发展，博物馆教育不再局限于“展览 + 讲解”的传统模式。越来越多的面向社会各个阶层的内容丰富、形式多样的教育活动成为博物馆发挥教育功能的重要手段，科普教育也成为博物馆面向社会，服务社会，贯彻“以人为本”教育理念的又一延伸。随着社会的不断发展，博物馆与政治、经济、文化的联系也越来越紧密，其各项职能也在此过程中不断丰富与完善。在全球化的今天，更需要博物馆人紧跟时代的脚步，以全新的视角看待博物馆的各项工作，使博物馆真正成为为社会发展服务的社会教育机构。

注释：

［1］韦钰：《国民素质的提高与可持续发展》，《科普研究》2006 年第 2 期。

［2］冯永革：《普及知识，促进创新——关于非科技类博物馆科普教育作用的思考》，《江淮文化论丛·第三辑》，文物出版社，2014 年。

［3］王大鹏：《为受众量体裁衣的科普》，《中国科技报》2014 年 12 月 12 日。

艺术博物馆在当代“智识体系”的突围

——以中国昆曲博物馆为例

陈忆澄

（苏州戏曲博物馆　江苏苏州　215000）

内容提要：博物馆是现代社会“智识体系”的重要组成部分，承担着社会教育和科学研究的功能和责任。专业性的艺术博物馆在培育大众审美和满足大众精神需求的同时，还对社会“智识体系”的建设贡献力量，主要表现在传播精英文化、发展专业理论以及满足人们更高层次的心理需求等方面。中国昆曲博物馆作为专业艺术博物馆，在非遗文化的深度挖掘、戏曲艺术的理论研究上具有重要作用。

关键词：艺术博物馆　智识体系　社会功能

艺术博物馆与影院、剧场、美术馆等机构设施一道，构成了艺术世界的中介，实现了现实生活与艺术活动的沟通。然而，随着当今世界博物馆的数量不断增加，类型划分越来越细，新型博物馆日渐兴起，各大博物馆加快了融入人们生活的步伐，重视观众的“亲近感”，力图更好地履行公共服务的职能。于是，人们渐渐淡忘，博物馆还曾是现代社会“智识体系”的一部分。

所谓“智识体系”（Intellectual System），最早由美国学者提出，指的是具备较高文化的人群及其社会关系的总和，通常带有一定的文化权利属性，甚至可能代表一定程度的文化垄断。早期的历史博物馆、人类学考古博物馆，由于对历史遗迹、文物及发掘现场具有统治权，无可厚非地成为“智识体系”的核心。几乎与达尔文的进化论在全球知识领域的流行同步，博物馆也一度成为知识分子的朝圣地。由于历史环境的因素，我国近代以来博物馆的发展相对滞后和迟缓，与近些年经济腾飞带来的博物馆勃兴形成鲜明的反差。即便如此，故宫博物院与南京博物院等在很长时间内都以其珍贵的历史文物而吸引着无数国内外知识分子前来瞻仰，其目的更多不在于审美，而在于了解历史、获取知识，甚至是彰显在“智识体系”中较高的地位。当然，这种现象与综合性历史博物馆的定位有关，但大多数综合博物馆的精髓都在于精美绝伦的艺术作品，而我们的确很难想象，走进博物馆的人们曾一度使审美需求让位于其他。“职业博物馆界对此也充满种种焦虑和无休止的争论，行业会议和专业杂志上不断有涉及艺术博物馆在社会生活中所扮演地位的讨论。”[1]

大学的崛起，尤其是高校科学实验室的兴起，改变了历史博物馆与以考古现场为基础的人类学博物馆在“智识体系”中的顶端地位。早期博物馆对藏品文物的所有权和管理权不能再为它带来绝对的垄断性研究，对考古第一现场的统辖权也同样无法做到这一点。另一方面，自然科学的飞速发展促进了实验室中各种常见物品参与到科研之中。就整个社会的“智识体系”而言，大学无疑成为新贵。即便是在人文艺术领域，艺术与生活的界限不断被重新定义，经典艺术面临各种艺术浪潮和艺术观念的挑战，艺术作品的复制性为越来越多的人所接受，对于艺术作品及其独有资源的占据和使用，已不再具有“智识”领域的最高话语权。大学的各项艺术研究未必要依托艺术藏品本身进行，以藏品（艺术作品原件）为核心的研究往往只是众多艺术研究中的一部分，艺术心理现象、艺术社会现象、艺术哲学等领域的科研，或早或晚地跻身“智识体系”上层，博物馆逐渐丧失了在“智识体系”中的垄断地位。

然而，在博物馆世界内部，专业性的艺术博物馆迅速发展起来，数量不断攀升，在某些领域能够与大学分庭抗礼。“博物馆之所以成为智识生活的领军角色，关键在于它通过对待物品时细致而系统的方式激发了创造性的研究。”[2]在如今的“智识体系”中，艺术博物馆仍然是有机会“突围”的。尽管大学在“智识体系”的顶端位置在未来相当长的一段时期内不会发生改变，但是艺术博物馆可以利用自身的独特优势，寻求发展的机遇，不再单纯扮演大学智识辅助的角色，而是与大学共处于“智识体系”的顶端位置。

目前，我国的专业艺术博物馆种类繁多，数量庞大。不仅有以传统的美术为主题的各大艺术博物馆，还有以手工艺、戏剧、音乐等艺术门类为主题的艺术博物馆。仅以江苏一地为例，便有地处江苏南京的江宁织造博物馆（手工艺），地处江苏苏州的中国昆曲博物馆（戏剧戏曲），地处江苏无锡的民族音乐博物馆（音乐）等。

中国昆曲博物馆坐落于寓苏晋商于清代所建的全晋会馆内，于2003年恢复对外开放后，经过十多年的发展，目前以其展陈、科研、社会活动的情况来看，至少在昆曲艺术所构成的“智识体系”中正在做出“突围”的努力。

中国古代对昆曲的研究多为随感式的品评，亦常有音律、曲牌方面重考证、考据的成果。真正将昆曲本身作为一种艺术对象，对其本质、创作、演出、接受层面等方面的研究只能零散地见于一些文人的著作中。李渔的《闲情偶寄》中关于戏曲的论述，相对自成体系。然而，由于昆曲“雅”的特点，包括昆曲剧本的创作者、评论家等身份在内的人群，纷纷跻身“智识体系”的行列。而随着时代的变迁，昆曲走向衰落，距离“智识体系”愈行愈远。近代，吴梅将昆曲引入高校，推动了昆曲在“智识体系”中的回归。然而，无论是昆曲院团还是博物馆，由于人才的缺失和定位的偏差，使得大学依然是昆曲领域“智识体系”的顶端。

中国昆曲博物馆如今提倡“馆校合作”，不再是辅助和从属的地位，而是与大学各取所需。凭借着古籍善本、第一手的昆曲资料等垄断性资源，博物馆与高校开展研究合作，将是一种互补和双赢。例如，馆藏的大量民国时期李翥冈手抄昆曲工尺谱《蓉镜盦曲谱》，为昆曲的剧本、曲牌、音律等各项研究提供了素材和根据。2013年下半年，中国昆曲博物馆主编的《“含英咀华”昆谱集萃（第一辑）》正式由文汇出版社出版。影印出版四种曲谱，包括《春雪阁曲谱三记》、《道和曲谱》、《牡丹亭曲谱》和《西厢记曲谱》。这些用于影印的曲谱原件，不少由民国朝记书庄根据其时昆曲名家殷溎深曲本出版，曲谱唱词宫谱准确，科白详审，抄写工整，为昆曲的文本研究提供了便利。在当今社会，博物馆在资源上的优势和大学在人才、理念上的优势曾一度演化为一种矛盾。作为博物馆，要保持其领域内的资源稀缺性，又限于自身能力而无法将研究深入和扩大，与包括大学在内的“智识”机构又存在交流不畅的问题。另一方面，作为大学，在诸如昆曲等艺术人文领域的研究上，第一手的资料、载体可谓是得之不易。优化博物馆与大学的互动和合作，并非是非此即彼的艰难选择。至少目前，中国昆曲博物馆积极地表达了这一意向，并已有所行动。

在很长的历史时期内，艺术博物馆在社会教育方面发挥着无可替代的作用。当民众试图去了解“野兽主义”绘画风格的时候，没有什么比亲自去看看马蒂斯的画更直接、更有效了。正因如此，无论是绘画还是手工艺，感兴趣的知识分子和普通大众都不会仅满足于机械复制时代的衍生品或是间接的文本阅读。昆曲是转瞬即逝的艺术形式，中国昆曲博物馆所推出的“昆剧星期专场”，致力于将传统折子戏原汁原味地呈现在公众的面前，成为大众了解数百年前古老剧种的重要途径。2013 年下半年，中国昆曲博物馆陆续推出了“工尺谱抄录”和“说戏单故事”两大公众参与活动，吸引了大批昆曲爱好者的参与和关注。在“兰馨寄情，墨韵留香”昆曲工尺谱抄录活动中所采用的曲笺为特制的民国时期李翥冈《蓉镜盦曲谱》复刻版，此种工尺谱因其斜格的样式而被形象称为“蓑衣谱”。抄录工尺谱并非易事，誊抄曲谱并不强求参与者本身通晓工尺谱这种传统记谱方法，但无疑在文化素养上提出了较高的要求，除了要能够驾驭典丽精工的昆曲唱词以外，对书法功底也有一定的要求。至于“板眼套红”等更高的标准，则需要参与者对工尺谱、昆曲本体都有较深程度的认知和掌握。这样一项社会活动，吸引了包括港澳台在内的全国各地昆曲爱好者的参与，也受到了多家媒体的关注，产生了一定的社会影响，而这种影响，更多是体现在“智识体系”中的。从活动举办的时间节点看，传统七夕节令不仅关乎民俗，更是为“智识”群体提供了附庸风雅的平台，营造了城市的文化氛围。从参与者和关注者来看，多为大学和科研单位的有关研究者、艺术机构的各行艺术家等。之后，中国昆曲博物馆又推出了“氍毹撷英，方寸流华——说说戏单的故事”公众参与活动，同样使得珍藏在民间的不少老戏单浮出水面。有些特定年代的戏单，为昆剧研究提供了新的资料。

这些社会教育活动，在潜移默化间实现了艺术博物馆在“智识体系”中的位移。它们均要求较高的专业知识和技能门槛，汇聚了一定的“智识”圈子。此类活动为其他机构所难效仿，在特定的知识分子群体中产生了一定的影响。

在如今的艺术环境中，艺术博物馆是有条件重回社会“智识体系”顶端的。在大学、研究所和其他机构的包围中，艺术博物馆应寻求在“智识体系”中“突围”。庆幸的是，包括中国昆曲博物馆在内的不少博物馆，已然在这条道路上奋力前行。

注释：

[1]（美）南希·艾因瑞恩胡弗著，金眉译：《美国艺术博物馆》，湖南美术出版社，2007 年。

[2]（美）史蒂芬·康恩著，王宇田译：《博物馆与美国的智识生活，1876～1926》，上海三联书店，2012 年。

浅谈新形势下博物馆与社区教育的紧密联系

朱嘉钰

（南京博物院　江苏南京　210000）

内容提要：在社区建设过程中，文化建设处在非常重要的地位。博物馆作为社区公共事业的一个有机组成部分，发挥着不可替代的作用。在融入社区过程中，社区教育将博物馆与社区文化建设进行链接，起到纽带作用，进而推动社区建设的有序发展。本文选择社区教育开展较为成功的美国、英国和日本为例，力求对我国博物馆社区教育的未来发展提供有益的借鉴。

关键词：博物馆　社区教育

博物馆作为公共文化的一个重要内容，也是一个重要的社区公益文化机构，它和社区的文化建设是紧密联系在一起的。身处在社区之中的博物馆，如何营造良好的社区关系，建立良好的互动，争取社区的资源，并发挥博物馆教育与文化中心的精神，是现代博物馆的一大挑战。

“社区教育”（Community Education）一词最早在20世纪初由美国教育家杜威提出。进入20世纪后，各种类型、不同层次的现代社区教育在西方主要发达国家就已经相当普及，并有了一定的发展。随着终身教育、学习化社会教育思潮的涌入，社区教育在教育中的地位越来越明显。

一　博物馆与社区教育的关系

博物馆是公民的终身教育课堂，是一个服务于社会发展的非营利机构。博物馆作为社区历史、文化、科学、艺术、自然标本等实物收藏、研究、展示、教育的阵地，是一个社区自然与人文环境的缩影，是社区公众的精神文化中心。在当前不断强化博物馆社会教育功能的实践中，博物馆应对社区教育理念给予足够的关注和重视。

1. 正确认识博物馆与社区教育的关系

博物馆是面对公众的教育场所，有其特殊存在的价值和作用，体现了文化性、群众性和标志性。社区教育以一定区域内的公众为对象，运用人们喜闻乐见、寓教于乐的方式，达到潜移默化的结果，以科学知识和地域文化为主要教育内容，具有地域性、群众性和普及性，是提高公民思想、道德水平和欣赏情趣的一种手段。

博物馆与社区教育两者相互依存，相互促进。博物馆包含于社区教育之中，在教育目的与宗旨、教育服务对象、教育过程、教育参与和提高等方面有着极大的共性。在社区教育范畴内，博物馆与社区公众是双向支持与合作的关系，博物馆对社区公众的服务实际上是教育服务，这意味着博物馆应当大众化，对于社会公众的享用权，博物馆不能忽视和回避。

2. 高度重视社区教育作为博物馆社会教育功能的重要环节

随着我国博物馆逐步实施免费开放，博物馆所处的社会环境不断变化，其公共性和社会性变得更强，公众对博物馆功能也不断提出新的要求。“博物馆是通过为观众自我学习提供服务而实现教育目的的”，博物馆发挥社会教育功能最主要表现在服务社会的程度上。博物馆教育理应在服务于社会的大前提下，尽快走进社区，去寻找和发现自身应有的地位和价值。

博物馆在社区教育实践中可以满足公众观赏与学习的需求、公众体验和参与的需求、公众社交和互动的需求以及社区青少年素质教育和第二课堂的需求。

3. 强化博物馆“以人为本”的社区教育理念

当今国际博物馆学界提出“以人为本”的基本理念，以引起博物馆管理者、研究者的注意。突出“以人为本”，一切为公众着想，促使公众积极参与，让博物馆成为社区公众的精神文化中心、娱乐学习基地。在发达国家，平均每人每年走进博物馆 2 ~ 3 次，而在我国，平均每 8 人一年走进博物馆 1 次。相比之下，我国博物馆功能发挥很不够，博物馆在文化生活中的地位和作用还有较大的提升空间。社区公众对博物馆的认同，将是博物馆生存、发展的必由之路。

二　国外社区教育的实践

随着人类文明的进步，社会面对多元化及区域性发展的机遇和“新博物馆学”的观念，将传统博物馆学的重心从“物”转变成“人”，新的挑战、新的思考、新的思维应运而生。

1. 美国儿童博物馆致力于社区服务的实践

儿童博物馆是“主要面向儿童，次要面向家长、研究人员、学校教学人员及其他关心儿童成长人士的以儿童早期智能开发为目的，采用展览与活动项目相结合的形式来开展教育，重视儿童之间或儿童与成人之间的互动、游戏与亲自体验的一个纯粹富含教育意义空间的非营利性主导的社会教育机构，也是以儿童教育为目的的校外物理空间”。

1899 年，世界上第一家儿童博物馆——布鲁克林儿童博物馆成立于美国，此后儿童博物馆在美国取得了蓬勃的发展。美国儿童博物馆与社区的紧密联系主要体现在社区的学校、家庭，包括儿童、教师、家长、保育员等群体，以及社区的其他机构，例如图书馆、教育机构、商业机构、慈善机构等之间的关系。以下主要以案例的形式说明。

（1）社区的学校和家庭

伯克利哈比同特儿童博物馆每年会举办一两次针对保育员的免费培训项目；“学前艺术训练”项目针对学龄前儿童提供教育课堂，为他们提供儿童艺术教育资源；“游戏活动训练”项目成立于2009年，受“生活之美”基金会的赞助，已为旧金山地区的30位学前教师提供了儿童游戏活动训练课程。为让更多的低收入家庭获得服务，该馆提供免费服务、免费入场日、奖学金、团体参观免费或折扣入场、社区图书馆与机构优惠服务等优惠性政策，还设有玩具租赁馆，为婴幼儿提供高质量的在家学习与亲身体验的游戏玩具。此外，该馆还提供婴幼儿保育书、手册、视频、指南、杂志。

罗利马布鲁斯儿童博物馆的“金融知识课程”项目，以游戏的方式让儿童了解“需求”、“供应”、“商品”、“服务”等金融学术语，并学会在“赚钱”、“节省钱”、“花费钱”时做正确的选择；“博物馆展览——教育工作者”项目，将儿童博物馆里面与展览有关的一些学习资源提供给学校教育工作者。

匹茨堡儿童博物馆开设针对学校的项目，这些项目由一些优秀教师主持，具有州或国家级水平。例如“绿色建筑——教学工具”，通过利用匹茨堡儿童博物馆等建筑作为绿色建筑教育的案例，以互动的形式将绿色建筑的基本理念以及环境对建筑选址的影响等知识传授给教师；“从臭虫开始”则让儿童从臭虫开始了解科学，并获得生物网、食物链、陆生物与水生物等相关知识。

（2）社区的其他机构

社区的其他机构主要包括社区图书馆、社区内的商业机构、慈善机构、政府部门等。

儿童博物馆与社区图书馆的合作，主要体现在社区图书馆让社区内的儿童博物馆会员享有优惠活动或其他便利服务，有些儿童博物馆实行该馆会员与社区图书馆会员的绑定活动，互惠互利。儿童博物馆与社区图书馆合作举办活动，不仅可以降低活动成本，更能在教育功能的发挥上产生聚集效应。

儿童博物馆与社区内商业机构的合作，主要体现在儿童博物馆向这些机构寻求赞助或捐赠，还有些儿童博物馆在馆内所用材料、服务等方面与这些商业机构进行合作。不同的儿童博物馆对商家的慈善行为回馈方式不一样，有些会在馆内醒目的地方或者网站上滚动公布这些企业名单，有些会在所赞助的展览与项目上标有这些企业的商标，有些会向参观人员宣传这些企业。儿童博物馆与企业的合作行为，对儿童博物馆而言是其作为一种非营利性机构正常运行的“生存所需”，对企业而言则是一种回馈社会、扩展自己信誉与影响力的好方式。

儿童博物馆与慈善机构的合作，主要体现在儿童博物馆向慈善机构申请基金或者慈善机构向其进行捐赠。

儿童博物馆之所以在美国得到很好的发展，政府的支持发挥了重要作用。蒙大拿州密苏拉儿童博物馆2010年收益中的32.5%来自政府奖助，密歇根州激流市儿童发现博物馆总投资基金中的30%来自州、市、国家政府。资金奖助是政府支持儿童博物馆的主要方式之一。

2. 英国博物馆在社区教育中承担重要职责

世界上博物馆最多的国家非英国莫属，仅在首都伦敦就有250多家各种类型的博物馆，如大英博物馆、国立美术馆、自然历史博物馆、维多利亚阿尔伯特博物馆等；各地还有大量专题类博物馆，如技术博物馆、民俗博物馆、战争博物馆、动物学博物馆、地球科学博物馆、考古和人类学博物馆等。其中绝大部分，包括许多国家级博物馆都是免费对公众开放的。

英格兰西北港口城市利物浦2012年新落成一座博物馆，将来自世界各地的文物珍品与数字互动技术相结合，藏品涵盖考古学、人类文化、自然科学和物理学，还有一座免费的天文馆。博物馆一楼是少年儿童的体验天地，展有戏剧服装，有记录足球明星精彩瞬间的大幅照片，还有许多鲜活的海洋生物；二楼是自然展厅，陈列着各种昆虫标本及活体实物；三楼是民族传统展厅，收藏有很多民间日常生活用品以及各式各样的陶艺品；四楼是有关考古学的展厅，陈列的是动植物标本、化石和矿石等。在这里，每个人都能找到自己的兴趣点。

英国的博物馆还常常与社区居民展开交流与合作，如征集展览主题、文物等。英格兰的泰恩和威尔博物馆举办的“文化震撼”活动就是这方面的典型案例。该项目面向英格兰东北部地区的广大市民，征集了1000个数码影像故事，历时两年，最后评选出100个故事，放在专门为这个项目开发的网站上。该项目不仅拉近了博物馆与社会公众之间的距离，而且拓展了博物馆的功能范围，使博物馆能更好地融入社会。

3. 日本博物馆教育是社区教育的组成部分

日本的各种博物馆数量之多、种类之繁，达到令人目不暇接的程度。为适应各学科人士的需求，专题性科学技术博物馆占博物馆总数的50%以上。内容十分广泛，包罗了科学技术的各个分支，每一个博物馆都具有专门学科性，设施科学化、现代化。

观众在参观展厅后，如果对某个问题需要进一步了解，可以到视听室通过录像和磁带进行研究、学习。为了充分发挥博物馆“第二课堂”的作用，博物馆除了日常展出以外，还常年开展各种科学普及活动。如东京国立科学博物馆举办的博物馆“探险”活动，通过漫画、幻灯片等提出问题，让观众自答，以加深观众的理解，调动观众学习的自觉性、主动性。同时，馆内备用图书、标本、简易实验、操作仪器等，方便解答游览者在参观过程中遇到的疑问。此外，每月举办各种科普活动，如博物馆教室，选择特定的题目，由博物馆人员施行专门的解说或辅导；自然教室，在博物馆人员辅导下进行实地观察活动；自然史讲座、理工学讲座，则主要由博物馆的研究人员进行各种讲授。

三　南京博物院与社区教育互动的实践

在国内博物馆的教育职能逐步与国际接轨的大环境下，南京博物院脚踏实地、服务社会，逐渐成为学生的“第二课堂”，成为全民教育、终生教育的场所。通过结合自身具体情况，针对不同观众群体，开展丰富多彩的社区教育活动，南京博物院真正做到以人为本，将博物馆从象牙塔中解放出来，与观众紧密联系，使博物馆回归社会。

1. 加强对观众群体的培养

（1）在校学生观众群体的培养

一是加强博物馆教育与课本知识的紧密联系。博物馆是校园教育的第二课堂，将博物馆宣教内容与课本知识结合起来，让学生们产生思想共鸣，提升他们对知识的探究能力，达到更深入人心的教育效果。

二是加强馆校互动的多样性。博物馆开辟课外实践场所，开展主题夏令营等活动，与学校签订共建计划或协议，确定联络员，增强活动的针对性、组织性、计划性。

三是加强宣传教育的灵活性。博物馆主动送展到校园，丰富“校园文化”，编写出具有青少年语言特色的讲解材料，以启发诱导式和问答式的生动语言来增强中小学生的记忆力和感受力，充分发挥巡展优势。

南京博物院有针对性地在不同院校开展丰富多样的校园活动。在南京农业大学组织的博物馆志愿者志愿心得交流活动，在第十三中学锁金分校组织的汉服知识讲座，以及在玄武区中学范围内组织的主题展览作文竞赛等多种校园活动均取得良好成效，社会反响很大。

（2）社会团体观众的培养

一是联合部队开展宣教工作。由于拥有优越的区位优势，南京博物院已与周边多所部队建立了良好的共建关系。如通过举办“文物宣传进军营”活动，与部队建立了紧密的互动平台，共建单位还不定期地组织学员来院共同进行爱国主义教育。

二是联合社区开展宣教工作。社区教育已成为我国一种新的教育组织形式，博物馆开展对社区观众的教育活动时既要突出个性和功能，又要兼顾社区教育的共性。南京博物院与所属辖区内的社区组织交换联系方式，确定联络人员，做到在社区内“安家落户”，扎根于群众，服务于群众。

三是联合企、事业单位开展宣教工作。加强与企、事业单位的沟通交流，互通有无，合作共建，发挥各自优势，创造博物馆社会教育的新局面。

2. 注重与国际同行的交流

为了更好地服务社会，提高社会服务的水平，南京博物院利用综合资源优势，与国际同行密切交流，学习先进的国际理念，苦练自身内功。

2015 年南京博物院接待的国际知名博物馆有英国大英博物馆、美国大都会博物馆、加拿大皇家安大略博物馆等，并与法国拿破仑基金会合作举办了拿破仑专题展。同时，与韩国国立古宫博物馆依托中韩两国相似的文化背景、源远流长的历史友谊，建立了长期战略合作关系，多次的讲座交流开拓了博物馆各部门业务人员的视野，受益匪浅。

四 结语

综上所述，社区教育是博物馆的核心功能、重要环节。社区要引导公众走进博物馆，对博物馆的发展、陈列和教育等方面提出自己的见解，从而形成博物馆、社区和公众三者之间的良性互动。

南京博物院成立至今已经走过了82年的岁月，在党中央号召全体社会高度重视精神文明建设的今天，博物馆必将义不容辞地担当起历史赋予的特殊使命，为提高全民族的科学文化水平提供助力。作为博物馆的基层工作人员，要共同把社区教育推向更深的层次，锲而不舍、坚持不懈地“弘扬中国精神，凝聚中国力量，实现中国梦”。

参考文献：

1. 张海水：《美国儿童博物馆研究——基于教育学的视角》，上海师范大学硕士学位论文，2013年。

浅议博物馆公共教育活动

——以南通博物苑公共教育项目的探索为例

陈　艳

（南通博物苑　江苏南通　226000）

内容提要： 探讨博物馆公共教育活动，有利于博物馆公共教育水平的提升，完善博物馆公共文化服务职能。本文分析了我国博物馆公共教育活动的现状，以南通博物苑公共教育项目的探索为例，提出了提升博物馆公共教育活动的相关建议。博物馆作为国民教育的特殊资源和阵地，必须充分发挥公共教育职能，惠及公众。

关键词： 博物馆　公共教育活动

美国博物馆界有一句话："如果藏品是博物馆的心脏，那么教育就是它的灵魂。"可见教育功能在博物馆中的重要性，藏品是博物馆的核心，通过教育方能发挥藏品的价值和意义。博物馆作为公共文化服务体系的重要组成部分，要更好地实现博物馆社会价值，积极开展公共教育活动，实践和完善公共文化服务职能。博物馆应充分发挥自身在公共教育中的优势，增强为公众提供优质服务的意识和社会责任感，尊重公众不同的感受心理和审美趣味，激发参与意识，引导公众感受博物馆氛围，建立良好的互动关系，帮助他们去认知历史、走向未来。

一　博物馆及博物馆公共教育的界定

国际博物馆协会2001年对博物馆的定义是："博物馆是一个为社会及其发展服务的、向公众开放的非营利性常设机构，为研究、教育、欣赏的目的征集、保护、研究、传播并展出人类及人类环境的物证。"

2007年，国际博物馆协会修改了博物馆定义："博物馆是一个为社会及其发展服务的、向公众开放的非营利性常设机构，为教育、研究、欣赏的目的征集、保护、研究、传播并展出人类及人类环境的物质及非物质遗产。"

将"教育"调整到博物馆业务目的的首位，反映出国际博物馆界对博物馆社会责任的强调，对社会效益的关注。博物馆各项业务活动都应贯彻"教育"的目的，与公众建立良好的互动关系。

博物馆公共教育伴随着博物馆的发展，从私人收藏场所向为社会公众展示服务场所转变的过程中逐渐产生。人们对博物馆公共教育的认识历经不同的发展变化，从单纯的意识形态到馆校合作，甚至更广范围的教育功能，引起了博物馆界和教育界的共鸣。博物馆公共教育是全民教育，涉及各个年龄层，其任务是传播文化知识、提高公众科学文化素养，使公众在愉悦中受到教育，在教育中得到愉悦。

我国博物馆先贤张謇先生创立中国第一个公共博物馆南通博物苑的目的，就是补益他创立的通州师范的教学。在张謇致学部的呈文中有以下论述："以少数之学校，授学有秩序，毕业有程限，其所养成之人才，岂能蔚为通儒，尊其绝学？盖有图书馆、博物院以为学校之后盾，使承学之彦，有所参考，有所实验，得以综合古今，搜讨而研论之耳。"他特别指明博物馆利用实物来培养人才的作用，显然，博物馆在他心目中已是一种社会教育机构。2015 年，作为我国博物馆行业第一部全国性法规文件，《博物馆条例》的出台具有里程碑意义。该条例特别以整章篇幅突出博物馆社会服务功能，将教育功能摆在第一位，还要求"博物馆应当根据自身特点、条件，运用现代信息技术，开展形式多样、生动活泼的社会教育和服务活动，参与社区文化建设和对外文化交流与合作"。这与国际博物馆协会对博物馆运行的目的相一致。

二　我国博物馆公共教育活动现状

伴随着经济快速发展，我国博物馆事业亦取得了长足进步。综观我国 4500 多家博物馆，工作重点一般仍在收藏、展览、研究上，博物馆公共教育尚未真正进步，公共教育受众面较小。资料显示，美国博物馆的年观众量是其人口总量的三倍。纽约的大都会博物馆和古根海姆博物馆，专门为不同年龄段的青少年提供相应的美术教育课程，甚至学校的部分课程也直接在博物馆中进行。美国博物馆很大程度上改变了国民教育思想，培养了民众对博物馆的深厚感情。我国博物馆无论从"质"还是"量"上，都与之存在明显差距。

目前，国内公共教育活动举办较成熟的有中国国家博物馆、故宫博物院、首都博物馆等少数博物馆，绝大多数博物馆仍处在不断探索的起步阶段。客观原因是经济水平不高，缺乏资金投入，影响了公共教育体系开展的环境、制度等，限制了博物馆公共教育专业人才的培养，从本质上导致我国博物馆公共教育发展的滞后性。主观原因是社会对于博物馆公共教育缺乏足够的认识，公共教育意识不强。

三　南通博物苑公共教育项目的探索

南通博物苑是中国第一家公共博物馆，作为公益性文化服务机构，卓有成效地开展着不同形式的公共教育活动。博物苑为公众提供了广阔的学习舞台，公众的参与也为博物苑增添了活力。

1. 开展"知南通·爱家乡"巡讲及公益科普巡回展活动

南通博物苑每年开展"知南通·爱家乡"公益巡讲，2013 年首次赴县区巡讲，为启东实验小学等学校学生免费讲解南通历史，受到师生们欢迎。还应邀赴武警学校、南通市支队，为官兵作生动的讲座。组织赴革命老区如皋江安镇进行巡展活动，为当地群众热情讲解，并发放宣传资料，受到大众的好评。

每年江苏省科普月、“爱鸟周”期间开展公益科普巡回展览。2013 年走进启东市实验小学、南苑小学等开展科普巡展，为参观的学生热情讲解，并发送科普宣传资料，受到南通电视台、南通日报等媒体关注。2014 年，博物苑首次引进北京自然博物馆公益性展览——“中生代王者归来”流动科普车，并到各学校巡回展出。科普车内设有专题展览，有高科技的互动项目及环球影院，受到学生及家长的追捧。巡展 8 天时间共接待观众约 6500 名，播放环球影幕 56 场，发放科普宣传资料 2000 份。

2. 推出“阳光少年”公共教育活动

“阳光少年”公共教育活动是南通博物苑针对少年儿童推出的一个文化项目。该项目以博物苑苑藏文物为基础进行系列教育课程的开发，目的在于普及中国传统文化知识，增强保护传统文化的意识，提高小朋友们的思辨能力和操作能力。

目前，教育活动共设有“张灯结彩迎新春”灯笼 DIY 活动和“新春纳福——传统年画”两个课程，都是“1 +1”模式，即理论加实践模式。“张灯结彩迎新春”课程由工作人员带领学生们了解灯笼的来源、种类、制作工艺及文化内涵等理论知识，并给学生们准备了灯笼制作材料包以及制作流程图，教他们制作灯笼。“传统年画”课程由指导老师讲解木刻年画的起源、题材以及年画中的传统故事等，让小朋友身体力行，亲自在陶瓷上彩绘纹饰和印制年画，体验传统技艺。

3. 免费举办“小小讲解员”培训活动

免费培训“小小讲解员”是南通博物苑的品牌公共教育活动，旨在培养一批热爱传统文化、热爱家乡的青少年，并通过他们在青少年中发挥榜样作用。博物苑选择优秀学员成为小小讲解员志愿者，他们在假日里为观众服务，成为建设文明和谐社会的积极力量。此活动自 2011 年正式开始，每年一届，四年来共招募培训小学员 495 人，录取博物苑小小讲解员 192 人，他们利用节假日到博物苑为游客提供义务讲解服务，成为博物苑对外文化服务的靓丽风景。

4. 开展“小小科普员”培训活动

“小小科普员”培训活动是南通博物苑针对未成年人推出的一项公益性科普实践活动，让孩子接触自然、感受自然，获得学校以及家长的广泛关注。

培训课程以参与体验为主，活动时间虽然只有一天，但整个活动流程紧凑、新鲜有趣。无论是探幽园林小径，体验自然的奥妙和发现的快乐，还是参观自然厅展览，动手制作植物标本和树叶贴画，都积极鼓励学生用眼去观察、用心去感受、用手去制作。

5. 举办多项教育实践系列活动

南通博物苑相继推出服务未成年人的公益性教育实践系列活动。举办“多识鸟兽草木之名”系列活动之“植物园冬季奇袭营”、“探梅”、“有趣的多肉植物”、“鉴赏海棠花”、“牡丹花开”等活动共 9 场，参与人数 500 多人；开展“格物明理——走进文保单位，亲近文化遗产”主题活动 8 场，观众 400 多人；推出“自然真趣——系列教育实践活动”，由

“叶贴画制作辅导”、“植物标本制作”、“牡丹故事及折纸活动”、“插花技艺传授”、“旋转的贝壳”五大主题活动组成。通过博物苑工作人员的专业授课、手把手辅导，帮助学生们掌握科学探索的一些方法和技能，体验科学研究的乐趣，锻炼学生的动手能力。活动开展以来，共培养了150余名科普生力军。

6. 以加强馆校衔接为目标，开展互联共建活动

南通博物苑与栟茶中学联合举办以“弘扬五四精神，担当社会责任”为主题的成人礼仪社会实践活动，是科学践行社会主义核心价值观，配合学校深入开展“八礼四仪”活动，为传播南通的历史与文化做出的有益尝试，已经形成馆校合作的示范项目。与南京艺术学院、南京师范大学等高校签订共建协议，在社会教育、艺术设计、文物修复、文化产业等方面深度合作，为职工培训、交流、学习创造了良好的平台。南京艺术学院等高校将博物苑作为大学生社会实践基地，充分发挥博物苑作为第二课堂的积极作用，加强和改进学校德育工作，为理论与实践相结合的成才之路创造条件，培养“知识、能力、素质”协调发展的高素质人才。

四　提升公共教育活动的建议

博物馆是公共教育的特殊资源和阵地。目前，国内多数博物馆尚未真正发挥公共教育职能，与学校教育、全民教育结合度不够，尚有很大提升空间。

一要更新服务理念。博物馆作为公共文化服务体系的重要组成部分，要充分发挥自身在公共教育中的资源优势，努力拓展博物馆为公众提供优质服务的思路，着力提升民众的公共文化素养。更新服务理念的首要目标是扩大博物馆公共教育的受众面。博物馆的公共教育建设是建立在全民教育之上的，其服务对象普及社会的每一层面。公共教育项目的设置既要考虑不同年龄层公众的参与性，也要重视残疾人等特殊群体的特殊要求。

二要提升人员素质。在博物馆公共教育活动中，工作人员业务水平的高低也在一定程度上影响了公共教育的成效。具备博物馆专业背景的工作人员，若能熟悉各种教学策略，将其熟练地运用于各种公共教育活动中，必将成效显著。博物馆可为工作人员提供专业的教学培训机会，提升专业素养。也可从专业教师队伍中选择志愿者，建立高素质志愿者队伍，服务于博物馆公共教育，提升博物馆公共教育活动水平。

三要丰富馆内教育活动。博物馆公共教育活动，除了馆内展览陈列外，可充分利用自身历史、人文、自然等资源优势，进行阵地教育。同时博物馆应寻求与公众更深层的互动，认识到他们往往有着复杂的身份认同与情感诉求，避免将之视为简单的被教育对象。根据不同的公众，设置特色公共教育。如“阳光少年”活动课程，依托博物馆文化资源优势，针对儿童教育特殊性，形成寓教于乐，即“参与、互动、探究、体验”的教育新模式，让孩子们在历史与艺术的体验氛围中系统地认知文物中蕴藏的丰富内涵。又如“社会大课堂”活动，针对中学相关学科知识点进行博物馆现场教学，实物举证、观察、猜想、分析、提问、归纳，从而达到对知识的深度理解。再如“文化博览”活动，针对文化素养良好的成年人，博物馆定期举办文物品鉴会、文化沙龙等，将中华民族悠久灿烂的历史文化展示给

公众，加深对中国文化的理解和认识，提升文化品位。

四要加大宣传力度。目前，全国博物馆有4500多家，要在众多博物馆中凸显自我，需要根据自身优势和特点，充分利用馆藏资源，对外塑造公共教育形象。各博物馆不同风格的公共教育活动，可以资源互补，丰富公共教育的内容与形式，达到公共教育大众化目的。博物馆利用巡展、巡讲等“走出去”的形式，深入学校、社区等举办讲座、培训，可以带动不同年龄层的公众走进博物馆、了解博物馆，是进行宣传的有效途径。

五要深入馆校合作。馆校合作实质是博物馆与学校之间教育的对接融合，有利于培养学生学科知识的整合，拓展学生思维，提升学生博物馆素养。博物馆是公共教育的积极力量，将其纳入国民教育体系，与学校结合，符合世界博物馆发展的潮流。博物馆可与学校结对，为学校提供社会实践基地，给师生提供馆藏资源，深入各学校举办讲座。学校教师可定期到博物馆讲授公共教育课程，为博物馆工作人员作教学培训。双方要增强互动，资源共享，实现共赢。

参考文献：

1. 刘鹏：《一切为了观众：卢浮宫博物馆的公共教育活动侧记》，《画刊：学校艺术教育》2014年第4期。
2. 宋向光：《国际博协“博物馆”定义的新调整》，中国文物信息网。
3. 赵鹏：《漫步博物苑》，南通博物苑内部资料，2002年。
4. 单霁翔：《从“馆舍天地”走向“大千世界”——关于广义博物馆的思考》，天津大学出版社，2011年。
5. 孙丽霞：《浅谈博物馆的社会教育功能》，《四川文物》2006年第3期。
6. 郑勤砚：《从国外博物馆看公共教育》，《中国文化报》2008年第3期。
7. 杨秋：《探究·体验·拓新——博物馆教育范式的时代转向》，《中国博物馆》2015年第1期。

浅谈博物馆如何完善学龄前儿童的教育服务

顾　婧

（南京博物院　江苏南京　210016）

内容提要：3～6岁是学龄前儿童的语言、智力、性格和潜能开发的关键期，博物馆作为公共教育的第二课堂，教育人员应当适时的走近孩子们，从对博物馆的认知培养与参观体验，到展览讲解和分龄分众的教育课程等，全面完善博物馆对学龄前儿童的服务。

关键词：博物馆　学龄前儿童　分龄教育

儿童的学龄前期（3～6岁）是人生中一个重要阶段，是儿童的语言、智力、性格和潜能开发的关键期，而儿童教育的成败直接关系到一个民族未来的群体素质及发展高度。近年来，越来越多的博物馆被授予“爱国主义教育基地”、“实践教育基地”等头衔。博物馆区别于家庭、学校教育机构，采用新颖活泼的教育形式，摒弃以往的空洞说教，鼓励动手操作并参与探索，以“革新”的方式加入儿童教育之列，已经成为传统教育的延伸和补充，但对学龄前儿童的相关教育，往往容易被多数博物馆教育从业者所忽视。

国内外儿童教育者对待博物馆的观念和做法截然不同，区别极大。中国孩子由于长期封闭在应试教育的环境里，偶尔去次博物馆，犹如春游或者秋游，不听讲解，吃喝玩乐后便打道回府。在国外，某些博物馆发给来参观的孩子不同图案的小方牌子，博物馆地板上的瓷砖图案都是古物纹饰，孩子们可以寻找和自己牌子图案一样的瓷砖，找到就有奖励；或者在花园旁的工作台前，在成年人的指导下学习制作砖雕，拿着大榔头和大凿子，敲击石膏板，做立体雕花。[1]我国现阶段约有3亿儿童，但儿童博物馆的数量屈指可数，一般博物馆也很少为儿童群体服务，更别说为学龄前儿童开设教育服务专区。而美国约有0.6亿儿童，建有300余家儿童博物馆，博物馆重视教育从娃娃抓起，争相推出适合各年龄儿童的活动。[2]

博物馆社会教育人员应当适时走近孩子们，特别是学龄前儿童，要到幼儿园去了解他们感兴趣的东西，结合不同的年龄层次、身心发展状况、动手能力等诸多特点，分龄分众地为学龄前儿童设计和开发相关的博物馆教育课程。本文试对学龄前儿童的教育活动课程开发设计谈一些浅显的认识。

一　对博物馆的认知培养与参观体验

大多数学龄前儿童参观博物馆时都是“走马观花”，不知道博物馆有什么，不清楚博物馆是个怎样的地方，不了解在博物馆能够学习到什么，更不知道在博物馆参观学习时有哪些规则。对这些问题的了解程度，往往直接关系到孩子们参观学习的效果和质量。

20世纪30年代到50年代是博物馆儿童教育的初步发展阶段。为了赢得生存空间，美国博物馆在这一经济萧条时期开始真正以儿童为中心，推动非常规的儿童教育，博物馆积极与学校建立稳定的合作关系，配备专门辅导学生的教师，学校课程表上明确规定博物馆开课时间，这些都促使儿童教育部逐步成为博物馆中最活跃的部门。[3]英国在1988年制定了“国家课程”（National Curriculum），规定博物馆儿童教育应与学校课程衔接，博物馆积极响应，依国家课程标准设计了教育手册，根据儿童年龄设计了活动手册，与学校课程相配合。[4]在中国，当孩子们去参观博物馆之前，也应该有专门的教育老师带着这样或那样的问题，走进幼儿园和他们一起去了解去认知身边的博物馆。有了前期的学习准备，也许孩子们将不再“匆匆掠过”展柜，他们会对眼前的建筑、参观的礼仪和展柜里的文物等产生浓厚的兴趣。而仅仅参观是不够的，能否让孩子们带走一些“作业”呢？这就要发挥博物馆的文创力量了。比如每个外出参观的幼儿园班级都会给小朋友们留影纪念，我们就把这个“作业”设计成博物馆的建筑物，以手工的形式把“博物馆建筑”变成一个“小相框”，让孩子们亲手将小伙伴参观的集体照放入自己制作的博物馆造型的“小相框”。经历过这样有趣而美妙的博物馆之旅，孩子们才会对博物馆产生兴趣，他们将会更加期待下一次的参观体验。

二　博物馆的展览策划与讲解策略

国家文物局副局长宋新潮曾表示：“老师带孩子游览式地去博物馆转一下就走，这没有任何意义。”他认为，每次来博物馆之前，学校应该预设一下活动流程，每次只讲解一个内容就可以了。博物馆教育要亲近少年儿童，不要让孩子对博物馆敬而远之。“来博物馆，是为了体验、感受这里的氛围。孩子喜欢这里，觉得好玩，还愿意再来，是我们最希望看到的。”[5]

一般博物馆展览的策划和设计并没有过多考虑学龄前儿童的参与和体验。密密麻麻的展板文字让孩子们望而生畏。而讲解员在对一般公众解说时，也难以专门服务于儿童，学龄前儿童还分不清楚什么是玉器，什么是青铜器，再精彩的解说对他们也是枉然。这时候我们应该换个角度，引导他们去学习欣赏艺术品，体会古代人的智慧，每次讲解的时候只强调一个细节，比如花纹或用途。

部分博物馆为观众提供了语音导览设备，方便观众更好地了解展览内容。但语音导览的内容都是平铺直叙的说明文字，成年观众尚可理解，学龄前儿童就好像在“听天书”。因此，我们应当为学龄前儿童准备一套合适的语音导览器材和讲解内容。目前，各大博物馆使用的导览设备都是不分年龄段的，耳机除了挂耳式还有蓝牙入耳式，并不能满足学龄前儿童的需要，如果耳机的大小不符或容易脱落，就会打断孩子们认真听讲的兴致。从讲解内容来说，可以采取一问一答的对话形式，将孩子们想问的问题和展览需要表现的东西逐一呈现。例如，台北故宫博物院曾举办了一个书画展，由工作人员扮演乾隆爷爷，和儿童艺术中心主角阿弟仔一起带领小朋友展开故宫文物探索之旅。在儿童语音导览中有这样一番对话：

阿弟仔："乾隆爷爷，这里暗暗的，哇，很有探险的feel哎！"

乾隆爷爷："哈哈哈，现在我们进入了书法和绘画陈列室咯。灯光暗是为了保护这些好几百岁的书画作品。如果灯光太亮，会让它们褪色、损坏。因此，故宫展出的书画都是每三个月更换一次，也就是说你每次来这里，都会有不同的惊喜哦！今天我要教小朋友如何看中国绘画，中国的山水画、花鸟画和人物画，以及欣赏书法……"

短短的聊天式对话，解开了孩子们对于书画展厅灯光昏暗的疑惑，同时勾起孩子们的好奇心，突出了展品的珍贵。将这类语音导览试听放在博物馆官网上，让有兴趣的小朋友在家就能提前知晓展览内容，可以更有选择性的参观，是一种良好的互动教育手段。

三　分龄分众，设置课程

博物馆是为了教育和欣赏而存在，博物馆要以教育为核心目的，如果没有教育计划和教育项目，就不能说是真正意义上的博物馆。纵观当今博物馆，为学龄前儿童设计的活动缺乏一定的针对性，活动的年龄段常常被划分成3～6岁或者5～8岁，学龄前儿童的课程和小学低龄儿童的课程被混同在一起。博物馆教育人员在设计课程时，如果优先配合学龄前儿童，那么活动内容就偏简单，小学低龄儿童会有"吃不饱"的现象。其实幼儿园小、中、大班的孩子都各有特点，就拿美术来说，小班的孩子在作画时主要以填色为主，教育人员可以引导他们注意线条和形状，以手指画的形式表现；中班的孩子们开始探索配色、感知细节、表现大小；大班的孩子在画作上出现重叠、先近后远、有层次的表现。在博物馆教育活动上，我们应该考虑各个年龄段孩子的特点，设计与之相适应的课程。

根据蒙特梭利（Maria Montessori）提出的九种儿童敏感期：语言敏感期（0～6岁）、秩序敏感期（2～4岁）、感官敏感期（0～6岁）、对细微事物感兴趣的敏感期（1.5～4岁）、动作敏感期（0～6岁）、社会规范敏感期（2.5～6岁）、书写敏感期（3.5～4.5岁）、阅读敏感期（4.5～5.5岁）、文化敏感期（6～9岁），博物馆教育人员可以针对同一个课程为小、中、大班的儿童设计不同的知识点。

例如端午节，小班教育活动时间为20分钟，重点在于了解节日日期、五毒和五红的组成，针对孩子们的感官敏感期，以做香囊避五毒的互动手工，锻炼3～4岁孩子的手部精细动作、观察辨识药材的能力。中班教育活动时间为30～35分钟，重点在于了解节日习俗，认知粽子，期间穿插传统游戏"比粽叶"的互动，配合孩子的秩序敏感期，将数学认知也纳入课程范围。4～5岁的孩子还处于对细微事物感兴趣的敏感期，大部分孩子都吃过粽子，却不知道它是怎么制作的。教育人员在互动中可以教他们动手包粽子，要特别提醒粽馅不能露出来，这样他们会认真地把粽子每个棱角都包裹的严实紧密。大班的孩子正处于动作敏感期，活泼好动，所以课程会在分组比赛中进行。这时候的孩子们对端午节已经有了初步认识，教育人员可以将端午的习俗结合博物馆藏品，更加深入地教给孩子们。互动环节可以设计在户外，以旱地龙舟竞赛的方式让传统的教育课程"动"起来，同时还可以培养孩子们的集体荣誉感。

总之，学龄前儿童教育活动应该成为博物馆的常规教育内容。首先，将教育项目分门别类，并据此制订长期规划。譬如美国大都会艺术博物馆以季度为单位，将儿童教育项目通过宣传单页预先告知家庭观众。[6]其次，每一类型的项目内容需不断创新求变，沉淀出学龄前儿童教育的精品项目。纵观现代博物馆学龄前儿童教育，博物馆要转变“坐等”的思想，主动出击，创立博物馆儿童教育品牌，有效发挥其学龄前儿童教育的功能。

四 博物馆的学龄前儿童读物

4～5岁时是孩子阅读的敏感期，这是培养孩子良好阅读习惯的最佳时机，可以将动物、自然、科学、艺术等藏品以绘本的形式向学龄期儿童推出。一部优秀绘本就像一座博物馆，美丽的画面，动人的故事，可以帮助孩子培养气质，收获一些终生难忘的知识。绘本不应仅是文物的名录与载体，更应成为启迪未来与孕育创意的源泉。不仅让孩子们认识文物，增长知识，消除对历史的隔阂，更从认识“一件”到“一类”，培养逻辑思维，提高文化修养的广度与深度，从而发挥想象力与创造力。相信这样一份来自“博物馆的礼物”会受到父母和孩子们的欢迎。

五 拓展思路，创立博物馆相关幼儿园

西方博物馆需以各种捐款、集资来维系生存，同时面对着电影院、游乐场等文娱场所的市场竞争，这种生存压力不断推动西方博物馆进行自我创新方面的探索。如波特兰儿童博物馆在馆内创办了一座小型幼儿学校，向儿童提供各种天然材料，并允许他们采用多种方式特别是视听语言表达其独特认知，让孩子在快乐的游戏中大胆想象。这所小型幼儿学校赢得了当地居民的欢迎，是博物馆开拓自身产业链的一种创新。[7]而在中国，大多数博物馆不存在这样的市场竞争压力，主要依靠政府全额或差额拨款，博物馆的学龄前儿童教育仍属于初步探索阶段。为满足学龄前儿童的教育环境需求，南京市第一幼儿园将园内一座建筑布置成“根”的博物馆，提供形形色色的植物根和根在泥土中的剖面墙等作为儿童学习的材料，供儿童观察和触摸，通过对根的认知，引导孩子欣赏根雕艺术。这种“身边的博物馆”体验式教学，拉近了博物馆和学龄前儿童的距离，也启发博物馆教育人员以博物馆及文物为主题，创办适合学龄前儿童的主题性幼儿园，让更多的博物馆教育课程列入幼儿园的课表中。

博物馆作为学龄前儿童的实践教育基地，不应该守着固定的馆舍，而应该从博物馆走进学校，走进课堂，走到孩子们的身边。博物馆应充分利用自身的优势资源，将知识传导给学校和老师，使老师的教学内容更加丰富生动，调动学龄前儿童主动获取知识的积极性。同时，博物馆也应该转变自己担任主角的观念，把实践教育基地从博物馆馆舍搬出来，走向大千世界。

完善博物馆服务学龄前儿童的教育活动是一项长期而持久的工作，是一项艰巨而光荣的任务，需要与学校一同携手，需要全社会的关注和支持，共同为下一代创造更美好的明天。

注释：

[1]《博物馆对儿童的教育意义》，《文汇报》，2013年。
[2]周婧景：《博物馆儿童教育研究》，复旦大学，2013年。
[3]周婧景：《博物馆儿童教育与儿童博物馆的发展》，《学前教育研究》2015年第1期。
[4]段勇：《当代美国博物馆》，科学出版社，2003年。
[5]宋新潮：《别让孩子来一次博物馆就被吓跑了》，人民网，2015年12月24日。
[6]周婧景：《博物馆儿童教育与儿童博物馆的发展》，《学前教育研究》2015年第1期。
[7]周婧景：《博物馆儿童教育与儿童博物馆的发展》，《学前教育研究》2015年第1期。

浅谈美国儿童博物馆对博物馆青少年教育的启示

许如清

（苏州戏曲博物馆　江苏苏州　215000）

内容提要： 社会教育是博物馆的重要职能之一，随着博物馆事业的不断发展，当代博物馆的发展重心已逐步从收藏、研究转向了展示、教育。美国作为目前博物馆事业最发达的国家之一，十分重视博物馆的教育功能，特别是对青少年的教育，并为此建立了种类多样的儿童博物馆。这些儿童博物馆针对青少年教育进行的创新与实践取得了丰富的成功经验，得到了国际博物馆学界的普遍认可，值得我国博物馆学习借鉴。

关键词： 美国　儿童博物馆　社会教育　青少年教育

社会教育是博物馆的重要职能之一，随着博物馆事业的不断发展，当代博物馆的发展重心已逐步从收藏、研究转向了展示、教育。2007 年第 21 届国际博物馆协会代表大会在奥地利维也纳召开，大会对 1974 年修订的“博物馆的定义”再次进行了修改，首次将“教育”作为博物馆的第一功能。2008 年，我国博物馆协会也重新修改了博物馆定义，着重强调了博物馆的社会教育功能。[1]在博物馆社会教育的对象中，青少年占据着重要地位。

美国作为目前博物馆事业最发达的国家之一，十分重视博物馆的教育功能，特别是对青少年的教育，并为此建立了种类多样的儿童博物馆。这些儿童博物馆针对青少年教育进行的创新与实践取得了丰富的成功经验，得到了国际博物馆学界的普遍认可。

一　美国儿童博物馆概况

儿童博物馆英文原文为“Children’s museum”，是“一类主要面向儿童，次要面向家长、研究人员、学校教学人员及其他关心儿童成长人士的，以儿童智能开发为目的，采用展览与活动项目相结合的形式来开展教育，重视儿童之间或儿童与成人之间的互动、游戏与亲子体验的一个纯粹富含教育意义空间的非营利性主导的社会教育机构，也即以儿童教育为目的的校外物理空间”。[2]

1899 年，美国建立了世界上第一家儿童博物馆——布鲁克林儿童博物馆。这家博物馆起初是在博物馆内专辟出来的一个属于儿童的空间，随后才发展为一个独立的机构。根据美国儿童博物馆协会（ACM）2007 年公布的官方数据，全世界已建成儿童博物馆 283 座，美国占 92%；全世界正在建设的儿童博物馆有 73 座，美国占 84%。在美国，每年有近

3000万人次参观儿童博物馆，儿童博物馆已经成为美国发展最迅速的文化教育机构之一。[3]

美国的儿童博物馆主要有三种形式：

一是独立的儿童博物馆。如位于纽约的斯坦登岛儿童博物馆，这座博物馆改建自一家商店，陈列主题为“人与气候”、“人体”、“光的现象”、“埃及的古代文字”，分别介绍自然知识、生理知识、物理常识和历史知识。博物馆采用按季轮换的方式，每季展出一个主题，主要面向5~14岁的青少年，配合展览播放幻灯片、举办讲座、赏析电影、举办音乐会等等，每个周末都会为参观者安排丰富的活动。

二是附设于大博物馆中的儿童博物馆。此类儿童博物馆与独立的儿童博物馆相比，规模较小，陈列主题一般与其所依附的大博物馆一致。例如纽约大都会艺术博物馆附设的儿童馆，主要向青少年展出古希腊艺术等内容。怀特自然科学中心则是美国自然历史博物馆附设的儿童博物馆，陈列主题与青少年日常生活息息相关，如鸡蛋、饼干、鞋袜、刀剪等食物或日用品，并将在这些物品与养鸡场模型、棉花标本、铁矿石放在一起，以启发孩子们去思考日常用品的来源。在自然陈列中，自然中心用活的动物代替静止的标本，更容易让青少年接受与理解。[4]

三是博物馆学校。近年，博物馆学校逐步在美国发展起来，是博物馆与中小学校深入合作的产物，既是博物馆也是学校。博物馆与学校达成合作意向后，会组建专门的组织进行管理、协调，并制定一个共同的教学目标。学校教师会带领学生到博物馆上课，另一方面博物馆也会帮助合作学校在校园内建造自己的博物馆。波特兰儿童博物馆就是典型的博物馆学校，招收从幼儿园到五年级的学生，学校中各个年级的学生会在一个教室里学习，他们互相帮助，分享学习成果。博物馆学校十分注重学生的批判性思维以及生存技能教育。通过测试发现，博物馆学校的学生理解力更强，能更快更好地学习和保留知识。[5]

二 美国儿童博物馆教育活动的特点

1. 展陈设计注重互动体验

美国儿童博物馆在展陈设计上十分注重与观众的互动，几乎每个儿童博物馆都设立了互动体验项目或划出了互动区域，在配合博物馆展陈主题的基础上兼顾教育性与趣味性。

传统博物馆的展品是不允许儿童触摸的，但触摸既是儿童的天性也是儿童进行学习的重要途径。因此，美国儿童博物馆的展陈理念，是鼓励和引导青少年触摸展品，以加深对展品的理解。例如，汉娜·林达尔儿童博物馆让观众触摸化石、美国土著艺术品、18世纪中期的工具与衣物等等；位于塔斯卡卢萨的儿童亲身体验博物馆有一个名为“祖母的阁楼”的特色展览，展出1800~1900年的当地服饰，在展览上青少年观众不仅可以触摸这些服饰，甚至还能亲身穿上它们。[6]

注重互动体验的展陈形式，通过直接接触展品能让青少年对展品产生更直观、更深刻的印象，引起青少年对博物馆的兴趣，激发青少年的好奇心与想象力，真正做到寓教于乐。

2. 博物馆教育与学校教育有机结合

博物馆拥有着丰富的文物史料、专业的研究人员、良好的环境设施等青少年教育需要的资源，博物馆教育与学校教育可以相互补充，实现二者的有机结合，达到博物馆、学校和学生三赢的积极效果。

美国儿童博物馆在博物馆教育部门内部专门设置了与学校沟通联系的机构，机构的工作人员会深入研究从幼儿园到高中学生的教科书，根据本馆拥有的资源与学校教学要求，制定有针对性的教学方案，提供相关展品或设计相关活动，支持并补充学校课程，这样就能激发大部分学校与博物馆的合作兴趣。儿童博物馆还十分重视学校教师的作用，在教学方案的设计中馆方会邀请相关课程的教师参加，使教学方案更符合实际教学需要。

3. 定期举行形式多样的教育活动

在美国，儿童博物馆会定期举行形式多样的教育活动，包括讲座、电影放映、音乐会、夏令营等等，还会为不同年龄段的青少年提供音乐、美术、历史、物理、民族学等不同科目的课程。

除了这些常规的教育活动外，一些儿童博物馆还会定期开展极具特色的教育活动，例如附属于美国自然历史博物馆的儿童博物馆，每月都会举办两次“在博物馆过夜”活动，“孩子们可以在博物馆内观看展览和电影，一直活动到午夜，然后睡在标本林立的展厅中”。[7]

4. 实现博物馆资源的共享

大多数美国儿童博物馆都会积极与社会分享本馆拥有的教育资源。许多儿童博物馆都开放了自己的图书馆、资料室，向青少年提供学习资源。藏品的数字化也是儿童博物馆资源共享的重要方式，工作人员将藏品的照片与相关资料发送到网络上供青少年浏览，或更进一步建立虚拟博物院与虚拟展览。

部分儿童博物馆还会采用流动展览形式展出藏品。布鲁克林儿童博物馆的流动展览项目就是通过这种形式，将馆内的藏品带到学校、社区展出，对青少年进行宣传教育。这种形式充分利用博物馆资源，满足了社会需求，有利于培养青少年的博物馆意识与潜在观众群体，还能扩大博物馆的社会影响力。[8]

三　美国儿童博物馆对我国博物馆青少年教育的启示

近年来，我国博物馆越来越重视自身教育功能的发展，对于青少年教育开展了积极的探索，经过不断创新与实践，取得了一定的发展，积累了一些成功的经验，但是与美国儿童博物馆成熟发达的青少年教育相比仍存在差距。美国儿童博物馆青少年教育的成功经验，对我国博物馆青少年教育的发展有重要的启示作用。

1. 转变观念意识

很多博物馆尚未转变观念，将教育作为第一职能。我国博物馆应加强理论学习与宣传，以教育职能为未来发展的核心，并从博物馆管理理念、展陈设计、活动组织、服务功能等方面突出教育职能，增强我国博物馆开展青少年教育的积极性，提升博物馆青少年教育的效果。

2. 加强与观众的互动

我国大部分博物馆的展陈依然是传统形式，观众只隔着玻璃柜观赏展品，缺乏互动，对青少年也缺乏吸引力。当然，因为尚未完全形成良好的博物馆参观习惯，以及博物馆场馆的安全条件限制，我们不能照搬美国儿童博物馆开放式可触摸的展陈形式，而是应在现有的条件基础上，结合实际情况，尽量增加与观众的互动。

3. 加强与学校的联系与合作

我国博物馆与学校的合作大多停留在最浅层面，即学校组织学生到博物馆参观，博物馆方面负责接待和讲解。很少有博物馆能够根据学校的实际教学需要，针对不同年级的学生设计由浅入深的教育活动。博物馆应加强与学校的联系，加强与任课教师的沟通，了解学校需要什么样的博物馆教育，让博物馆教育与学校教育相互补充，成为我国素质教育的有机组成部分。

4. 设计新颖的教育活动

目前我国面向青少年的博物馆教育活动中，讲座、课堂教育等最基础的教育活动依然占了绝大多数。博物馆在设计教学活动时应综合考虑青少年的身心特点、知识基础以及接受能力，结合自身拥有的资源，挖掘博物馆资源的文化内涵，大胆创新，设计出更多符合青少年需要并受到青少年欢迎的教育活动。

5. 加强博物馆资源共享

重视博物馆网站的建设与新媒体建设，将博物馆的藏品资源电子化、数据化，通过网络扩大博物馆藏品的社会价值与博物馆的影响力。博物馆也可根据自身条件逐步开放内部的图书馆与资料室，让博物馆融入国民教育体系。

四 结语

美国儿童博物馆在青少年教育方面的成功，除了博物馆自身的不断创新与实践外，也离不开政府部门的投入与政策指引，媒体的大力宣传，社区、学校的密切合作，大量志愿者的奉献与家长的积极配合。我国博物馆的青少年教育事业要发展，也离不开社会各界力量的共同参与，只有全社会都关注并参与博物馆教育，才能创造良好的教育氛围，并最终构建一个完善的教育网络。

注释：

[1] 王静：《博物馆教育功能拓展研究》，《博物馆研究》2014 年第 4 期。

[2] 张海水：《美国儿童博物馆对藏品利用的特点及意义》，《文物春秋》2014 年第 6 期。

[3] 张海水：《在儿童博物馆学会什么?》，《上海教育》2012 年第 11 期。

[4] 王贞虎：《美国的儿童博物馆》，《辽宁教育》2014 年第 10 期。

[5] 王静：《博物馆教育功能拓展研究》，《博物馆研究》2014 年第 4 期。

[6] 张海水：《美国儿童博物馆对藏品利用的特点及意义》，《文物春秋》2014 年第 6 期。

[7] 朱峤：《浅议博物馆作为未成年人校外教育资源的利用现状和问题》，《博物馆研究》2014 年第 3 期。

[8] 俞平：《论基层博物馆的流动展览》，《黑河学刊》2006 年第 3 期。

参考文献：

1. 杨丹丹、阎宏斌：《博物馆教育新视阈》，文物出版社，2009 年。
2. 段勇：《当代美国博物馆》，科学出版社，2003 年。
3. 郑奕、陆建松：《博物馆要“重展”更要“重教”》，《东南文化》2012 年第 5 期。
4. 吴相利：《博物馆与学校教育的对接融合——美国老史德桥村博物馆的实践》，《东南文化》2010 年第 2 期。
5. 陈平：《关于博物馆向学校推行教育功能的思考》，《博物馆研究》2007 年第 2 期。
6. 吴镝：《美国博物馆教育与学校教育的对接融合》，《当代教育论坛：综合版》2011 年第 5 期。
7. 李君、隗峰：《美国博物馆与中小学合作的发展历程及其启示》，《外国中小学教育》2012 年第 5 期。

扬博爱之帆

——探索博物馆对特殊群体的教育服务

刘　佳

（南京博物院　江苏南京　210000）

内容提要：博物馆的教育服务要成为真正惠及全民的文化服务，博物馆分众化教育的目标划分和服务方式就要细致化和专业化。因此，对特殊人群的服务方式要有针对性，还要遵循持续性、递进性，最大传播化，逐步研究化和专业化，实现“借力”与“合力”的要求。

关键词：划分细致化　针对性　持续性　专业化　借力合力

博物馆作为公共文化基础设施和公益性文化服务机构，是公共文化服务体系的重要组成部分，发挥着不可取代的文化传播作用。而博物馆开展的教育活动则是一种带有教育性质的服务行为，是一种特殊的教育服务，更是博物馆文化传播的最有效方式。放眼全国，越来越多的博物馆同行认识到了博物馆教育服务在全民素养构建中的重要性，在博物馆教育服务研究化的春风下，全国博物馆对普通城镇民众的教育服务研究可以说是开展得如火如荼。博物馆的教育服务对象既不分贫富，也不分身体的健全与残疾，因此，博物馆的教育服务不能存在偏向性，而要成为真正惠及全民的文化服务。

2015 年 1 月，中共中央办公厅、国务院办公厅印发了《关于加快构建现代公共文化服务体系的意见》，在《意见》的第二项中写明了“统筹推进公共文化服务均衡发展”的要求：促进城乡基本公共文化服务均等化；推动革命老区、民族地区、边疆地区、贫困地区公共文化建设实现跨越式发展；保障特殊群体基本文化权益，将老年人、未成年人、残疾人、农民工、农村留守妇女儿童、生活困难群众作为公共文化服务的重点对象。由此可见，博物馆全民教育服务的时代已经来临，而博物馆分众化教育服务的人群划分和服务方式也需要越来越细致化和专业化。

一　博物馆分众化教育的特殊人群划分

在对特殊人群的划分中，既要考虑到年龄因素，也要考虑到知识层次因素，还要考虑到地域文化和习惯因素，而这些因素往往需要整合考虑，服务方式也要因这些不同的因素组合有针对性地去开展。以特殊人群中的青少年为例，有来自山区、边远乡村的从没听说过博物馆的孩子，也有信息接收稍多知道博物馆却很少进入的民工孩子，还有因视障听障等缺陷无法自行在博物馆获得信息的残疾孩子。

对于第一类孩子，首先需要普及博物馆是什么、博物馆有什么等基本知识，针对性地选取与他们生活环境相关联的博物馆信息点，才能给孩子留下深刻印象。在他们心里播种向往博物馆的“种子”，还要加入能让他们兴趣持久的“催化剂”。南京博物院的教育服务人员曾坐车来回七个多小时赴安徽含山县山区，为那里的孩子“扫盲”博物馆知识。当时是百花开放的春天，博物馆员工选取绘有各式花朵的官窑瓷器，与周边的烂漫山花结合在一起，为山区孩子打造了一堂将大自然和博物馆相融合的美学教育课程，让他们明白美与身份地位无关，美就在他们的生活之中。为了解决地域遥远无法去博物馆的矛盾，南京博物院的教育服务人员还特地挑选了博物馆青少年版书籍和视频光碟，并把这些作为博物馆的又一“养料”留在了当地。

对于第二类孩子，他们与城市孩子生活在同一个大环境下，但由于种种现实因素，他们对博物馆的认知却远远少于城市孩子，这就需要有一个长期的、渐进的获得博物馆知识的“通道”，而他们所在的学校就是最好的“通道”。南京博物院长期与沧波门民工子弟小学、红山外来工子弟小学、岱山小学等学校合作，并以这些学校为课程实验基地，开发适合此类孩子的阶梯式课程，让这些孩子爱上所在的城市，同时影响他们的父母，作为新市民融入城市建设中，成为助力城市发展的新生力量。

对于第三类孩子，博物馆若想满足他们的需求则需要解决更多的问题。首先要解决设施问题。在全国的博物馆中，有多少家是无障碍设施完全满足残障人士自助参观的，而这些博物馆的展厅中又是否拥有能满足视障人群和听障人群自助获得博物馆知识的辅助用具呢？其次，对于残障青少年来说，他们对信息的接收能力和关注点有别于成年残障人士，也有别于同年龄的健全孩子，该如何为他们铺设一条了解历史、感悟文化的特殊途径，这些都是博物馆教育服务同行们需要在实践中摸索的。

为了提升和深入对特殊人群的服务，南京博物院二期改建时在历史馆设置了带有盲文介绍的高仿文物触摸区，并在艺术馆一楼特别增设了一个新馆——博爱馆。博爱馆专为视障人士进行服务，针对畏光、弱视、全盲三种不同视障人士的需要进行专门布展和设置，在博爱馆的进口处设有导盲犬栓系区，整个馆中铺设了专用盲道，便于视障人士自助和有组织的参观。在展品呈现手段上，视障人士可以通过触摸由南京博物院和视障专家共同选制的同材质高仿文物，获得质感、造型、纹饰等直接信息，并通过配置的电脑操控盲人专用阅读点显器来获得历史、典故等间接信息，从而完善对文物的整体认识。而畏光和弱视人群可以通过特制感应解说和盲文触摸介绍板的辅助，欣赏到明暗对比较强的放大版历代绘画。这样一个特殊展区很好地满足了视障人士自助参观的需求。

南京博物院还常年为南京市聋哑学校和南京市特殊教育职业技术学院的聋哑学生打造有针对性的特殊课程。这些聋哑学生大多是美术和设计专业，工作人员根据他们视觉敏锐的特点，以院藏古代瓷器的色彩、造型和纹饰为主线，设计了“南博元素我的灵感——日用品设计大赛校园行”系列活动。活动注重图片和视频的展示，从以宋代哥窑开片瓷器的釉彩设计为创作灵感的法拉利跑车，到范冰冰等明星热衷的青花时装，都是古典与现代的完美融合，体现出“经典的，传承的，也是实用的”设计理念。活动既结合了他们的生理和年龄特点，也结合了他们的专业特点，为探索听障青少年博物馆教育提供了很好的实践经验。

对这些特殊人群中青少年的划分和教育服务方式的思考与探索，只是我们教育服务同行实践与研究的一小部分，而对于更多的特殊人群来说，有了更为细致化的分类，才会做出更有针对性的教育服务。

二 博物馆分众化教育的服务要点

针对特殊人群的教育服务还要遵循以下几点要求：

1. 保证对特殊人群教育服务的持续性、递进性和最大传播化

以南京博物院建立的岱山小学实验基地为例，每个孩子在六年间都可接受南京博物院教育服务人员讲授的至少50堂博物馆课程，每个年级段的课程都有不一样的教学目标和教学难度，并且课程之间具有递进性和关联性。由于教育服务人员数量有限，每堂博物馆课程在连续进行两次后，都会由南京博物院录制成视频放进社会服务部的课程项目包，并由校方跟进的“种子”教师在本校复制。这样带有实验性质和合作性质的教育服务已经成为岱山小学特色素质教育的品牌。

2. 对特殊人群的教育服务要逐步研究化、专业化

不具有普遍化的研究往往是更具有价值的研究，以听障、视障人群为例，由于这类人群属于参观者中的极小众，因此国内面向他们展开教育服务的博物馆还是少数，教育服务的方式也非常单一，仅为触摸文物和手语讲解两种，而且都存在着蜻蜓点水、持续性不够、无法系列化的问题。博物馆教育服务人员应该考虑到视障、听障人群很少走入博物馆的原因，除了来自他们自身的客观限制外，还因为博物馆缺少既了解文物又掌握特殊教育方式的交叉人才。为此，南京博物院教育服务人员于2014年申请了关于“博物馆针对视障、听障人群进行教育服务的新形式”的南京博物院科研课题项目。此课题依托南京博物院博爱馆和数字馆，对现有的残疾人教育服务方式进行拓展与尝试，课题不仅得到了南京特殊教育师范学院视障和听障方面教授的理论支持和指导，还与南京市聋人学校、南京市盲人学校、南京市残疾人协会等建立了实验关系，旨在设计出针对这类人群的专业化与系列化教育服务。目前，课题已完成基础调研，进入实验和论证阶段。

3. 善于通过“借力”与“合力”的方式开展对特殊人群的教育服务

博物馆的社会教育人员毕竟有限，如果依托自身力量开展对特殊人群的教育服务，无论是组织力还是传播力都是有限的。可如果博物馆在活动策划前期依托媒体、协会、社区等进行组织与传播，携手团委、志愿者联盟、爱心车队等为活动助力，这样“借力”与“合力”就可以达到社会效应的最大化，从而吸引更多的特殊人群来到博物馆。

博物馆对特殊人群开展教育服务，不仅仅体现了公共文化服务上的人人平等，更促进了社会主义文化的繁荣与和谐。让博物馆教育服务同行们携手，为博物馆事业的航船，扬起博爱之帆。

网络社交平台下的博物馆信息传播模式探究

——以微信在博物馆中的应用为例

吴晨康

（泰州博物馆　江苏泰州　225300）

内容提要：博物馆是进行文化宣传教育的重要场所，其目标就是充分利用博物馆的各种资源，最大限度地为公众提供优质、高效的服务。以微信为代表的网络社交平台的兴起，改变了国人的阅读习惯和社交方式。而处于变革中的博物馆，尤其是中小型博物馆，该如何把握未来发展趋势，运用现代传播技术，实现其宣教目标，已成为博物馆发展迫切需要解决的重要课题。

关键词：微信　博物馆　宣传教育　信息传播

从2010年开始，世界开始进入移动互联网时代，到2015年，智能手机的普及以及以QQ、微信为代表的社交平台用户的爆发式增长，改变了人们的阅读习惯和社交方式。面对这种趋势，作为传统文化的传承者，博物馆该如何研究传播模式背后的客观规律，引入新技术、新方法，为公众提供更加高效、及时的服务，成为摆在博物馆人面前的一个现实课题。

一　网络社交平台的概念及其传播特点

网络社交平台一词源自英文SNS（Social Network Service），中文常译为社交网络服务，一般来说可分为社交网站（如开心网）、即时通讯（如微信、MSN）、微博（如新浪微博）等类型。而随着智能手机的普及与生活节奏的加快，使得人们获取信息的渠道和资源都开始发生变化，越来越多的人开始通过智能手机来获取所需的资源，从而呈现出一种所谓的“碎片化”趋势。

碎片化原意是指完整的东西破成诸多零块，它在传播中通常带来两种结果：“时间的碎片化”和“信息的碎片化”。移动智能终端的普及使得人们通过一些不确定因素而导致的零碎的空闲时间（如坐车、吃饭等）来获取信息成为一种可能，而这些长度不一的闲散时间我们统称为“碎片化时间”。由于闲散时间的随机性和不确定性，使得人们不会为某个东西花费很多的时间，快速浏览成了人们获取信息的主流特征，这导致了“信息的碎片化”。该如何快捷地从信息爆炸所带来的海量资源中获取对我们有价值的信息，以人际关系或兴趣细分为节点、以社交平台为代表的，效率更高的全新信息传播体系取代传统的信息传播方式成为一种必然。[1]

可以说“碎片化”构成移动互联网时代的主要特征，而在移动互联网时代，谁能主导观众并享有碎片化时间，谁就更易获得成功，以微信、手机 QQ 为代表的网络社交平台的成功充分证明了这一点，这也引发了我们博物馆人的思考。

二　“微时代”博物馆观众的分析

观众调查是博物馆与观众进行交流互动的重要途径之一，通过调查可以了解观众的需求，可以为博物馆教育活动策划者提供引导判断和决定活动实施的依据。一般来说，所谓“博物馆观众”是指“在博物馆这一特定的环境下，对博物馆进行体验，在博物馆中发生各种行为的一类人的集合体”。与传统的博物馆观众相比，生活在信息时代的观众更关注于与展品互动和新技术的使用，其年龄结构等也有了很大的变化。

由于条件所限，我们无法就全国范围进行调查，但可以通过部分博物馆进行的观众调查数据找到一些规律。据《2013 年浙江省博物馆观众调查报告》所公布的数据显示，在年龄分布上低于 20 岁的观众占 16.8%，20～30 岁的观众占 17.1%，30～40 岁的观众占到了 46.1%，这说明年轻观众已成为博物馆参观群体的主力军。在教育水平分布上，博物馆的观众以中高等教育程度的人为主，其中大学本科的占 48.5%，大专、高职、技校所占比例为 26.4%。从职业看，参观者以在校学生及企事业单位工作人员为主，占到了参观人数的 70.4%。而有意思的是这些数据都与 2015 年腾讯公布的业绩报告中显示的微信主力用户群形成了高度的吻合，据这份《业绩报告》显示，微信用户平均年龄只有 26 岁，而这些用户中 80% 为企业职员、自由职业者、学生、事业单位员工。而从其他博物馆所做的相关调查中也得到了相类似的数据，研究这些人群的喜好及接受信息的方式对当代博物馆的宣传工作走向有着非常重要的指导意义。

随着移动手机的普及，微信以其 5.49 亿的活跃用户力压群雄，成为当前最流行的社交软件之一。46.3% 的用户使用 APP 时首选微信，62.7% 的微信用户好友数在 50 人以上，55.2% 的微信用户每天打开微信超过 10 次，毫不夸张地说，“微信正在并且必将改变现代人的社交方式”。博物馆观众行为习惯的变化也改变了博物馆与观众之间的关系，触发了博物馆传播模式和形态变革。相对于其他群体，年轻人更乐于在互联网上分享，而信息和资源方面互惠分享，不仅极大地降低沟通成本，还可以创造文化价值。[2]观众的自我主张成了时代主流需求的代名词，也使得观众由传统意义上的受众向参与者、交互者甚至玩家转变，这要求博物馆必须适应形势，根据观众的特点，设计更多合理科学、寓教于乐的观众体验互动项目，以吸引更多的观众爱上博物馆，这就为微信在博物馆领域的发展提供了可能。

三　“微时代”博物馆的传播方式

传统博物馆通常采用的是“单向传播”的信息传播模式，这种模式一般是以博物馆为传播体系的中心，而观众处于被动接收的地位，随着互联网的兴起，各博物馆纷纷加入微信阵营，而观众也开始参与到信息传播的过程当中，这种改变势必将对博物馆服务形态产生冲击性甚至颠覆性的影响。通过对国内博物馆微信公众平台的分析，我们梳理出了目前博物馆微信平台所能提供的几种服务类型。

1. 馆藏推送服务

继2013年广东省博物馆推出国内首个微信导览平台，许多博物馆纷纷开通了自己的微信公众号，试图利用这一新兴社交媒介拉近与观众之间的距离。而随着微信功能的增强，与微信平台实现无缝衔接的轻应用，得以迅速在年轻人中流行，这些应用与馆藏文物数据库的结合，满足了用户对于电子资源和内容的体验需求，将“口袋中的博物馆”由幻想变成了现实。[3]如武汉博物馆微平台上就收录了百余件馆藏精品文物的高清图片和文字解说，观众可以通过手机或平板，从微信中的“馆藏精粹”具体地看到“陶瓷器”、“玉器”、“书画”等各个展厅的经典展品和相应的语音讲解。这种突破原有地理限制的线上展示，受到很多网友尤其是青年网友的喜爱。

2. 数字导览服务

对于观众而言，需求因人而异，虽然许多有条件的博物馆都推出了基于二维码及无线射频识别技术的语音导览系统，然而并不是所有观众都愿意花钱租借讲解机或听人工讲解，于是通过手机、平板等智能终端获得展品信息、游览路线等内容的数字导览服务成为一种潮流。在这方面，广东省博物馆可以说是第一个“吃螃蟹”的。公众可以通过博物馆的免费无线网络下载客户端或进入微信导览平台浏览馆藏作品，并通过社交网络进行分享和互动。如目前常见的微信语言导览功能，观众只要在微信公众平台输入相应藏品的编号，就能得到相关的图文信息以及语音讲解。在极大节约博物馆运营成本的同时，让观众获取自己需要的信息。通过微信公众平台，观众还可以获知开放时间、参观信息，购买电子门票等，便于观众提前安排时间、做好参观路线的规划。[4]

3. 虚拟展览与互动体验

而对于那些因为种种原因无法到达现场的观众，为了让他们在家里也可以身临其境地观看博物馆的实景和馆藏，满足他们的参观需求，越来越多的博物馆开始提供基于虚拟现实、网络技术的各种移动访问途径。[5]如故宫博物院推出的“微故宫”微信平台，用户只需点击下面的“逛一逛”栏目，即可全景式地浏览故宫主要建筑和藏品信息。虚拟博物馆的出现，突破了传统的参观时间、场地等限制，大大扩展了博物馆的延伸空间，最大限度的拓展博物馆功能，满足社会大众的多层次多方位需求，有助于博物馆提升服务意识，塑造亲和力形象。[6]

除了这些功能之外，一些博物馆依托游戏和各种手持终端，设计和推出了博物馆主题的网上教育活动项目。2013年，故宫博物院首次试水手机游戏市场，推出了“每日故宫”、“皇帝的一天”等一系列APP，受到广泛好评。随着微信公众平台功能的增多，大量游戏应用接入微信端口。比如“微故宫”中的角色小测试的趣味问答，游客可以通过回答问题测测自己在宫中是什么角色。再比如秦始皇陵博物院微平台上的“智服三国”闯关游戏，游客通过回答问题可以进一步加深对博物院的认知，从而增强馆方与游客之间的互动联系。

4. 沟通观众的“微社区”建设

随着观众因素在博物馆领域中地位的提升，如何在观众和博物馆之间架起一座沟通的桥梁，成为当前迫切需要解决的一个难题，而微信等社交平台的出现则为此问题提供了一个高效的解决方案，对于博物馆自身而言，这也是一次更好的展示馆藏、与用户沟通互动、进行博物馆自我品牌营销的良好契机。[7]与传统的微博相比，微信公众平台可以通过兴趣和分享将粉丝结合在一起，建立起一个基于兴趣的朋友圈，并且通过朋友圈将信息较为准确地传播给相同兴趣的人群。可以说博物馆公众账号加强了与观众的互动交流，形成了一个以兴趣为基础的微信社区平台。虚拟的网络平台与线下活动的宣传相结合，不仅可以实现信息的有效推送，同时还可以通过互动及时获得观众的信息反馈，新媒体与传统媒体相互配合，可以为公众提供多层次的服务，从而扩大受众功能，起到非常好的知识普及效果。[8]

四　“社交平台”的兴起对中小博物馆的启示

经过一年多的探索与发展，各博物馆在微信平台的运营上花费了不少心思，也取得了相应的成果。然而由于众所周知的原因，许多博物馆虽然也搭建了微信平台，但仅仅是解决了有与无的问题。信息的陈旧、单一，缺乏与观众的有效互动等可以说是这些平台的通病，无法在活动开展和信息传播方面发挥其应有的作用。面对这种困境，中小型博物馆该如何在现有条件下实现自身的突围，成为摆在我们面前需要解决的一个现实课题。

1. 加强调查研究，了解观众需求

观众调查是博物馆宣传工作开展的基础，如果不能对观众的群体特征、参观心理、参观规律有充分认识的话，就无法有针对性地制定出完备的宣传规划。然而观众与馆方长期处于的二元对立关系，使得很多博物馆尤其是中小博物馆对观众重视不够，研究不足。所以对于博物馆而言，首先必须树立以观众需求为中心的服务意识，认真做好对观众的调查统计工作，并将这种调查常态化，形成对博物馆观众最为直观的认知体系，并根据观众参观博物馆的动机、偏好等，将有限的资金和人力集中起来，有针对性地制定不同的宣传策略、提供多层次的服务项目。观众调查统计所得到的数据有助于博物馆决策、有助于博物馆服务水平的提升，从而推进博物馆走向成熟。

2. 加强特色建设，重塑博物馆品牌

由于人力、物力和财力的欠缺，很多博物馆在开展宣传工作时处于一种粗放式的运营状态，使得大量精品“藏在深闺人未识”。虽然各馆顺应形势推出了自己的微信公众平台，然而这些平台同质化现象严重、臃肿烦琐，而且由于没有专人管理，更新慢、内容陈旧，对观众的意见反馈反应迟钝等现象相当普遍，无法起到宣传、推广的作用。

针对这种情况，博物馆在微信平台方面可以进行以下尝试：根据实际开发基于本馆特色的个性化平台，增强观众的互动参与功能，满足不同层次的观众需求；利用微信搭建虚拟互动和咨询平台，并由专人负责，及时为观众答疑解惑；注重观众的用户体验和意见反

馈，提供更加人性化的博物馆在线服务和体验；加强对本馆信息产品的宣传与推广，比如尝试在出入口、海报中嵌入二维码，扩大受众范围，塑造博物馆自身品牌等。

3. 引入社会力量，加强人才建设

充足的人才和资金是博物馆数字化的前提，但由于现有体制的束缚，许多博物馆仅有数名在编人员，这些人虽专于文化研究，但却缺乏市场营销运作的经验，因此难以做出具有文化底蕴和内涵、又受市场欢迎的作品；而博物馆资金来源大多来于财政拨款，仅够日常运行之用。要解决这些问题，除了政府和馆方加大财政投入之外，还应鼓励社会资本的投入，实现社会办博物馆的长远目标；博物馆也应在不违反营利性的前提下，积极的开发文化衍生产品，填补博物馆的资金空缺。对于专业人才建设，社会化用工以及建设一支专业、稳定的志愿者队伍，应该也是解决问题的有效途径。

五 结语

“社交网络时代”的到来为国内博物馆的发展提供了一个机会，作为博物馆人应积极地研究观众心理，探究其蕴含的规律，为博物馆发展找出一条新路。

注释：

[1] 王笑含、宋诚智：《大媒体时代品牌碎片化传播策略》，《投资与合作》2011年第10期。

[2] 杨洁：《CNNIC互联网络发展统计报告：网民规模达6.49亿》，《中国教育网络》2015年第Z1期。

[3] 刘黎雨：《“微社区”兴起 博物馆各领风骚》，《中国文化报》2014年6月24日。

[4] 田蕊、龚惠玲、陈朝晖、杨琳：《基于移动技术的国外博物馆新型传播模式对图书馆服务的启示》，《情报资料工作》2012年第5期。

[5] 田蕊、龚惠玲、陈朝晖、杨琳：《基于移动技术的国外博物馆新型传播模式对图书馆服务的启示》，《情报资料工作》2012年第5期。

[6] 马俊：《应用数字技术打造博物馆网上展览》，《长春理工大学学报》2011年第5期。

[7] 田蕊、龚惠玲、陈朝晖、杨琳：《基于移动技术的国外博物馆新型传播模式对图书馆服务的启示》，《情报资料工作》2012年第5期。

[8] 刘黎雨：《“微社区”兴起 博物馆各领风骚》，《中国文化报》2014年6月24日。

博物馆公共文化服务下基层略述

——以无锡博物院为例

陶纯怡

（无锡博物院　江苏无锡　214023）

内容提要：博物馆作为公共文化服务设施和公益性基础文化机构，是公共文化服务体系重要的组成部分，担负着保障公众基本文化需求的社会责任。在新形势下，博物馆如何打破地理和时空的限制，将公共文化服务延伸到基层，在做好服务观众“零距离”的基础上，如何解决好服务观众“最后一公里”的问题，是推进公共文化服务体系建设中的重要课题。为了能让全市人民更好、更多地分享文化建设成果，无锡博物院在探索公共文化服务下基层方面做了有益的尝试。

关键词：博物馆　公共文化服务　下基层

文化部“十二五”时期公共文化服务体系建设实施纲要中指出：“要推动公共文化服务体系建设重心下移、资源下移、服务下移，加大公共文化资源向城乡基层倾斜的力度”，“要坚持面向基层，服务群众，开展文化下乡、文化进社区活动，丰富基层群众的精神文化生活”。这为进一步加强公共文化服务体系建设指明了方向。

博物馆作为公共文化服务设施和公益性基础文化机构，是公共文化服务体系重要的组成部分，担负着保障公众基本文化需求的社会责任。这就要求博物馆利用特有的文物、展览资源及其精神文化产品，通过多种形式的教育手段，向社会公众传递文化信息，满足公众的学习、研究、娱乐、欣赏等多种需求，从而不断提升公民文化素养，提高社会文明程度。实施免费开放以后，越来越多的人走进博物馆、了解博物馆、利用博物馆，但是博物馆仅仅服务于请进来的观众是远远不够的。由于受到城乡经济发展不平衡、文化教育资源不均等、文化服务方面不便利以及群众对博物馆认识不全面等因素制约，许多基层和农村的群众还难以享受到博物馆的文化服务。因此在新形势下，博物馆如何打破地理和时空的限制，将公共文化服务延伸到基层，在做好服务观众“零距离”的基础上，解决好服务观众“最后一公里”的问题，是推进公共文化服务体系建设中的重要课题。

无锡博物院作为无锡地区最大的公共文化服务设施，是全国、江苏省和无锡市的科普教育、爱国主义教育、党史教育、未成年人思想道德建设基地，为了能让全市人民更好更多地分享文化建设成果，博物院在探索公共文化服务下基层方面做了有益的尝试。

一 公共文化服务下基层的内涵

“公众的需求就是我们的追求”。无锡博物院充分发挥集文物和标本收藏、科研、教育传播三种职能于一体的作用，通过公共文化服务下基层的方式来拓展博物馆服务社会、服务公众的教育职能，让更多的社会公众认识博物馆、了解博物馆，进而享受博物馆文化，特别是让有精神文化需求且到博物院参观有困难的基层企事业单位、学校、社区、军营和偏远农村的人员能够共享文化发展成果。这是无锡博物院在开门办馆、免费开放以后服务社会公众的又一项重要举措。博物院在守好、用好文化阵地的同时，积极的“走出去”宣传推广，向更多的基层公众传播博物馆文化，拉近博物馆与公众的距离，加强博物馆与社会的互动，通过传播优秀的精神文化产品，实施文化惠民行动，让社会公众真正享有公共文化权益，努力做到公共文化服务全覆盖。

二 公共文化服务下基层的内容

公共文化服务下基层是将博物馆的各种文化元素送到有需求的基层单位，向最基层的群众进行博物馆文化服务的一种传播方式，体现了博物馆主动地走进普通老百姓的文化视野，满足基层群众文化诉求的职能。

1. 精彩纷呈的流动展览下基层

博物院利用独有的文物资源和丰富的文化资源优势，精心策划设计了主题鲜明、内容鲜活的流动展览到各基层单位进行流动展出，解决基层群众看展览难的问题。“血与火的城市记忆——无锡革命简史”、“肩负民族复兴希望的无锡人”、“中国世界文化遗产走进百姓家”、“百年工商·中国梦”、“无锡党史人物风范展”五套流动展览不定期在全市各基层企事业单位、学校、社区、军营和农村进行流动展出，通过丰富翔实的历史资料、活泼生动的展览画面和高效便捷的展出形式为基层群众传播历史文化知识，传播社会主义精神文明，最大限度地满足基层群众的参观需求。近两年来，送展 130 场次，受众达 14.8 万人次。

2. 内容丰富的主题宣讲下基层

讲解员带着一部手提电脑或一个 U 盘就能行走于各个基层单位，小小的 U 盘里满载的是丰富的历史文化知识、荡气回肠的战争史诗、可歌可泣的英雄故事和书画艺术的审美赏析，通过讲解员图文并茂的 PPT 演示和声情并茂的主题宣讲，可以给基层群众带去一缕文化的新风。

一是配合时事政治，积极进行革命传统和爱国主义教育主题宣讲。在建党 90 周年之际推出主题宣讲“追忆革命先辈”，为纪念抗日战争胜利 70 周年推出主题宣讲“不能忘却的记忆”，深受基层群众的欢迎。二是根据学校课本课程的不同特色，结合馆藏的文化资源，推出“泥塑雅韵——惠山泥人赏析”、“悠悠古运河”、“徐悲鸿笔下马的‘喜悠哀愁'”等不同主题的讲座，预约讲座的学校络绎不绝。三是为了提高公众的艺术审美情趣，满足公众对精神文化生活的需求，推出“精品玉器赏析”和“中国文人画赏析”等专题讲座送到基层社区，丰富百姓的文化生活。近两年来，主题宣讲下基层71场次，受众达5万人次。

3. 寓教于乐的互动体验下基层

当今社会公众对于文化的追求不仅仅满足于看和听，更注重通过亲身体验和互动操作来获取精神上的愉悦。陶艺手工体验、创意剪纸体验进课堂、文物义务鉴定、文物拓片体验进社区、书画创作体验、文化交流讲座进企业等专题特色活动，极大地丰富了公共文化服务下基层活动的内容，创新了活动的形式，使活动更具互动性、趣味性。

在公共文化服务下基层的同时，向参与公众发放《观众满意度调查问卷》和《征询意见表》，并通过活动现场座谈等形式收集服务对象的意见和建议。在听取意见、了解民意的基础上做到即知即改，不断调整优化提升服务内容和形式，构筑“提供服务—征询意见—提升服务”的向上良性循环，努力做到关注文化民生，提高服务水平。

三　公共文化服务下基层的特色

1. 文化大餐送上门，突出文化服务的主动性

无锡博物院作为公共文化服务单位，充分发挥社会教育职能，主动把优秀的精神文化产品送到基层群众身边，送至群众家门口，表达公共文化服务的诚意，体现公共文化服务的主动性和亲和性。

2. 参观、聆听和互动，注重活动形式的多样性

无锡博物院向基层单位提供流动展览、巡回宣讲和专题特色体验活动的目录，各基层单位可根据自身的需求选择活动的内容和形式，实现文化需求的“点菜用餐”。

3. 立体化的受众结构，体现文化传播的公众参与性

博物馆公共文化服务下基层的受众面极广，可遍布全市的企事业单位、学校、社区、乡村、军营，每一个类别的受众都有适合其口味的精神文化产品，真正做到优秀的文化产品乐万民。

4. 无偿服务基层公众，凸显文化惠民的公益性

公共文化服务下基层从策划准备到组织实施，都秉承了“以受众为本”的服务理念，每到一个基层单位，无论是运送展览、现场布展，还是讲座、活动的准备和组织，博物院都有一整套的运作流程，不会给基层单位增添任何麻烦。特别是免费送展、送教上门，充分体现出了公共文化服务单位文化惠民的公益性质。

四 总结

公共文化服务下基层是博物馆从馆舍天地走入大千世界的一种积极的尝试，是博物馆贴近群众、贴近生活，贴近实际的务实举措。无锡博物院开展的公共文化服务下基层活动强化了博物馆的社会教育功能，提升博物馆的公共服务水平，突破原有的“请进来”观展、开展活动的方式，用“走出去”的创新思维扩大服务内容，增加服务对象，延伸服务距离。通过“下基层”宣传和服务，培养公众的博物馆意识，把更多的观众“请进来”，让博物馆成为群众生活中一种必不可少的选择，对提升群众的精神文明素养，构建和谐社会具有积极的意义。在实践和探索中，我们发现，要将公共文化服务下基层持续、有效地开展下去，必须要在现有馆藏资源的基础上开发更多有特色、有亮点、接地气的文化资源，不断创新展示形式和方法，不断提高服务群众的质量和水平，真正做到从基层群众的需求出发，满足基层群众对公共文化服务的多样性需求。

博物馆小志愿者活动的实践与思考

——以镇江博物馆“小橘灯”志愿者为例

吴　芳

（镇江博物馆　江苏镇江　212002）

内容提要： 博物馆开展小志愿者活动是未成年人教育的一种重要形式，在一定程度上弥补了传统教育的不足，使未成年人在实践参与和现实体验中提高综合素质。同时，也促进博物馆改变以往单边教育的模式，加快博物馆社会化服务的进程。本文结合镇江博物馆“‘小橘灯’场馆志愿者在行动”服务项目的探索和实践，对博物馆开展小志愿者活动提出几点思考。

关键词： 博物馆小志愿者　“小橘灯”志愿者　实践　思考

志愿者是博物馆的重要组成部分，是博物馆面向社会开放的重要环节，也是走向社会的主要桥梁和纽带。[1]近年来，越来越多的人加入博物馆志愿者的行列，特别是中小学生志愿者的加入，不仅给博物馆的社会服务增添了新鲜活力，也引发了我们对博物馆教育模式的探索与思考。镇江博物馆“‘小橘灯’场馆志愿者在行动”被文化部评为2014年“文化志愿服务推进年”系列活动示范项目。本文以镇江博物馆“小橘灯”志愿者服务活动为例，对小志愿者工作进行梳理和总结，并就博物馆小志愿者服务活动作相关探讨。

一　镇江博物馆“‘小橘灯’场馆志愿者在行动”服务项目的探索和实践

1. “小橘灯”志愿者的构成与管理

“小橘灯”志愿者是江苏省镇江市中小学生志愿者的总称，其宗旨是“点亮自己，照亮别人”，本着服务社会、帮助他人、不计报酬的理念，树立起阳光少年的形象。镇江博物馆“小橘灯”志愿者以博物馆为平台，利用自身兴趣和特长服务大众，传播优秀文化、传承中华文明、弘扬志愿精神。

“小橘灯”志愿者主要来源于小讲解员，镇江博物馆小讲解员培训已有15年的历史。2000年暑假，镇江市十二中学20名品学兼优的学生在老师推荐下来到博物馆进行为期7天的小讲解员培训。早期培训的小讲解员只是在同学中进行讲解，还不能正式称之为小志愿者。2005年，镇江市旅游学校委托博物馆培训导游专业学生，学校与博物馆签订合作协议，将博物馆作为社会实践基地，学生经培训考核后正式上岗，建立了志愿服务关系，主要做一些简单的讲解、引导等志愿服务。2013年1月，镇江市成立了"'小橘灯'志愿者工作总站"，将全市中小学生分散的志愿活动整合为集中、统一的志愿活动。2014年1月，镇江博物馆与"小橘灯"志愿者工作总站签署了合作协议，镇江博物馆正式成为"'小橘灯'志愿者实践基地"。镇江博物馆"小橘灯"志愿者主要是来自镇江市一中、江苏省镇江中学、国际学校以及全市各小学的优秀学子，通过培训讲解、咨询引导、参与教育活动等多种形式融入博物馆志愿服务，得到媒体与社会的广泛关注。2015年1月，镇江博物馆"'小橘灯'场馆志愿者在行动"项目，被文化部评为2014年"文化志愿服务推进年"系列活动示范项目。

镇江博物馆"小橘灯"志愿者隶属"小橘灯"志愿者工作总站，镇江博物馆作为实践基地，采取自愿报名与定向合作相结合的方式，为有志于场馆所志愿服务活动的"小橘灯"志愿者定期开展培训，参与各种教育活动。博物馆针对各人兴趣特点，充分发挥小志愿者的主观能动性，逐步建立各种形式的"小橘灯"志愿活动小组，运用岗位管理模式，培养学生自主管理能力。其中国际学校的"常青藤"团队与省镇中学的"南泠"团队，以校团委参与合作的方式参加馆内各项活动，培养了学生的奉献精神和服务能力，提升了志愿服务的荣誉感。

2. "小橘灯"志愿者的培训

岗前培训是博物馆志愿者队伍建设的重要一环。"小橘灯"志愿者培训以"重培训，轻选拔，奉献社会"为主导思想，重点放在互动性和主动性上。培训内容包括志愿服务精神、语言基本功、形体态势、历史文化、PPT制作、剧目创作表演以及公共场所急救知识与应急技能等。培训过程中根据未成年人的心理特点、认知水平以及接受能力，围绕"认识文物"、"感知文物"的主题，弱化讲解基本功，采用启发和引导的方式，使他们对文物、历史产生浓厚兴趣。在展示讲解阶段，小志愿者根据讲解内容不同，以小组为单位汇报展示，培养了小志愿者团队意识，增强了团队荣誉感。考虑到博物馆不具备师资配套支撑各年龄段培训的划分，从前期准备到最终呈现，期间所需的文物资料、PPT制作、讲解词编写、展览情景剧创作展演等，均由大学生志愿者带领小志愿者共同完成，博物馆教育人员在活动中扮演指导辅助角色，使得不同年龄段的孩子有机会进行社交尝试和交流学习。

3. "小橘灯"志愿者的讲解服务

志愿讲解是"小橘灯"志愿者服务的主要形式。志愿讲解分为馆内讲解和流动博物馆讲解，根据各人特点和时间安排，实行分组排名制，博物馆教育人员负责与各团队联络接洽，特殊情况按个人特长提前预约讲解，充分发挥小志愿者的积极性和特长优势。2014年镇江召开"走向中国旅游创意产品洽谈会"，在老师和家长的支持下，"小橘灯"志愿者承担了这次重要外事接待。"常青藤"团队两位小志愿者互相配合，在重点文物的选择、镇江历史文化的穿插方面与博物馆老师反复沟通并现场练习。接待当天，小志愿者用流利的英语自豪地介绍镇江的历史文化，得到了高度的赞扬，也成为小志愿者双语接待的经典案例。"流动博物馆"通过一套展板、一个讲解员、一支志愿者小组、一场趣味横生的节目，使小志愿者从馆舍空间走向学校、部队、社区、农村，有的为身边的同学讲解，有的为福利院孤寡老人带去温暖，有的为部队官兵传送镇江历史文化，为镇江博物馆架起了一座联系社会、服务社会的桥梁，扩大了镇江博物馆的文化辐射力和影响力。

4. “小橘灯”志愿者的延伸活动

配合各种展览和传统节日，开展小志愿者宣传和教育实践活动，在参与各类活动中，了解历史，传承文化。活动包括制作拓片、创意版画、制作青花瓷盘、制作汉服、画团扇、剪纸、制作香袋、包粽子、制作灯笼等。我们请来民间传统艺人或专家现场指导，或是由讲解员登门学习制作过程，通过 PPT 演示和现场参与制作，让小志愿者了解传统历史文化，在快乐中学与玩，受到小志愿者的青睐。同时结合重大节日，广泛开展形式多样的经典诵读、节日民俗、文化娱乐活动，如清明节“十里长山探米芾”、六一“亲子诵读”、中秋节“沿着诗歌看镇江”等社会教育活动。“小橘灯”志愿者立足公益，以“感恩的心”为主题，与社会各爱心团队结盟，走进敬老院，走近留守儿童、流动儿童，开展公益宣传和文化探访等志愿服务和社会实践活动。如“小橘灯”志愿者牵手玉树格桑花，通过镇江博物馆的文化寻访活动，让他们了解镇江丰厚的历史文化和人文情怀。来自玉树的孩子与“小橘灯”志愿者画信传情，几行字，几幅画，看似简单，却承载了满满的祝福。同龄孩子的沟通是亲密的，他们在欢笑中加深了情谊，也传递了大爱镇江的情怀。

博物馆为小志愿者提供了一个社会实践的平台，通过培训，拓宽了小志愿者的知识面，培养了他们的敬业意识，增强了团队协作意识，锻炼了社交能力。参与志愿活动，拓展了未成年人教育的新方法，他们践行志愿者精神，在传承历史文化中进一步提升了博物馆的服务水平。

二 小志愿者活动存在的问题

我国博物馆小志愿者活动始于 20 世纪 90 年代末，目前大多数博物馆都非常重视小志愿者活动，部分博物馆的小志愿者活动已逐步走向持续化、规范化、品牌化。[2]但是由于我国博物馆小志愿者活动开展历史不长，整体还处在初始阶段，一些中小型博物馆小志愿者活动基本处于空白状态，小志愿者服务活动还存在许多问题。

1. 小志愿者人员结构单一，流动性大

大多数博物馆小志愿者都来源于小讲解员，小讲解员采用面向社会报名的形式，主要针对小学生，所以小志愿者也以小学生为主，初、高中生较少，这就使得博物馆小志愿者的人员构成比较单一。而参与小讲解员培训的人目的也各不相同，有的只是利用博物馆的平台，学习博物馆历史文化，学习讲解技巧，锻炼自己的沟通交往能力；有的只是家长的心愿，把到博物馆服务当作孩子的另一种“补习”，小讲解员自己并没有参与志愿服务的愿望，对活动的理解大多停留在“讲解”字面上和博物馆的社会性上。小志愿者在遇到困难或者感觉与预期相关较远后容易半途而废，再加上应试教育和升学的压力，容易造成人员流失。

2. 小志愿者服务形式简单，缺乏参与兴趣

未成年人的生理、心理尚未成熟，其知识积累、社会体验、处事能力等方面都很有限。因而小志愿者在博物馆只能做一些程式化和机械性较强的工作，通常还需要在成人的陪护和引导下才能较好地完成一项任务，如给中小学生讲解、辅助教育活动、发放宣传资料、指引观众参观、参与观众调查等。由于未成年人的注意力容易转移，他们很可能热得快也冷得快，一旦形成了程序式的服务，活动对他们便不再有吸引力，从而失去参与活动的兴趣。

3. 小志愿者讲解内容浅显，观众不易认可

博物馆小志愿者培训多以讲授式为主，培训课程体现的是以讲解为核心的博物馆教育观念，本质上是“填鸭”式的。说教灌输的东西太多，启发创造的东西太少，靠死记硬背的孩子，讲解时看天回忆讲解词，根本不看展品，更没有和观众的互动。从实践来看，一般观众对小志愿者的讲解并不认可。近年就博物馆培训“小小讲解员”时要求孩子“熟背讲解词”引发争议，反映了当下博物馆教育发展对教育活动科学化的诉求，也是目前国内博物馆教育工作中亟待解决的瓶颈问题。

4. 运行机制不够健全，博物馆重视程度不够

志愿者是松散、自愿、自发的群体，管理的度很难拿捏，过度严格会导致怨言和队伍流失，过于宽松则可能无法满足博物馆的专业需求。许多博物馆对小志愿者活动的认识和重视程度不够，认为他们在博物馆服务中也起不了多大作用，偶尔需要的时候才让他们来充数，没有统一的管理，运行机制不健全，缺乏人文关怀。对于小志愿者这样一个特殊群体，博物馆应主动了解他们的思想动态，对于他们服务表现要及时进行反馈规范，从他们的兴趣出发因势利导，充分发挥小志愿者的积极性。

三　博物馆小志愿者活动的思考

小志愿者活动是未成年人教育的一种重要形式，在一定程度上弥补了传统教育的不足，使未成年人在实践参与和现实体验中提高综合素质，同时也拓展了博物馆社会教育功能，改变了传统的面对大众的文化传播方式，进行了“以小范围受众——志愿者的专业化教育为第一阶梯、以大范围受众——普通参观者的普及型教育为第二阶梯”的新模式的尝试。[3]如何使博物馆小志愿者活动持续有效地开展，笔者认为应从以下几点考虑。

1. 寻求多方合作，建立相对固定的小志愿者组织

小志愿者组织是小志愿者活动持续有效开展的关键，建立一支相对固定的小志愿者组织，光靠博物馆单方的力量是不够的，政府主管部门的支持、学校的配合、家长的理解、社会的关注等都缺一不可。教育部部长袁贵仁出席“培育和践行社会主义核心价值观”座谈会时曾表示，将明确学生在校期间参加志愿服务的要求，志愿服务情况将纳入学生综合

素质评价体系。[4]博物馆可充分利用这一契机，积极争取政府主管部门、学校、家长和社会的多方支持与关注，建立一支相对固定的小志愿者组织，将小志愿者活动纳入学生综合实践活动课程或者寒暑假实践活动项目。博物馆与管理方定期沟通联系，及时反馈小志愿者情况，巩固志愿服务的教育效果。如镇江博物馆与镇江市“小橘灯”志愿者工作总站合作，建立“‘小橘灯’志愿服务实践基地”，实行专人对接管理，所有活动项目、服务形式定期在“小橘灯”服务平台发布，形成了相对固定的“小橘灯”志愿服务组织，使志愿服务活动能有序开展。

2. 成立专门机构，实行小志愿者自治化管理

为确保小志愿者工作的顺利开展，博物馆应积极和相关部门沟通，成立小志愿者主管机构。比如小志愿者委员会，挑选具有亲和力和责任心、富有未成年人工作经验的人员担任小志愿者委员会的管理人员，和博物馆教育人员合作，共同开展小志愿者活动的策划、宣传、招募、培训、管理等工作。小志愿者委员会制定和完善小志愿者的管理制度，使小志愿者活动走向制度化和规范化。博物馆应该从管理者退回到指导者的角色，让志愿者委员会充分发挥自治功能。如镇江“小橘灯”志愿者工作总站由镇江市文明办委托文广集团的《镇江一周》管理，博物馆作为实践基地，将有志于博物馆志愿服务活动的小志愿者分组，实行自治化管理，日常工作由组长负责，博物馆组织各团队开展各项活动，使大家既有分工，又有联系。

3. 转变教育理念，探索小志愿者活动新模式

小志愿者活动作为未成年人教育的一种形式，旨在让更多的人走进博物馆。博物馆应当转变以讲解为核心的教育理念，一方面可以利用小志愿者对讲解工作的向往，以体验“讲解员”职业感受为主，引导其进行博物馆讲解服务以缓解博物馆对未成年人讲解压力；另一方面通过培养小志愿者来探索未成年人教育的良策。博物馆教育不是灌输，而是点燃智慧的火花，是一种轻松的学习，不需要强制的命令，也不受任何限制。[5]根据博物馆学习特点，从小志愿者的认知规律和学习方式出发，推出科学类、艺术类、创意类、自然类的探索项目，教育活动配以各种辅助性资料，依靠展览和活动区域的体验方式，对小志愿者进行形象化的直观教育，从传统的说教变为主动参与，调动未成年人的热情，让他们关注博物馆并融入博物馆教育活动中来，彰显博物馆魅力。

4. 建立和完善激励机制，调动小志愿者的积极性

为了调动小志愿者活动的积极性，提高服务质量，博物馆应当建立和完善激励机制。在小志愿者组织中以“成长手册”的方式，从多个角度记录小志愿者每次参与活动的行为以及参与活动的感受与体会，建立星级认定制度作为评优的重要条件，定期评选优秀小志愿者并给予表彰。如镇江博物馆实行的登记打卡制度，对小志愿者的服务时间进行累计，将积分和奖励纳入社会实践的考核范畴，推荐小志愿者参加各类志愿者评选活动。近年来，镇江市优秀青少年、美德少年等都必须要参与“小橘灯”志愿者服务。2014 年“小橘灯　接力爱”镇江市文博场馆小志愿者风采大赛，小志愿者吴君旭在博物馆教育人员的

指导和配合下获得了一等奖。

博物馆小志愿者服务活动，无论是对未成年人教育，还是对博物馆社会服务功能的发挥都有非常重要的现实意义。虽然小志愿者服务的发展过程中还存在诸多问题，但小志愿者似一根蜡烛，微小却实用，显示着用实际行动践行志愿精神、传承文化的心愿。小志愿者在了解博物馆知识的过程中拓宽了视野，在博物馆与观众之间起着桥梁和纽带作用，使博物馆的信息通过不同的渠道有效地传播出去，让更多的人亲近博物馆，走进博物馆，促进博物馆改变了以往单边教育的模式，加快了博物馆社会化服务的进程。

注释：

[1] 刘修兵：《现代博物馆离不开志愿者》，《中国文化报》2010 年 12 月 1 日。

[2] 吴镝：《浅谈我国博物馆小志愿者》，《中国校外教育》2011 年第 3 期。

[3] 张硕：《业内人士谈博物馆志愿者：弥补了专业人力的不足》，《北京晨报》2014 年 3 月 10 日。

[4] 袁贵仁：《把培育和践行社会主义核心价值观融入国民教育全过程》，《党建》2014 年第 2 期。

[5] 王芳：《"小小讲解员"培训能否换个方式?》，《中国文物报》2013 年 11 月 27 日。

谈连云港“一带一路”交汇点建设中的文化跟进

刘　芳

（连云港市博物馆　江苏连云港　222006）

内容提要：“一带一路”交汇点建设，是新一轮改革开放给予连云港难得的发展机遇。回顾历史，面对现实，连云港市文化工作的目标是要宣传好“一带一路”交汇点建设的文化价值；多角度、深层次的开展“一带一路”交汇点的研究；搞好“一带一路”交汇点的文化建设；促进“一带一路”交汇点的国际区域文化交流。

关键词：一带一路　交汇点　文化跟进

江苏省连云港市作为“一带一路”的交汇点，已进入国家新一轮改革开放进程。促进中国与中亚、南亚、东盟各国加强区域友好合作，共创经济繁荣的战略层面，这是历史给予连云港市的难得的发展机遇。如何在“一带一路”交汇点建设的背景下做好文化跟进的各项工作，是全体连云港文化人的共同思考。

一　“一带一路”交汇点的历史地位

今之连云港地区即历史上古海州的域境。秦汉时属东海郡，地名朐县。打开地图，可见其位处中国沿海脐部。《明・隆庆海州志》谓之：“东滨海道，西掠徐邳，北控齐鲁，南蔽江淮，……高丽、百济、日本诸国在其东，风帆之便，不测可数。”

东汉年间，印度佛教沿着西汉时期汉武帝令张骞开辟的古丝绸之路，借明帝求法及天竺僧人迦释摩腾和竺法兰应汉使之邀访问中国而传至洛阳，渐入中土，从此迈上了在中国立足传播并与中国传统的儒道文化碰撞交融的历史之路。古丝绸之路不仅是中外贸易之路，同时也是文化交流之路。佛教初传中土，传播速度非常快。究其原因，乃是当时中国道教正在初创，其神仙系统尚未完全定位，故视外来神灵——释迦牟尼佛为神仙之一，对其采取包容的态度。而佛教初传中土，难免“水土不服”，一些参与佛经译著的高僧则借用中国儒、道两家的语言典故，引入神灵的偶像崇拜。如与汉明帝刘庄同辈的楚王刘英就在宫中“咏黄老之微言，尚浮屠之仁祠”，“与神为誓”；到桓帝时“宫中立黄老、浮屠之祠”，而且“以金银作铜佛像”；到灵帝时，命徐州牧陶谦让笮融“大起浮屠祠，以铜为人，衣以锦彩”。佛教传入中国不久，就由西向东传播到东海郡一带，并为考古资料所证实。如山东滕县出土的汉画像石中有一块刻有佛教“六牙象”的画面，属东汉顺帝时期；山东沂南汉画像石墓中的八角擎天柱顶端，刻有头带项光的佛像，属桓、灵时期；山东嘉祥宋山汉画像石中的一石上刻有“窣屠婆”（印度佛舍利塔），属东汉末年。具有划时代意义的是凿刻于东汉桓、灵之际的连云港市孔望山摩崖造像，以其丰富的含有佛教内容的画面向世人昭示了东汉一朝佛教文化沿着古丝绸之路，从洛阳经徐州，延伸到濒临东海的古海州的历程。古海州是古丝绸之路向东延伸的终点。

《史记》记载秦始皇“三十五年，立石东海上朐界中，以为秦东门”。这是中国历史上第一次标定中国滨海国界的盛事。秦东门面向浩瀚大海，表明古海州对外海上交通不晚于秦代，应是中国最早的东亚海上交通始发港之一。而徐福东渡日本，从今赣榆的柘汪港出发，海路经山东半岛，从庙岛群岛到朝鲜半岛并留有遗迹。秦汉以后，魏晋南北朝时期，郁洲（今云台山）的战略地位凸显出来，它不但是北方汉族政权侨立郡县的所在，而且成为南、北王朝争夺的战略要地，同时也是通过海上走私交换物产的“互市”之地。当时存在着一条从建康（今南京）经京口（今镇江）跨越长江，再经扬州、楚州（今淮安）到达郁洲岛的近海便捷的海路交通线。而扬州港自汉代以降就与浙江的明州（今宁波）港、福建的泉州港、广东的交州港有着频繁的海上交通贸易。隋统一中国以后，沿海北上航线又通过郁洲岛北上经密州（今青岛）港到达登州（今烟台）港。古海州港成为连接中国近海航线的中间补给港，以及通过官河（今盐河）取道大运河、淮河、泗水达汴河直通中原的内河转运港。从中唐开始，中国的经济中心南移，沿海港口渐趋成熟，东南地区的海外贸易变得十分活跃。到唐宋时期，中国的瓷器发展也到了顶峰，至少在海路的对外贸易中，商品从以丝绸为主过渡到以瓷器为主。当时中国通过海上贸易的大宗商品瓷器（还包括茶叶），可能有相当多的部分是通过古海州港为枢纽而南下经扬州转运达明州、泉州、交州诸港直通南亚各国，或北上至新罗（今朝鲜半岛）、日本的。这一历史定位在唐宋时期尤为凸显。连云港市云台山地区、海州南门砖厂、新海电厂基建工地、墟沟海岸边上都曾考古发现唐宋时期的邢窑白瓷、铜官窑白瓷、越窑青瓷、龙泉窑青瓷、景德镇影青瓷乃至长沙窑（釉下彩）等窑口的执壶、碗、盏、盂、盘、茶托、罐的完整器和大量的瓷片，这些都是榜上有名的“出口瓷”。证明海州是史学界所称唐宋时期“东海（黄海）北路”出口日本、新罗国的主要陶瓷商品集散地，货运船舶沿胶州半岛近海至登州港，或南下至扬州港，这两处港口分别承担着北、南两个方向的海外贸易出口。而北宋时期海州榷茶所的设立，除了内销至中国北方的山东、河北、山西、陕西、内蒙古等地区外，也与解决茶叶外销日本、新罗的关税征稽问题有关，从一个侧面反映了古海州在海上丝绸之路中茶叶、瓷器贸易的重要地位。

在人文交流方面。《史记・淮南衡山列传》记载了徐福东渡，秦始皇“遣童男女三千，资以五谷、百工而行。徐福得平原广泽（今日本九州），止，王，不来”。这应该看成是一次“文化移民”，或曰“文化传播”。至今在韩国的济州岛以及日本的九州、佐贺、新宫等地还保留着众多徐福东渡遗迹以及有关徐福的传说和民间祭祀活动。唐代玄宗开元五年（717 年），倭国（日本）人阿倍仲麻吕以遣唐使身份来华求学，入唐后改名晁衡，学成后留在唐朝做官，在中国共生活 53 年，与大诗人李白、王维等结为好友。天宝十二年（753 年），其随日本遣唐使船回国，传闻于海上遇难（实乃随船飘至海南岛一带，后遇救折回长安），李白特写诗致哀：“日本晁衡辞帝都，征帆一片绕蓬壶。明月不归沉碧海，白云愁色满苍梧。”唐代苍梧即今云台山，此一典故说明今连云港与日本之间可能有一条日本遣唐使往来的海上之路。无独有偶，在唐文宗开成三年（838 年），日本圆仁和尚随日本最后一批遣唐使西渡入唐，从扬州经楚州涟水船行至海州东海山登岸，后随船去登州择道去五台山学佛，在中国“求法巡礼”。会昌五年（845 年），因唐武宗毁佛，圆仁假装中国僧人还俗离开长安，到扬州后北上经海州取道登州回国。九年间两次路过海州地，曾拜谒兴国禅寺（在今朝阳）、心净寺（在今大村）、龙王庙（今海州龙洞庵），得到“粗解佛教”的地方官员的给养照顾，了解海州的山海景观和风俗人情。其间还巧遇侨居在宿城的新罗人，得到留宿、指路的照顾。

自秦东门的确立，徐福东渡的成功，魏晋南北朝时期扬州至郁洲近海海路的开通，隋、唐至宋、元、明三朝中国海外商品贸易活动的和平崛起，海州港作为国家对外出口的枢纽港和货物集散地的位置逐渐凸显。

二　“一带一路”交汇点建设的文化跟进

2013 年 9 月 3～14 日，习近平主席访问中亚四国，出席上合组织 2013 峰会，在哈萨克斯坦提出了“丝绸之路经济带”的区域合作战略构想。2013 年 10 月 3 日，习近平主席又在印度尼西亚国会发表演说，提出了与东盟各国携手共建“21 世纪海上丝绸之路”的战略构想。党的十八届三中全会提出“推进丝绸之路经济带、海上丝绸之路建设，形成全方位开放格局”，从国家层面把“一带一路”提到新一轮对外开放的战略高度。2014 年 3 月 5 日，第十二届全国人大第二次会议《政府工作报告》提出构建开放型经济新体制，推动新一轮对外开放，抓紧建设丝绸之路经济带和 21 世纪海上丝绸之路，把与中亚各国和东盟及南亚国家共建“一带一路”确定为国家重要的对外开放战略。

面对“一带一路”交汇点建设迎来的新的改革开放战略机遇，如何跟进“一带一路”交汇点建设，是摆在连云港全市文化研究机构、文化工作者面前的重要课题。

1. 充分利用现有文化资源，宣传“一带一路”交汇点的文化价值

所谓文化资源，包括图书馆、博物馆、地面文物景观、艺术馆、演艺团体、网络和平面媒体等硬件设施，也包括可资利用的文献图书资料、当代的各类研究成果、文艺作品、表演剧种、影像作品等软件资源。如果说前者是宣传的平台，那么后者就是宣传的“原料”。我们要充分调动这两方面的积极性，将反映连云港两千多年来海陆两路丝绸之路的丰富的历史资料、文物实物、人文景观、当代成果，通过诸如文物展览、旅游品牌推介、书刊发行、影视广播宣传等手段予以充分的展示，起到对外扩大宣传，进一步提高连云港的知名度，对内加强对广大市民普及教育的作用。

2. 多角度、深层次的开展“一带一路”交汇点的文化研究

早在 20 世纪七八十年代，随着孔望山摩崖造像的发现，连云港市实际上就揭开了古丝绸之路研究的序幕。接着，在地名普查活动中，徐福东渡遗迹的发现和研究，继之开展的新亚欧大陆桥东方桥头堡的研究及国家对此的战略定位，引起了国内外学者的广泛关注。陆桥经济研究涉及秦汉至隋唐中国与中亚以及欧洲沿线国家的经贸往来和人文交流，如宗

教方面的佛教、回教、景教、拜火教等，还有西域传来的印度和波斯的服饰、音乐、金银工艺品等，是我国史学界开展的丝绸之路经济带研究领域的拓宽和延伸。而有关南传佛教与连云港地区早期佛教艺术的关系、本地区发现的唐宋外销瓷遗存的研究、作为枢纽港的古海州在中外海上交通史的地位和作用等方面的探讨，拓展了连云港市海上丝路的研究，可谓硕果累累，成绩斐然，涌现了一批杰作和专家学者。当下，面对“一带一路”交汇点的定位，势必将连云港市陆海丝路的研究再次推向一个高潮。我们要紧紧抓住这一宝贵的机遇，以拓展国际经济合作，维护我国海洋权益安全的战略眼光，围绕港口的建设发展，特别是连云港作为西连西亚、欧洲，东接日本、韩国的货物运输枢纽港的作用，进一步把文化研究引向多角度、深层次的领域。

3. 加强“一带一路”交汇点的文化标志物建设

从秦始皇立石秦东门，到孙中山先生规划建设东方大港的实现，再到当代亚欧大陆桥东方桥头堡的国家定位，连云港市“一带一路”交汇点标志物可以说非常之多。有的作为文物点已经成为或将成为各级文物保护单位；有的历史遗迹可以通过复原建设而再现原貌；有的可以通过建立诸如城市雕塑、城市公园、历史标牌、文化街区、小型博物馆等而展现其现代风貌。只要看一看广州、厦门、泉州、宁波、上海、青岛、威海、烟台、大连这些沿海港口城市海洋文化的标志性建筑是如何的丰富多彩，就足以启发我们的思路了。与上述城市相比，作为山海相依的、开放型的、现代化的海滨旅游城市，在当前“一带一路”交汇点建设方兴未艾的形势下，连云港市这类具有深刻文化内涵的文化标志物还是太少了。尽管这几年已经有所建设，但离国家对连云港市的功能定位及其自有的历史文化丰富内涵的要求还有很大的距离。上述这些基础性文化设施建设，不光是为了带动旅游经济的发展，更重要的是提升城市文化品位，陶冶城市居民的文化情操，铸造城市的精神风貌，展示对外开放海滨城市的风采。而它带来的直接的、间接的或隐性的经济功效都是无法用数字来统计的。

三 开展“一带一路”的区域文化合作

无论是古陆上丝绸之路还是古海上丝绸之路，都是历史的产物，是中国历史上国力强盛时期，随着对外贸易的和平拓展，文化引进来、走出去的标志，古代连云港人都为此做出过贡献。当今欣逢国家昌盛，党的十八届三中全会提出了“一带一路”的战略构想。所谓“文化跟进”，就是要围绕这一战略构想，把“一带一路”的文化区域合作做好。在2013年11月乌鲁木齐举办的“丝绸之路经济带文化体育教育卫生合作论坛”上，连云港市代表指出“促进中西文化的合作发展，是连云港建设‘丝绸之路经济带’东方桥头堡的基本诉求之一”，以及“无论从历史渊源，还是历史区位上、资源优势上，作为‘丝绸之路经济带’的东方桥头堡，连云港有着独具特色的文化品格和文化魅力，是‘丝绸之路经济带’建设的重要承载者、吸纳者，也应成为‘丝绸之路经济带’实现与众多外来文化和睦相处和谐发展这一理念的推动者和实践者”。此处还提出了加强载体建设、加强产业联动、加强项目合作、建立合作机制的四点主张，受到与会代表的热烈赞许。2014年6～9

月，连云港演艺集团精心组织策划了江苏女子民乐团“中国梦・丝路情”巡演活动，行程16000多公里，先后赴丝绸之路经济带的7省12市演出15场，观众超过1万人，受到当地人士的欢迎，为促进区域文化合作与交流起到了示范作用。要更进一步，我们应该思考如何运用地面文物遗迹和地下出土文物的研究成果，展现连云港作为“一路一带”交汇点的历史风貌；如何通过诸如摄影图片、美术作品、图书画册等形式来展示连云港亚欧大陆桥东方桥头堡的当代建设成就；如何利用非遗传承项目来宣扬连云港浓郁的风俗民情，突出连云港的人文精神。比如抓住区域合作机制，举办东中西部以古陆海丝绸之路中外贸易和文化交流为主题的文物联展、高端论坛、学者访谈等活动；举办丝绸之路经济带以当代建设、民族文化为主题的展览、演艺、文博会等文化交流和文化产业经贸活动，既拉动和促进区域经济合作，也抓住了驱动文化产业区域合作的契机。在此基础上加强合作，积极创造条件，整合我国东中西部陆桥沿线省市和沿海城市的陆海丝绸之路文化资源，让文化走出国门，成为与各国友好往来，促进区域文化合作、文化产业产品贸易的重要推手。

在连云港“一带一路”交汇点建设中，文化的跟进是一个重要的课题，我们应该有一种大有作为、敢于作为的精神状态，在我国改革开放新形势、新常态下，把文化工作做好，做出更大的成绩。

论文物摄影的服务意识

——以南京博物院为例

王 磊

（南京博物院　江苏南京　210000）

内容提要：博物馆作为一个为社会公众服务，提供展示、教育、研究、传播的平台，摄影技术起到了举足轻重的作用。摄影的出现打破了语言文字一统天下的局面，摄影影像的直观、具体，赢得了“一图胜千言”的美赞。本文以摄影技术在南京博物院典藏、社会教育、学术研究、文创产业、可移动文物普查、RFID技术方面的实际应用为例进行陈述。

关键词：南京博物院　摄影技术　公众服务

到2016年，摄影技术已发展了177年。摄影的诞生和发展依赖于两个因素：一是人们对影像信息记录和传播的需求；二是物理学、化学、电子学等现代科学技术的迅速发展。摄影的出现打破了语言文字一统天下的局面，摄影影像的直观、具体，赢得了“一图胜千言”的美赞。摄影的发展反过来促进了信息技术的提高。博物馆作为一个为社会公众服务，提供展示、教育、研究、传播等服务的平台，摄影起到了不可或缺的作用。

著名文物摄影家王露提出：“以文物为对象的摄影，就是通过摄影家的审美理想与科学态度，运用相机和感光器材的功能，发挥摄影艺术价值和科学价值。”在博物馆，文物摄影不仅是馆藏文物档案和文物研究工作的记录，更是多媒体信息化的视觉传达，是艺术的解剖。近年来，博物馆的工作重心和理念由传统的收藏、研究和展示向服务方向发展，艺术的殿堂不再是高冷的自言自语，开始为公众提供休憩的场所，提供思考的空间，更有文化内涵和人情味的各种活动让博物馆和公众打成一片，这种温柔转身的服务意识极大地满足了公众逐渐增高的精神文化需求。文物摄影作为渗透于博物馆各项工作中的重要一环，也应适应这种转变和理念。

一　南京博物院文物摄影历程

1. 早期影像资料

摄影是19世纪最重要的发明之一。早期的木制暗箱，或大画幅、中画幅、全画幅，无论是使用银盐感光材料或非银盐感光材料，还是CCD图像感应器，摄影的基本原理没有改变。从技术的角度来看，摄影是通过光学仪器聚焦成像，以感光材料或图像感应器为介质，记录客观景物瞬间影像的技术。从信息传播的角度来看，摄影是建立在现代科学基础之上的一种视觉信息的摄取、存贮、传播的方式。

南京博物院是一座历史类综合性博物馆，其前身为1933年蔡元培先生倡议筹建的中央博物馆筹备处。1934年7月建筑委员会成立，建筑计划分全员行政、人文馆、自然馆、工艺馆四部。早期的摄影室设在自然馆，影像资料呈现多种介质形式，包括原版玻璃底片（玻璃正片与玻璃负片）、软胶片、幻灯片、反转片，以及暗房冲洗的纸质照片等。这些影像资料内容非常丰富，包括考古发掘现场、馆藏文物、陈列展览、重要接待等，为研究该馆历史、传播文化、服务公众提供了有力的依据。

2. 影像数字化处理（传统转化数字）

南京博物院馆藏文物42万余件（套），数量众多并独具特色，所有的摄影资料都将以数字图像的形式公示于大众。只有经过规范性约束的数字影像才能与后期的管理与实际的应用成功对接，所以专业摄影人员要把影像资料处理分为两步进行。

第一步：纸质照片保存。负片底片进行清洁处理，胶片质量保存完好的进行暗房冲洗放大。保存时间较长、质量较差的底片，放大时需要做特殊的技术处理，争取每一张片子都能放大。冲洗后的纸质照片进行编号、整理、归档、保存。

第二步：扫描。反转片、胶片、纸质照片通过所采购的专业扫描仪进行数字化影像采集录入，由传统纸质转化为高精度数字化影像资料。

3. 高清摄影室建设

南京博物院高清摄影室建于2013年，服务文物库房以及全院业务部门。根据二期改扩建规划，新建的现代化高精度数字采集摄影室占地约80平方米，地处该馆库区，主要为无缝光房摄影棚和可移动摄影棚。

新建摄影室配置了U形文物摄影无缝光房。光房由巴赫导轨系统、瑞士爱玲珑灯光系统、1.92亿像素数码后背仙娜大画幅专业相机、重型相机脚架、苹果图片处理工作站组成。

新采购的大画幅相机一次曝光可以生成4800万像素16比特的照片，通过4次位移曝光可以生成1.92亿像素的照片，16次位移曝光还可以在这个基础上进一步提高锐度，非常适用于大型器物的拍摄。灯箱导轨系统可通过遥控器调节，数码后背直接连接到电脑上进行取景对焦，主要用于大型文物或一组文物放置在无缝光房地面上的拍摄；相机上装上触发器，取景电脑上插入usb发射器；灯箱功率大小通过软件EL Skyport进行调节；顶部反光板的位置可通过电动遥控进行调节；灯光调整好后仙娜大画幅相机数码后背连接电脑，用软件Sinar Capture Flow Studio打开，进行取景对焦；正式拍摄之前可以用灰卡作为参照物调校色彩平衡。

摄影室还配置了可移动的摄影棚、飞思中画幅数码相机套机、瑞士爱玲珑一组三灯、专业多功能拍摄台。这种移动影棚应用广泛和自由，在库区、办公室都可以实现拍摄。只要符合以下几点就可以进行影像采集工作。

一是空间：有一个约十平方米的空间，关闭照明光源，拉上窗户窗帘，保持空间黑暗，有些不可避免的弱光线可以忽略不计。比如在一个几百平方米的库房一角搭个棚子，只要保证棚子四周照明关掉即可。

二是设备：135单反相机或中画幅数码相机一台，根据需要配备各焦段镜头和专业三脚架。

三是光源：一组3~5盏闪光灯，配合引闪器。

四是背景：灰色渐变纸，灰色或黑色背景卷纸（可根据需要任意裁剪）。

五是拍摄台：稳而结实的台子，定做的桌子或者专业摄影静物拍摄台都可。

六是图片处理工作站：进行图片的录入，后期处理工作。

在日常工作中，文物库房、展厅、讲解台、会议室，文物拍摄无处不在，为博物馆宣教工作发挥着重要的作用。

南京博物院的高清摄影室建成与工作流程已经作为国家文物局第一次全国可移动文物普查的操作规范广泛推广，对博物馆文物摄影事业有实操性的帮助。

二 文物摄影服务于博物馆工作

1. 文物摄影服务于社会教育

2014年，为配合“5·18国际博物馆日——文物库房公众开放日”活动，在保证文物安全的前提下，高清摄影室对通过网络预约的100名观众代表开放。摄影师对摄影室中的两部分，无缝光房和可移动摄影棚进行了细致的介绍和操作演示。大型器物掐丝珐琅羊，铜胎，掐铜丝，工艺精细，体型高大，通高130厘米、长108厘米、宽56厘米，为民国制掐丝珐琅精品。作为当天的展示亮点，它置身于宽敞洁白的无影光房中，前后左右共设4盏影室闪光灯进行造型、照明，棚顶长约2米的反光板呈45度进行补光，造型灯光营造出五彩斑斓、华丽夺目之魅力。观众在工作人员的带领下进入高清摄影室，顿时被这件工艺精良、造型美观的珐琅羊所吸引。在讲解员的介绍中了解掐丝珐琅为珐琅器品种之一，宋元时掐丝珐琅器由阿拉伯地区直接传入我国，其后结合中国传统工艺、纹饰等持续发展。由于在明代景泰年间珐琅工艺臻于鼎盛，又一般多外饰蓝色釉料，故习称“景泰蓝”。其制法一般在金、铜胎上以金丝或铜丝掐出图案，填上各种颜色的珐琅后经焙烧、研磨、镀金等多道工序而成。聆听引人入胜的讲解，欣赏器物珍品，观摩影像采集，重现文物征集、入藏、修复、消毒、卡片登录、出库、影像采集等一系列文物库房工作流程，让观众对最基本的文物保管工作有了一定的了解，也读到了陈展文物背后的故事。这种寓教于乐的方式独树一帜，被观众赞叹不枉此行，受益匪浅。

2. 文物摄影服务于文物展陈

文物摄影的最终目的是为了研究和宣传并服务公众。一个好的展览，应该是真实反映历史事实的，摒弃千篇一律、枯燥乏味的形式主义。例如馆藏文物人兽组合纹玉琮，透闪石软玉，乳白色褐斑，高7.2厘米。它是良渚文化中期的玉琮，1982年江苏武进县寺墩出土，扁方柱体筒形，外方内圆。在展柜里和其他文物一起进行展示时，由于灯光统一、排列整齐、空间局促等因素影响，观众不能更全面更细致的欣赏、研究这件文物。所以就需要摄影师进行前期的影像采集，运用多面采集、文字绘画等多种形式，以达到细致、具体、全面的影像宣传。光是摄影的灵魂，直射光、散射光、反射光在文物摄影中都会用到，不同的光质会使摄影作品形成软硬不同的影调。而同样，不同的光位对文物的拍摄会产生不同的照明效果。拍摄这件玉琮时，笔者选择黑色背景，使用两盏光源，主光使用侧逆光，能充分表现出玉琮的纹理和质感，很好地勾勒出它的轮廓，辅光对阴影暗部进行照明补光。正面全景照中玉琮两端有矮短弧圆的射，外表每面由竖槽分为左右两块，由横槽分为上下两节。多面采集以四角为中轴，由垂直相接的两凸块合为一组。而对上下两节繁缛的人兽纹图案进行特写放大采集，真实完整呈现上节为戴冠人面，下节为兽面，刻纹细如毫发。

南京博物院特展“问海”中展示的《坤舆万国全图》，是明万历年间意大利人利玛窦（1552～1610年）在中国编绘的世界地图。万历三十六年（1608年），由明宫廷艺人摹绘12份，现存本即其中之一，为南京博物院馆藏，但展览中所用的这一幅地图是高清扫描复制品。此本原是六幅条屏，今装裱为一大幅。各大洋绘有各种帆船共9艘，鲸、鲨、海狮等海生动物共15头。南极大陆上绘陆上动物共8头，有犀牛、象、狮子、鸵鸟等。全图通幅纵168.7厘米、横380.2厘米，主图为椭圆形。进行信息采集时需将该图吸附在宽大的背景板上，机位与文物平行，一组两灯大平光拍摄。图首右上角题有“坤舆万国全图”6字，此外附有一些小幅的天文图和地理图：右上角是九重天图，右下角是天地仪图，左上角是赤道北地半球之图和日、月食图，左下角是赤道南地半球之图和中气图，另有量天尺图附于主图内左下方。这些局部需拍摄特写高清图片，才能拼接制作为一张原大的复制品。除了相机采集外，南京博物院配备的CRUSE高清晰数码输入扫描仪与EPSON Stylus Por 9910大幅面喷墨打印机进行配合，通过色彩校正后打印成图。高精度采集文物复制品能够保护文物，避免展览时的二次伤害，为博物馆文物保护与研究提供了条件。

陈列展览配合高精度影像宣传，极大地拓展了文物资源，促进了文化产品开发，可以进一步提升和丰富文化服务内容，让文化遗产成果惠及公众，激发公众对博物馆事业的热爱。

3. 文物摄影服务于学术研究

一般来讲，文物的发现主要有两个途径：一是考古发现，即通过近代考古学的科学方法从地下发掘出来；二是传世品，通过民间征集、拍卖等途径取得。在这两个途径中，第一个途径尤其需要做好相关的文物记录，这就需要凭借相机来纪录。内容首先要包括文物出土地点、出土环境及其与周边遗存的关系、文物本身的特性等等，其次考古摄影还包括了许多遗迹和考古发掘过程的拍摄。随着考古学大众化需求的增加，这些遗迹和考古发掘过程的拍摄也成为必不可少的环节。而传世品除了被捐赠为博物馆藏品进行影像信息采集以外，通常都是保存在收藏者的手中，这部分文物的记录情况因人而异，但收藏家们也常常会用照片或者视频交流文物信息。

文物研究主要包括文物的质地研究、文物的鉴赏、文物的年代判断等方面。为了更好地满足文物研究和展示的需求，特别是随着各个学科的细化和交叉学科的出现，任何一个研究都可能会对作为研究基础的资料照片提出不同的需求。在不能通过文物实物进行比较的前提下，照片能更直观、形象地剖析事实。一张或一组好的图片，包含了研究所需要的各种信息，如器物外形、色彩、纹饰、铭文、底、盖以及书法字体、画的细部和印记等重要部位，残损、修复伪记、后加工痕迹等特殊部位。所以拍摄三足器物时应两足在前，一足在后；有纹饰的圆形器物应取中轴线；有耳的器物，耳应在两侧；有把、流等配件的器物应拍摄侧照，以取全貌，使得器物端正。

为保证学术研究的严肃性，影像的全面采集是非常必要的。譬如，为满足南京博物院藏青铜大系相关出版的要求，需提供院藏文物商代饕餮雷纹扁足铜鼎的高清图片、拓片等，这就要求摄影工作人员还原器物的圆盆形，提供其下承三扁足、上立两直耳、范痕清晰可见的影像，多面采集腹部饰兽面纹，呈现以兽目及鼻为中心向两翼展开、均以繁密的卷云纹线条组成的组合关系。特写放大其扁足装饰和腹内壁铭文，以便于绘图和图录出版。

在研究工作中，高精度的影像信息在记录与视觉再现方面有着无法替代的优势，这种直观、准确、全面的影像数据，直接影响到文物研究的结果。

4. 文物摄影服务于文创产品的开发

文创商品作为博物馆的衍生品，一直以来深受广大参观者的喜爱。产品的研发和特展配套已经成为常态，2015 年结合专题展览开发了 6 大系列 200 余种产品。文物摄影师需要对库房或展厅文物进行多面影像采集，用不同的机位记录文物不同的特点，从而提供文物高清大图，协助设计开发形式多样、特色鲜明、富有创意、竞争力强的文化创意产品体系。如文创产品中观赏类的有八骏图、持枪俑、陶制小骆驼等，实用类的有青花花卉高把酒壶、大卧鹿型台灯、T 恤、包等，还有很受欢迎的人兽组合纹两节玉琮等。2015 年，由南京博物院和译林出版社合作成立的出版公司博书堂出版图书 16 种，其中《温婉——中国古代女性文物大展》获评 2015 年度“中国最美的书”，这与摄影师提供的女性相关文物的高清影像大图息息相关。文物影像深入挖掘馆藏文物的文化内涵，促进了南京博物院文创事业的发展，为公众带走精神文化提供了条件，所以说文创来源于文物本身、创新于文物特征、服务于人民大众。

5. 文物摄影服务于第一次全国可移动文物普查

第一次全国可移动文物普查将全面摸清我国可移动文物家底，不仅仅是调查统计文物数据，而是在此基础上更好发挥文物信息的价值和作用，让入藏在库房中的文物活起来，服务于人民大众。

南京博物院馆藏可移动文物种类丰富、数量庞大、价值突出，收藏体系多元。截至 2015 年底，已完成 13 万件（套）文物的数据采集工作，拍摄、扫描、处理藏品图片 20 多万张，系统数据容量达 10 TB。这些丰富的影像资料及藏品的基本信息通过普查管理系统与国家普查办登录平台无缝对接，普查信息快速传输，从而实现全国文物信息资源的整合利用和动态管理。

6. 文物摄影服务于现代化文物库房建设

RFID（Radio Frequency Identification）技术即无线射频识别技术，是一种通信技术，可通过无线电讯号识别特定目标并读写相关数据，而无须识别系统与特定目标之间建立机械或光学接触。目前这种技术广泛运用到博物馆、图书馆以及门禁系统等。

文物入藏流程一般包括征集、进馆、保护、修复、复制、影像采集、入库、存放、利用、搬运、出库、展示、归还等，各个环节都需要办理相应的手续，费时耗力。“工欲善其事，必先利其器。”在博物馆信息化过程中，选择先进可靠的科学技术进行信息管理成为必不可少的步骤，运用RFID技术显得尤为重要。

影像采集为RFID技术提供了便利，文物不管是在征集时还是入藏后，都需要影像采集，全面、完整的影像资料既提高了工作效率，又保证了文物安全，能很好地避免统计盘点时的疏忽。同时对博物馆信息化整合资源、影像共享进行实时信息沟通，为博物馆统筹建设提供了丰富的参考资料，为观众更好的观展体验提供了坚实的基础。

文物摄影作为摄影的一个分支，有其独有的规范和方法，它形象、生动、真实地再现遗存的形态、质地、颜色、纹饰等，承载着记载文物考古资料的使命，支持着文物保护与研究，促进着博物馆的蓬勃发展。当然，文物摄影的需求各不相同，有时需要真实客观，有时需要突出文物特点，有时需要营造文物的艺术魅力。这需要我们时刻保持服务意识，和博物馆其他工作人员一起想公众之所想，灵活运用摄影人的“第三只眼睛”，让摄影技术更好地服务于博物馆工作，记录弥足珍贵的昨天、今天、明天，更好地服务于博物馆这座精神家园的主人翁——人民大众。

智能多元发展博物馆文化产业，推动和提升公共文化服务

——由两岸故宫及南京博物院文化产业发展引发的思考

李　牧

（南京博物院　江苏南京　210000）

内容提要：博物馆以收藏、保管、研究及展陈为根本，智能多元发展博物馆文化产业，以更多更好的文化衍生产品全面提升公共文化服务，必将使博物馆文化产业健康、蓬勃、有序地发展，在现代公共文化服务体系中发挥出最大效能。

关键词：智能多元　文化产业　文化衍生　公共文化服务

《博物馆条例》第三十四条明确指出："国家鼓励博物馆挖掘藏品内涵，与文化创意、旅游等产业相结合，开发衍生产品，增强博物馆发展能力。"现阶段我国博物馆在各地域的发展很不平衡，要立足于博物馆特有文化优势，在做好收藏、保管、研究、展陈的基础上，智能多元发展文化产业，开发高品质的文化衍生，使博物馆成为各地公共文化服务体系中的亮点。

一　夯实基础，保障博物馆文化产业的健康发展

收藏、保管、研究、展陈是每一个博物馆的基本功能，是博物馆文化事业的保障，更是博物馆文化产业的基石。

1. 收藏与保管是博物馆的生命

不论谁提到博物馆，总是把这个馆有多少藏品放在前面，说明藏品情况直接关系到此博物馆的被关注度，以及参观人数。北京故宫藏品约180万件，台北故宫藏品约70万件，南京博物院藏品约40万件，2015年全年仅南京博物院参观人数就达到了258万人，而两岸故宫博物院的年参观人数更是以千万计。依托这些观众，在文化产业的发展上，这些大馆自然占尽了优势。

2. 研究和展陈是博物馆的灵魂

在研究基础上的展陈是一个博物馆向观众展示博物馆生命的载体，只有深入研究和充

分准备后的展陈才能真正抓住观众的心。2014 年，笔者在台北故宫博物院参观时被工作人员告知，他们的每一个展览都要策划准备半年以上，有专门的文物研究人员参与，力求每一个展览都是精品。当时台北故宫正在举办“明四大家系列特展”中的“文徵明书画展”，展览中不但将文徵明的书画按各个时期有序展出，还根据编年将与文徵明有交集的人物一一列出，并对他每个时期的代表作做出详细点评，书画爱好者可以大快朵颐，普通观众也丰富了书画知识，提高了鉴赏能力。笔者想购买一本配合其展陈的画册，却被告知已经再版多次，此时正在脱销中，这就不难解释台北故宫博物院年创收五六亿台币的神话了。

二　智能多元，促进博物馆文化产业的蓬勃发展

很多人都认为博物馆文化产业只是出出画册、搞搞文创产品，实际上，现代化博物馆文化产业的发展应当是智能多元的，多种类的文化衍生促进了博物馆文化产业的蓬勃发展。

1. 思想意识的文化衍生

简单地说，就是把博物馆文化通过一定的媒介根植到大众的思想意识之中。这里所说的媒介可以是传统新闻媒体，可以是微博、微信，也可以是社教活动及各种公益性服务活动。如南京博物院 2015 年为观众提供免费讲解 5200 次，举办社会教育活动 412 场次，发展志愿者团队 370 人。配合中央电视台拍摄《奔跑吧，课堂》节目，配合江苏卫视等单位开展世界阿尔茨海默病日“寻找失去的记忆”主题周活动等。院官网共发布信息 454 条，其中原创性信息 171 条。院官微推送信息 257 条，总阅读量超 80 万次，订阅人数 67546 人。这些都很好地传播了南京博物院的博物馆文化，提高了南京博物院的知名度。再如 2014 年北京故宫博物院发布的“萌萌哒”《雍正行乐图》风靡微信群，转发量高达 80 万次，既传播了博物馆文化，又带火了故宫博物院的文创产品。

2. 产品实物的文化衍生

这里大致有两个内容。一是文物复制商品，我们要在复制高等级文物商品的基础上，复制一些大众可能会喜欢的文物商品，如形制夸张及带有趣味性题材的文物，以适应更为广泛的人群。二是文化创意产品，要设计出大众喜欢的文创产品，就要将文物展品与现代社会实用性相结合，大胆创新。如南京博物院文创部 2015 年结合拿破仑展、女性文物展等展览开发的 6 个系列 200 多种文创产品，深受观众喜爱。再如 2013 年台北故宫博物院推出以康熙朱批“朕知道了”设计的纸胶带，连续数月平均日售 500 个。

3. 与社会各类专业组织机构合作的文化衍生

博物馆文化产业的智能多元发展是以现代化博物馆的智能多元结构为依托的，现代化的博物馆要想留住观众，不仅要靠丰富的展陈，也要具备购物、教育、娱乐、餐饮等功能，这就需要博物馆与社会各类专业组织机构进行合作，生成具有博物馆及社会两重属性的文化衍生。如南京博物院 2015 年结合非遗馆特色与省市多所戏剧单位及个人合作，在院小剧

场举办了大型晚场演出83场，老茶馆下午场演出382场，户外广场演出3场，展出手工技艺类非遗项目10项，结合传统节日举办各类非遗体验活动29项，举办“梅花戏剧节”、“锡剧大联盟”、“朱鹮艺术周”等8个专题展演活动，社会反响热烈。再如南京博物院的民国馆，引进了一批符合民国馆特点的商铺，规定甚至帮助他们设计经营范围及产品，让观众在参观民国街景的同时，又能购买到有民国时期特色的商品，现在的民国馆已经成为南京博物院参观人数最多，最受观众好评的场馆。

三　广泛交流，确保博物馆文化产业的有序发展

因地域文化经济发展的不均衡，我国各类博物馆的文化产业发展也参差不齐。各省市的龙头馆要积极主动加强与地方小馆的沟通与交流，给予他们一定的帮助与支持，确保各地域博物馆文化产业的有序发展。

1. 学术交流

通过举办和参加学术交流会，让更多的博物馆能够学习和分享最前沿的学术成果，促进各馆学术水平的提高，为发展博物馆文化产业奠定基础。如南京博物院2015年共举办各类学术交流会10场次，参会87场次，举办的“新疆馆藏纸质文物保护修复培训提高班”历时4周，新疆文博系统的11名一线文保人员参加学习，专业实践操作技能有了进一步加强。

2. 展览交流

交流展览可以将各博物馆的馆藏更好地推送到更多的观众面前，有助于扩大博物馆的影响力，增加博物馆特别是小馆的知名度，为博物馆的文化产业提供一定的发展条件。如南京博物院2015年参与国内交流展览共20场次、境外交流展览2次，其中“大吉羊——南京博物院藏羊文物展”被江苏省文物局定为巡展项目，先后在大丰博物馆、仪征博物馆、张家港博物馆及江阴博物馆展出，受到各地观众追捧。

3. 文化产业交流

各博物馆之间文化产业的对话交流，可以更加直接地相互学习文化产业的发展经验，取长补短，互通有无，特别是有助于各大龙头馆带动其他地方馆一同发展，使各地域的博物馆文化产业发展更加协调有序。如由南京博物院牵头的“江苏省博物馆商店联盟”，截至2015年12月已有12家加盟店，其中南通博物苑店面积达到270平方米。对于这些加盟商店，联盟都帮助规划设计，整合资源，并对工作人员进行培训，确保其实现良好运营。

参考文献：

1.《博物馆条例》。

2. 祁述裕：《构建现代公共文化服务体系需要研究的七个重点问题》，2015 年 1 月中央文化干部学院培训班授课内容。
3. 范周：《文化产业与公共文化如何融合发展》，《光明日报》2015 年 11 月 10 日。
4. 左艳荣：《博物馆应如何发展文化产业》，中国经济网，2015 年 10 月 20 日。
5. 姜潇、孙丽萍、白林：《界定属性、允许经营、依法收藏——〈博物馆条例〉亮点解读》，新华网，2015 年 3 月 2 日。

博物馆展览项目实践探析

——以苏州博物馆临时展览为例

王 振

（苏州博物馆 江苏苏州 215000）

内容提要：苏州博物馆将展览作为提供给公众服务的主要产品，所有部门尽一切可能围绕展览分工协作，且以服务公众、服务社会为展览产品的落脚点。该馆经历着服务公众的手段、方法和内容的不断变化创新与实践提升，且在长久不变的对吴文化艺术品的孜孜追求中寻求着突破。同时科学的展览团队不仅有助于各阶段进程的推进，而且将极大地帮助博物馆推出成功的展览和吸引更多的观众。

关键词：博物馆临时展览　展览策划　展陈团队建设　展陈工作者

一　引言

2013 年苏州博物馆（以下简称苏博）成功地从台湾古越阁征集到包括吴王夫差剑在内的 58 件（套）青铜兵器。2014 年，苏博以此为基础举办了“吴勾重辉——苏州博物馆藏吴越青铜兵器特展”（图一），引起社会各界的广泛关注，全年海内外有关吴越青铜兵器特展的媒体报道逾千多条，成为 2014 年苏博最受关注的展览之一。如果说几年前观众来苏博参观的重点还在博物馆建筑的话，那现在来苏博看展览已经成为观众的首选。2015 年，苏博又征集了一柄吴国王室代表性兵器——吴王余眛剑，此剑铭文内容对研究

图一　“吴勾重辉——苏州博物馆藏吴越青铜兵器特展”现场

吴越楚三国历史非常关键。为此，苏博在当年的“5·18”国际博物馆日推出精美的展览“兵与礼——吴王余眜剑特展”回馈社会（图二），并以此为契机举办了专题学术研讨会，邀请相关专家就一些难点问题进行探讨，展示最新的研究成果。

图二　“兵与礼——吴王余眜剑特展”现场实景

通过“吴勾重辉”特展中对观众调查问卷报告的总结[1]和透过“兵与礼”的展览艺评分析[2]得知，苏博的临时展览（以下简称“临展”）充分考虑了受众的需求，临展的观众满意度处于较高的水平，符合目前苏博临展所应产生的社会效益与影响。应该说苏博更倾向、也更适合举办有自己的主题和话语、有文化对比、有个性特点、低投入低成本、文物量适中的中小型展览。

二　探索：文物精品展览寻求新的突破口

如果按照博物馆展览的传播目的和构造划分，苏博在保留一部分审美型临展的同时，可以更多向叙事型主题临展转变。叙事型展览，是指有明确主题思想和切入点的统领，有严密的内容逻辑结构及层次安排，为了传达一种文化或展现一段历史，讲述大家想要听的故事，以故事的线索为展览主题，根据故事意识流选择和组织相互关联的展品。所以，好的展览首先要有切入主题的思路，展览策划人员的切入点与主题思想才是核心竞争力。正如中国文物交流中心姚安研究员所说：“我们是为了实现一个故事而去寻找‘砖瓦’，而不是根据我们手头有限的文物与资料拼凑一场只求果腹的宴飨。”[3]

吴越兵器向来以工艺精湛、品质优良闻名于世，其中尤以吴越青铜剑最具代表。它展示了诸多特异现象和精湛技艺，其中双色剑（剑体两色，剑脊呈红黄色，两刃呈黄白色）、剑身菱形暗格纹、剑首薄壁同心圆的制作技术，堪称吴越青铜兵器技术的“三绝”。但令人惋惜的是，此前吴国有铭兵器出土报道不下百余件，但皆与苏州无缘。征集到台湾古越阁收藏的吴越青铜兵器并策划“吴勾重辉”特展，既是机遇也是挑战，是苏博在吴越青铜兵器领域的首次尝试。其难度有二：一是58件（套）兵器种类单一，数量略显单薄；二是多数兵器作为战场实战器具，大多欠缺精美的青铜纹饰和雕刻，在器物观赏性和精美程度方面并无优势，有些器物如果不予说明甚至不能直接用于展示。因此，展览文物内容的丰富性、耐看度与观赏性成为展览成功与否的关键因素之一，这显然在展陈策划上给策展人、展陈设计师与教育工作者制造了不小的难度。

要办好“吴勾重辉”特展，就要努力追求文物间的独立审美或成组展示的视觉震撼。只有重量级的文物才能撑得住场面，给观众留下深刻印象。吴王夫差剑早已名闻海内，是吴越剑精美铸造工艺与重要历史价值的杰出代表，因而理所当然成为本次展示与宣传的重点。其次要完善细节，寻找支撑起展览骨架的“血肉”，在矛、戈、戟、剑、斧钺等近战兵器的基础上，增加并引入弓弩、箭矢、承弓器等远程武器，防御的甲胄，马具与冲锋战车等文物辅助内容100余件（套），增加场景成组展示（图三），丰富兵器的种类与外延。同时将兵器与战场指挥信号“三官”（金、鼓、旗）有机结合，将古人列阵冲锋、战车错毂、近距离格斗，直到车毁马亡、甲士步战牺牲的全过程反映出来；将兵器与武器历史起源与演变过程结合，抛出“五兵”概念（酋矛、夷矛、戈、戟、殳）；将兵器与铸造工艺相结合，引入“六齐”观点（关于铸造青铜器物所用合金成分比例的记载）。举办此次展览，目的不仅仅在于文物本身，更在于展示“吴越铸剑”的相关文化精神与核心价值观。基于这一点，在展品背后辅助更新了与吴国历史相关的人物典故，比如季札挂剑、卧薪尝胆、专诸刺王僚等脍炙人口的展陈内容，让观众产生代入感，力求深入挖掘展览文物背后的故事，由物的层面上升到人的层面，乃至文化核心的精神与力量，传播正能量，建立自豪感。

图三　“吴勾重辉——苏州博物馆藏吴越青铜兵器特展”场景组合

配合“吴勾重辉”展览，苏博还出版了展览图录，开展了文博讲座之“吴王剑鉴赏”和“越王剑鉴赏”，影视欣赏之“制作精良的吴越青铜器”和“回望勾吴”，触摸文物之“触摸古剑、巧缠剑茎”，展厅互动之“‘吴’字变变变”和“剑纹图章”等多种形式的社会教育活动。此外利用专职讲解员、志愿者、专家讲解、移动智能导览设备以及微博、微信等自媒体手段为不同需求的观众提供全方位的展览解读，面对高端观众讲究文化体验，面对普通观众讲究通俗性与趣味性，做到雅俗共赏，参与互动完美结合。最后，展陈团队充分利用特展资源，设计开发了7款文化创意衍生产品，包括“春秋菱形暗格纹剑”剑尺书签（图四）、“战国鎏金菱形纹剑”剑尺书签、“纵横之光”双面丝巾、“吴钩重辉”双面丝巾、“承弓”瓶启（图五）、“‘吴’字变变变”纸胶带、吴钩重辉系列——“惊鸿”琉璃吊坠（图六），让观众能够在参观展览了解吴越文化的同时，将相关的元素带入他们的生活，实现“将博物馆带回家”的服务理念。

图四　“春秋菱形暗格纹剑”剑尺书签

图五　“承弓”瓶启

图六　吴钩重辉系列——“惊鸿”琉璃吊坠

三　实践：如何为展览突破口完善实践内容

自2012年开始，苏博实施了临展项目责任制，并成功组建了艺术展览展陈团队，在策展人负责的情况下协调开展工作，充分发挥团队的作用，为更加优秀的策展人的脱颖而出提供了平台。应该说展览策划是一项文化创意活动，不仅要善于把握观众的需求，善于从常见或普通的素材中发掘令观众感兴趣的内容，还要有宽广的视野和丰富的文化想象力。作为一座中小型地方博物馆，展陈团队一起承担拟定展览主题、展览内容、展示形式、观众群体、展品来源、教育活动、文创产品、项目实施进度、辅助推广宣传、经费预算和展览评估等全部内容。而立足苏州，在多学科视野下进行展览策划已经成为苏博人的共识。成功的、有影响力的艺术展览定然是历史、文化、艺术完美结合的经典。展陈团队应通力合作，努力尝试挖掘观众前所未见的新内容和新形式展览。

如“兵与礼——吴王余眜剑特展”的策划，基于2014年末苏博征集到一柄吴国王室代表性兵器，这柄剑铭文长达75字，内容之丰富令人惊叹不已，涉及吴国三位国王，分别是吴王寿梦和他的儿子余祭和余眜，以及史料上记载的三场战争，铭文内容可以和文献相互对应、对照，具有非常重要的展示、研究和文献价值。吴国王室时常将长篇纪事体的铭文铸于兵器之上，具有与北方鼎、簋等礼器同样重要的地位。这柄75字铭文剑在目前出土的青铜器中是首次发现。绍兴鲁迅路出土有吴王余眜剑，但铭文只有40多字，且没有苏博这柄剑完整。所以说苏博的这柄吴王余眜剑堪称吴越第一剑，可谓是集兵器、礼器于一体的珍品。

1. 拟定展览主题

首先展陈团队建立了展览例会制度，原则上每月召开一次设计交流会，通过展示策划人员、形式设计人员和教育工作人员的对话、交流完善内容与形式设计。展览经过团队人员的集思广益，决定将展陈的高度提升，超越兵器本身，将苏博近5年来征集的北方青铜礼器与南方兵器融合在一起，突出古人将祭祀与战争置于同等崇高的地位，视之为国家大事的观念。北方礼器和南方兵器看似不相关联，但是它们上面的铭文都具有铭功纪事的作用，尤其吴王余眜剑剑身75字所反映的史实是一般兵器与礼器所不能比肩的。至此，我们终于找到了展品的契合点——将兵器与礼器融为一体，反映“兵与礼”的主题思想。

2. 借助展览评估的科学客观数据编写展览内容

近年来，西方博物馆学的观众研究和分析揭示出人们在博物馆特殊环境中的行为矛盾：一方面，人们需要博物馆提供一系列资源来规划他们的博物馆之旅，帮助他们理解和整合在博物馆中所接触到的展品和设施。博物馆在某种程度上掌控着观众的参观之旅。[4]另一方面，在博物馆参观过程中，观众自身的认识体系始终起着主导作用，并用这一体系来解释他们在博物馆中所接触到的事物。[5]编写展览内容时如何把握好这个度，还是要借助科学客观的展览调查数据。

在编写“兵与礼”临展内容故事线与剧本策划时，策划人员更多吸取之前“吴勾重辉”展览评估的有效建议，把观众意见整合到展览内容设计中去。观众调查旨在了解三方面的问题：什么人来看本次展览？他们是如何评价本次展览的？调查结果给予馆方何种启示？例如：“通过调查发现，仍然有相当数量的观众对展厅所提供的展品说明不够满意。与此同时，在馆方提供了专职讲解和志愿者讲解的情况下，也仍然有超过七成的观众是自行参观展览的。”[6]补充展厅说明文字传递信息的不足，同时为大量自行参观的观众提供更加合适的视频与导览手段，满足不同的参观群体对于展览信息的多层次、多样化的需求，成为“兵与礼”临展策划中的重要工作。

策展人员编写内容时，紧紧围绕吴王余眜剑剑身X光片所显示的75字铭文内容，深入挖掘了铭文涉及的三位吴国王室成员，“吴、越、楚”三个国家的地理面貌，以及文献中记载的“伐麻之战”、“御楚之战”、“御越之战”三场战役的详细过程，梳理与青铜剑关联的历史背景和关键文献史料。此外还从绍兴越国文化博物馆借调鲁迅路剑，二剑重新回到吴地，重新相遇，成为吴越剑传承历史上的一段佳话，也成为本次展览中最出彩的部分。

3. 策划小型专题研讨会

根据博物馆自身的定位与特点，研讨会不求大而全，而在于深入与细分。此次特展之前，苏博已经对主要展品做了深入研究，但这还远远不够。鉴于此剑的重要研究价值，苏博配合展览组织了“兵与礼——吴王余眜剑特展”专题研讨会（图七），邀请清华大学教授、国家鉴定委员李学勤，北京大学教授、夏商周断代工程首席科学家李伯谦，陕西考古研究院研究员、国家鉴定委员吴镇烽，陕西师范大学教授张懋镕，上海博物馆青铜部主任、研究员周亚，浙江大学教授曹锦炎，北京大学教授李家浩，北京大学副教授董珊，南京博物院考古所所长、研究员林留根，南京博物院研究员毛颖及原苏州博物馆研究员钱公麟等十多位国内青铜文物鉴定与研究方面最为权威的专家学者齐聚一堂，就吴王余眜剑展开深入的学术研讨。最终，研讨会就有关兄终弟及之制、吴王名号、余祭王年达成新的共识。其中吴王余祭和吴王余眜在位年数的争论问题，过去的文献《左传》和《史记》相互矛盾，从剑的铭文内容上可以基本判断《史记》的记载是准确的，即余眜这位吴国国王在位时间其实只有短短4年。苏博这柄剑可能是目前存世的余眜剑中最完整，也最重要的一件。值得注意的是，在剑身铭文中出现“姑雠”一词，过去在吴王诸樊的五件兵器上曾经出现过“姑发”一词，这为研究“姑雠”或者“姑发”、“姑發”这样的词汇提供了新的线索。

图七 “兵与礼——吴王余眜剑特展”专题研讨会

四 博物馆展陈团队在展览形式设计方面的作用与实践

“兵与礼”特展虽然规模小，但包含的历史信息却非常丰富，展陈团队充分利用展览例会制度进行了交流和沟通。因为展览内容及其相关专业知识毕竟不是展陈形式设计师的专长，即使非常优秀的设计师，短时间内亦难以根据策展人员提供的内容策划文本完整领会展览的主题、传播目的、重点和亮点，对实物展品的文化释义也难以一下子认识到位。所以，通过展览例会，可以让设计师深入理解和把握展览内容，修正失误，避免内容设计与形式设计脱节。展陈设计师的工作同会计、律师和医生不同，后面三个职业在面对专业上的常规问题时，不需要寻找“全新”的解决方案，他们有着充足的知识储备，对于当下的财会、司法和医疗体系有深入的了解，同时能够在工作中熟练运用这些知识。而展陈设计师完全是创新的工作，和所有的创意产业一样，展陈设计师也是从一张白纸开始的。不管是在电脑屏幕上还是纸张上，展陈设计师都需要面对空白区，去思考，去想象，去描绘思路。空白区是强大的实体，一个从无到有的过程，它可以使展陈设计师充满希望或者恐惧，感到沮丧甚至绝望。但同时，空白区也一次次为展陈设计师打开通往创新世界的大门。在展陈创作的过程中，展陈团队有义务帮助展陈形式设计师对展览内容重新组合，既要有实际层面的分析，也要涉足理论层面的研究。在这个学习、交流、鼓励、分享、成长的过程中，打上展陈设计师自己的印记，呈现出他们独特的艺术和理论追求。

在“兵与礼”特展中，展陈设计师将展览无法呈现的内容通过视频纪录片的互动形式表现出来，如策展人的思路与理念、人员赴绍兴借展、携带文物赴上海交通大学做X光鉴定、各路专家访谈录、文物金石拓本的题跋过程、文物布展、吴王余眜剑涉及的诸多内容等完整地呈现在公众面前，力图比较全面地反映一个展览应该具备的全部面貌。通过展陈团队的帮助，设计师将文物本身涉及的学术知识通俗化，展览理性的内容通过互动展项设计更加感性化。展览中涉及的某一领域的知识或许会让部分观众感到枯燥，但是由吴王余眜剑延伸开来，涉及生活五花八门的内容，则能成为吸引观众的亮点。可以说延伸是超越所在，是集创新性与趣味性于一体。观众喜欢说故事式的博物馆展览，他们希望从故事和情节中去获得知识和信息，这样才能激发观众的参观兴趣并引起关注。

值得一提的是，建设展览展陈团队，将不同学科背景的专业人员纳入进来，通过思想的交流和碰撞，整个展陈团队人员共享信息和知识，业务水平都得到大幅度的提升，在展览中也能闪现出更多的亮点。这是一种在实践中边干边摸索的创造性的培养方法，而“兵与礼”展览的视频纪录片正是在这种模式下孕育产生的。视频纪录片本身的多样性及其信息承载的丰富性，在迎合现代观众的个性化需求上占有明显的优势。由策展人、展陈设计师与教育宣传工作者合作制作纪录片剧本、脚本和配音，由苏博志愿者成员完成影视后期的剪辑与合成，一部小投入、大效果的展览纪录片宣告完成。这种形式的纪录片极具苏博特色，并且“一则减少了观众阅读量，二则增加了可信度。这种图文、声像结合的说明方式并未启用令人目眩的高科技手段，但效果却十分理想。时间充裕的观众，看完展品和图版后，都会驻足于视频前仔细观看和评论”[7]。由此看来，在临时展览中合理引入互动机制，才是未来临时展览真正吸引观众的关键所在。而展陈团队间的相互鼓励、信任与帮助乃是成功与否的前提条件。

五　值得思考的问题

大规模做临时展览几乎成为全国博物馆界的一种时尚，有的临时展览在短时间内花费大量人力、财力、物力，但展览时间短，浪费极大。且文物的过度流动，也不利于文物的保护，循环过程中出现损伤的几率大大上升，应当引起警惕。苏博展览在保持原有特色的基础上，应更倾向也更适合举办有自己的主题和话语、有文化对比、有个性特点、低投入低成本、文物量适中的中小型展览。仅仅追求展览的数量是不理智的。正如洛阳博物馆高西省研究员所说："许多大馆陈列部、保管部专业人员整天忙于展览的日常工作，没有时间深入研究、学习、思考该怎么做展陈，这样的精神状态是不可能策划、设计出考究的陈列展览，显然也不可能达到预期的陈展效果。"[8] 对于展陈团队的建设和展陈工作者的创造性培养问题，是未来博物馆人需要静心思考的。

注释：

[1] 陈敏：《"吴勾重辉——苏州博物馆藏吴越青铜兵器特展"观众调查问卷报告》，《苏州博物馆馆刊》2015年第2期。

[2] 程义：《"兵与礼——吴王余眜剑特展"散记》，《中国文物报》2015年7月7日。

[3] 姚安：《"华夏瑰宝展"匈牙利之行》，《中国文物报》2015年6月23日。

[4] Loic Tallon、Kevin Waller, *Digital Technologies and The Museum Experience*, AltaMira Press, United States of America, 2008.

[5] 魏敏：《博物馆展览文字浅析——基于观众研究的案例分析》，《东南文化》2012年第2期。

[6] 陈敏：《"吴勾重辉——苏州博物馆藏吴越青铜兵器特展"观众调查问卷报告》，《苏州博物馆馆刊》2015年第2期。

[7] 程义：《"兵与礼——吴王余眜剑特展"散记》，《中国文物报》2015年7月7日。

[8] 高西省：《个性与风格——从"河洛文明"的设计特色谈文物陈列展览中的几个问题》，《中国文物报》2015年7月21日。

试论口述史料在革命类纪念馆展陈中的运用

——以渡江胜利纪念馆为例

杨学功

（渡江胜利纪念馆　江苏南京　210036）

内容提要：口述史学发展日益蓬勃，其运用领域也日益拓展。口述史学的叙事性特征以及社会化的视野与革命类纪念馆展陈的意义颇多吻合之处。革命类纪念馆纪念事件的近时性以及参观群体的多元化也增强了口述史学应用于陈列的必要性。口述史料在展陈中既可以与文献资料相印证，补充历史事件的细节，又可以对具体革命遗址或者革命文物展开解读。但在实际操作中，还存在着叙事困境以及操作的障碍，同时口述材料在展陈中的运用也要适当控制。

关键词：口述史学　革命类纪念馆　叙事性

关于口述史学，兼顾史学方法和学科属性的概念为“通过有计划的访谈和录音技术，对某一个特定的问题获取第一手的口述证据，然后再经过筛选与比照，进行历史研究”[1]。无论是作为方法论还是史学新学科，口述史学相对于传统的以历史文献为研究对象的文字史学，基本特征包括叙述性、社会性、客观性、广泛性和口述史料完整性。其中，叙述性是“口述史学最为明显的特征，同时它也是口述史学当中最为活跃的促动因素”[2]。钟少华指出：“口述史重视的重现历史，而不是解释历史，……口述能够纠正文字的偏见，生动形象，特别适用于表述人类生活中各种联系。”[3]

关于口述史学的功能与价值，有学者总结了六个方面：一是史料上，口述史学能扩大史料的范围，弥补文献史料的不足和印证文献史料的真伪；二是在史学方法上，口述史学提供了一种新的研究方法，或是拓展了历史研究的新视野和领域，或是能更深入地发掘传统史学所无法看到的深层历史；三是在史学表述方式上，可以更加生动和立体地展现历史；四是在史学社会功能上，口述史学有助于更好的发挥史学的社会功能，使史学更好地为普通民众服务；五是口述史学成为一种新的历史教育手段；六是理论和方法上对其他学科的发展有直接帮助或间接借鉴意义。[4]

1985 年 1 月 9 日文化部颁布的《革命纪念馆工作试行条例》规定：“陈列展览是革命纪念馆工作的中心环节，是宣传教育人民群众的重要手段；必须遵循历史唯物主义的原则，以有关革命遗址、纪念建筑的史实为内容，力求符合历史的真实。”宣传教育工作是革命纪念馆联系人民群众的纽带，是充分发挥陈列展览宣传教育作用的重要环节。基于陈列展览和宣传教育的需要，革命类纪念馆强调“重现历史”，直观表达革命过程中各种人类活动联系，为口述历史的运用和价值的体现提供了极佳的平台。本文以南京渡江胜利纪念馆的展陈工作和宣教活动为例，力图阐述革命类纪念馆中使用口述史料的必要性以及障碍性因素，并尝试总结革命类纪念馆使用口述史料的方法与途径。

一 革命类纪念馆使用口述史料的必要性与可能性

1. 革命类纪念馆纪念事件的近时性

《革命纪念馆工作试行条例》规定各类革命纪念馆是“为纪念近、现代革命史上重大事件或杰出人物并依托于有关的革命遗址、纪念建筑而建立的纪念性博物馆”。革命纪念馆纪念的事件或人物距离当今的时代并不遥远，事件的见证者大有人在，这为口述史学的开展提供了极大的可能性。口述资料主要是根据历史活动的当事人的亲身经历或见闻，口传或记录的材料，以口传史料、回忆录、调查、访谈等形式呈现，因此拥有很强的实效性。

南京渡江胜利纪念馆展陈主要通过展示渡江战役过程来宣传“渡江精神”，展示人民解放军在民众支援下勇往直前、所向披靡的战斗场景。渡江战役发生的时间为 1949 年 4 月 20 日至 23 日，纪念馆成立时事件参与者、决策者以及旁观者等还有不少人健在，这为展开渡江战役口述记录提供了可能。为此，南京渡江战役胜利纪念馆在全国范围内寻访渡江战役的亲历者，通过录音和影像记录下他们的“渡江往事”。截至 2012 年底，已完成 48 位渡江老同志的访谈录制工作，形成 20 万字的文字稿，累计采访视频 2253 分钟。纪念馆还于 2015 年开展“百名将士话渡江”大型口述历史活动，邀请一批老将军向观众讲述他们亲身经历的战争年代和渡江事迹。虽然渡江战役的亲历者中健在者不少，但大多年事已高，据馆中登记，渡江老同志的年龄都在 85 岁以上，年龄最大的同志已 103 岁高龄，且很多身体状况不是太好。因此渡江胜利纪念馆强调“与生命的赛跑”，争分夺秒地展开渡江战士口述历史活动。

2. 文献资料记载中历史细节的匮乏

近代革命纪念馆所纪念的事件大部分发生在战争与动荡时期，档案文献的保存与收藏并不是十分完善，至于历史的细节就更是缺乏。口述史料以其独特的个人视角与体验，有利于历史细节的补充，并从细微处或第三者的视角对文献档案的真实性予以客观的佐证。

据渡江战役总前委制定的《京沪杭战役实施纲要》，渡江大军分为中东西三个渡江集团：以解放军第二野战军 3 个兵团组成的西突击兵团，以第三野战军的 4 个兵团组成中、东两个突击兵团，人数分别为 35 万、30 万、35 万，总计 100 万大军。[5] 为了保障前线百万大军的军事需要，华东局特地组织了支前委员会，动员组织支前队伍。为了保障大军的供粮，地方政府和军队联合成立筹粮委员会和筹粮工作队。“各地还组织大批民工担负支前物资运输和随军服务，仅山东、苏北、皖北三区就动员民工 320 余万人，组建了几十个民工随军服务团，确保部队打到哪里，支前工作就做到哪里。”[6] 百万支前民工和船工，一个庞大的群体，留给世人的仅仅是一个数字，鲜活的个体成为历史的尘埃，被庞大宏伟的历史叙事所掩盖或忽略。无论是权威的中国人民解放军资料丛书《渡江战役》（解放军出版社 1995 年版）、南京档案馆编写的《南京解放》（中国档案出版社 2009 年版），还是个人视角如刘瑞龙的《我的日记——淮海、渡江战役支前部分》（解放军出版社 1985 年版）中，庞大的支前民工团体只是作为一个整体而出现的。个体的缺位对于展陈的生动性是相当不利的，口述史学的叙述性特征正好弥补了这一缺陷。口述史研究“以语言形式对历史现象进行调查，不仅能够弥补文献史料的不足，而且还能够主动地接近和研究历史”。[7]口述史是一门使历史“让人听得见”的历史叙事方法，对于非专业的纪念馆观众来说具有极大的吸引力，能够弥补或佐证文献档案叙事所缺乏的细节与个体视角，容易引起情感的共鸣。南京渡江纪念馆在其民众支前的展陈部分，通过采访健在的渡江一等功臣船工段祥富和马毛姐，以视频的方式让他们讲述渡江战役过程中支前活动的个体体验。朴实的话语、渴盼的眼神，流露出对解放翻身的真挚情感，对解放军和共产党的基于朴实阶级情感和个人成就动机的认同，让观者不禁驻足旁听，深刻体验到百万民众与中国共产党、人民解放军融为一体的时代场景。

3. 口述史学的叙事性特征及社会化视野暗合展览陈设的意义

革命类纪念馆作为博物馆的一种，其存在的意义之一就是“为人类和社会的发展服务”，“‘研究、教育、欣赏’是博物馆各项业务活动的共同目标”。[8]我国新颁布的《博物馆条例》把教育列为博物馆各项功能之首。博物馆在公众教育模式方面，无论是传统的线性教育模式下的“教导解说型”，行为主义理论指导下的“刺激反应型”，还是正在盛行的建构主义理论指导下的“建构知识型”，观众的感知都是第一位的。因此展览陈设要更富有吸引力，要更易于理解和自我构建知识体系。钟少华研究员认为：“口述史重视的是重现历史，而不是解释历史。重现历史是现代历史学界的主流工作，尤其是在假冒伪劣‘历史商品’太多的时候。……口述能够纠正文字的偏见，生动形象，特别适用于表述人类生活中各种基本联系。口述的心理效果是远胜于呆板的文字的；文字组成的一句话并不能够反映其中语气的深浅分量。”[9]口述史学的叙事性正好符合展览陈设为实现教育功能而强调观众感知和便利知识自主建构的需求。

有学者研究认为，当代博物馆展示的趋势是从“珍宝阁”走向“讲故事的大课堂”。也就是说博物馆“从实物至上走向了‘叙事’型模式，对于‘叙’的强调让博物馆更重视如何展示。”[10]“口述史学的叙事性质与历史叙事学方法不谋而合，强调重现历史场景，叙述历史事件。”[11]性质与要求的吻合使口述史学极为适用于纪念馆。

口述史学作为“总体史学”和“新社会史”影响的产物，其目光聚焦不仅仅在群体和精英，更多的是转向普通大众与个体。“新史学最大的特点是突破以往史学聚焦于精英活动、政治发展的有限领域，而把研究的视野伸向社会的每一个角落、每一个人群，涉及包括底层民众在内的生活起居、穿衣吃饭、娱乐休闲、宗教信仰等内容。”[12]口述史学的群体聚焦与革命类纪念馆，尤其是新民主主义革命时期的革命类纪念馆，强调群众路线，指出人民群众在革命进程中的地位和作用有覆合之处。以南京渡江胜利纪念馆为例，无论是国统区“风雨仓皇”展陈部分中学生、工人、市民等群众性的反抗，还是渡江战役支前运动中涌现出来的众多船工、民工，都强调了民众的无私奉献，强调群众路线是党取得胜利的力量源泉。民众是革命的主体，因此重现民众个体历史意识，挖掘“记住的过去”，不仅深化了社会对党与民众关系的历史认识深度，而且口述者在口述过程中流露出来的对昔日党群关系的拥护之情，也或多或少地反映了人们对当今党所持有的肯定以及对未来关系的期盼。

4. 革命类纪念馆参观群体的多元化和意义定位增强了口述史学的必要性

以南京渡江胜利纪念馆为例，其被定为南京爱国主义教育基地和党性教育基地，与40家中小学校达成共建关系，因此很大一部分参观者是青少年。2014年，南京渡江胜利纪念馆共接待观众190万人次，其中青少年占70%以上，观众留言15000余条中90%以上为青少年观众所写。另外，由于实施纪念馆免费开放，普通观众也呈现出多元化趋势，附近的居民、社会务工人员、部队和机关人员等出于多种目的前往参观，其中绝大部分都是非历史专业人员，他们对展览陈设的生动性、形象性和直观性有着较大的需求。口述历史的鲜活性、原生态性，以直观形象的方式展现了历史过程，不仅满足了不同层次的观众需求，同时也可与文字说明形成印证，增强历史的可信度，对纪念馆教育意义的达成有着重要的作用。

二 革命类纪念馆使用口述史料的阻碍性因素

口述史料在革命类纪念馆内的广泛采用有其可能性和必要性，但在具体的实践操作中还存在着诸多的障碍。除了作为历史学科或研究手段时存在的各种利弊，如对其客观性、真实性的考证困难等外，作为纪念馆展览陈设的有机组成部分时，也存在着叙事困境以及操作障碍。

革命类纪念馆陈列中所表现的历史叙事，是根据中国共产党在革命时期如何发展、壮大以及最后夺取政权的历史进程而设计的。从一定程度上来讲，革命类纪念馆具有很强的政治话语权，革命文物所体现的不是文物自身，而是它试图讲述的那段革命历史。南京渡江胜利纪念馆开幕式上，时任南京市委书记朱善璐阐述：“60年前，人民解放军百万雄师过大江，实现了震惊世界的渡江胜利和解放南京的壮举，对新中国的成立具有重大意义。我们建设渡江胜利纪念馆新馆，就是要通过对这段历史的展览展示，追忆那段惊天动地的革命历史和激情燃烧的岁月。”[13]通过不间断的社会教育与历史重述，共产党人的革命奋斗史已经深入人心并得到社会认可。

革命类纪念馆在某种意义上是为政府的历史合法性与现今权威服务的。该主旨一经确定，历史事件中与主题无关的话题，甚至是与主题相对立的话题，则会被选择集体忘却或缩微化。在口述史的选择和运用方面，也存在着取舍的问题。还是以南京渡江胜利纪念馆为例，在南京解放过程中，最早进入南京城的35军部队因其部分是由国民党部队转化而来，因而在展陈中被缩微化，其部分领导人被选择性的忘却。口述史学是以“口述者对其亲身经历的历史作为回忆对象的，受口述者心理因素和社会观念等诸多因素的影响”[14]。口述史料的“受访者有着强烈的主观偏见和记忆指向，口述的历史只是他个人对历史事件的记忆宰制和情绪体验的反映”[15]。口述者由于个人的情感以及立场，导致其叙述逻辑与革命类纪念馆展陈的叙事逻辑在某些情况下并非完全一致，甚至可能存在冲突，因此口述史料的求真性与实证性可能导致革命类纪念馆的叙事困境，当然这困境并非是口述史料直接带来的。

实践操作上，由于革命类纪念馆的主要历史叙事集中在近代，展品主要是中国共产党的革命史迹。“每个行为与事件都与其社会—历史文化背景有密切的联系，叙述什么，不叙述什么，不是博物馆馆长或者是知识分子能够决定的，而是我们身在其中的社会文化与历史结构决定的。”[16]这使得口述史料在革命类纪念馆中的广泛运用存在着一些障碍。

三　革命类纪念馆口述史料运用的方面

虽然存在着一些阻碍，但革命类纪念馆口述史料的运用仍有着很强的发展空间。

1. 与文献资料的印证既补充历史细节又增强其说服力

革命纪念馆展览陈列的内容主要是以党史文献资料为基础，但由于各种原因，文献资料未必能关注到历史的细节。同时为确保权威性，文献往往缺少现实生活气息，显得曲高和寡。南京渡江胜利纪念馆展陈中的战前侦察部分，充满惊心动魄和机智巧勇的史料，是吸引观众驻足、增强趣味性的关键节点。但囿于篇幅，展陈部分不可能做出详细的介绍，适当运用口述史料可弥补细节缺乏的缺憾，同时给观众留下深刻的印象。南京渡江胜利纪念馆展陈中运用了一段时任27军渡江先遣大队大队长章尘的口述视频，穿插电影《渡江侦察记》的部分场景，再现渡江侦查中的细节，印证了渡江战役前解放军在当地民众间获得大力支持的历史事实，细化了整个展陈中强调解放军军民一体、鱼水一家的宏观价值取向，增强了说服力和可信度。

2. 对具体革命遗址或者革命文物的解读

近代革命文物是整个革命历史叙事的依据，对具体革命遗址或者文物背后的故事进行解读，是展示其红色文化的内涵与精神的重要途径。展示方式一般是文字展板或者口述音频或者视频。由于文字会受到版面限制，采用视频或者音频呈现内容，无论是充实度还是直观度都具有较大的优势。比如南京渡江胜利纪念馆展陈中有一件在渡江战役中牺牲的张兴儒烈士生前使用过的公文包。这件公文包见证了烈士生前的理想、奋斗与牺牲，如果不加以阐释，公文包背后蕴藏的红色精神便难以得到直观的展示，因此通过采访其战友，还原烈士牺牲时的场景，追忆其平日的风采，再现了一代革命军人的英雄形象，达到了提升红色文化内涵的效果。

3. 口述材料在展览陈设中的运用要适当控制

口述史料在展陈中有着极大的运用空间，但也要结合参观者的心理需求，做到适可而止，不能喧宾夺主，掩盖了展陈中的文字说明或实物背后的深层思考。文物才是革命历史的叙事依据，是革命精神的物化载体，文物的实证意义远远高于口述史料。展陈中，口述材料应围绕文物设置，或衔接，或补充，或深化，不能本末倒置、主次不明。另外，目前运用最多的口述视频也具备一般影视媒介的负面作用，屏幕上的内容“强悍地剥夺人们读书、思考、交谈或者哪怕是静默的机会与权利”，将人们淹没在表层信息中，降低了积极参与社会实践的热情，不知不觉失去行动力，而满足于“被动的知识积累”，这就是拉扎斯菲尔德和默顿所定义的“大众传播的麻醉作用”。因此，口述史料的运用只是起到对历史文物、特定细节和文献资料的补充与验证，不能取代文物本身以及展陈文字说明的权威性、启发性和引导意义。

注释：

[1] 张广智：《西方史学史》，复旦大学出版社，2000 年。

[2] 杨雁斌：《口述史学百年透视（上）》，《国外社会科学》1998 年第 3 期。

[3] 钟少华：《中国口述史学漫谈》，《学术研究》1997 年第 5 期。

[4] 徐国利、王志龙：《当代中国的口述史学理论研究》，《史学理论研究》2005 年第 1 期。

[5] 中国人民解放军历史资料丛书编审委员会：《渡江战役》，解放军出版社，1995 年版。

[6] 中国人民解放军历史资料丛书编审委员会：《渡江战役》，解放军出版社，1995 年版。

[7] 杨雁斌：《口述史学百年透视（上）》，《国外社会科学》1998 年第 3 期。

[8] 宋向光：《促进博物馆现代化建设的制度保障》，《中国文物报》2015 年 4 月 28 日。

[9] 钟少华：《中国口述史学漫谈》，《学术研究》1997 年第 5 期。

[10] 金晓颖：《当代博物馆的展示叙事研究》，浙江大学硕士学位论文，2013 年。

[11] 汤红兵：《口述史学在中国革命史研究中的运用——以井冈山斗争史口述史料的整理与运用为例》，《中国井冈山干部学院学报》2009 年第 7 期。

[12] 汤红兵：《口述史学在中国革命史研究中的运用——以井冈山斗争史口述史料的整理与运用为例》，《中国井冈山干部学院学报》2009 年第 7 期。

[13]《南京渡江胜利纪念馆新馆开馆》，《中国青年报》2009 年 4 月 25 日。

[14] 徐国利、王志龙：《当代中国的口述史学理论研究》，《史学理论研究》2005 年第 1 期。

[15] 汤红兵：《口述史学在中国革命史研究中的运用——以井冈山斗争史口述史料的整理与运用为例》，《中国井冈山干部学院学报》2009 年第 7 期。

[16] 胡良友：《从“红色首府”到“红色纪念地”——关于大别山革命博物馆、纪念馆建构的人类学研究》，中央民族大学博士学位论文，2012 年。

二维码技术与博物馆陈列说明文字应用研究

朱　笛

（徐州博物馆　江苏徐州　221000）

内容提要：近年来，我国网络环境的基本形成和智能手机、平板电脑等移动终端使用率的增长，为二维码的广泛使用和推广提供了较为成熟的契机和庞大的空间。本文研究二维码在现代博物馆领域中的作用，主要从二维码在陈列展品说明文字方面的应用和价值角度出发，借助其信息存储量大的特点，弥补传统纸质说明牌空间有限的特点，丰富文物的介绍内容，增加文物的内涵解读，从而为观众提供更好的观赏体验。

关键词：二维码　博物馆陈列　文字说明

二维码是人们日常生活中随处可见的自动识别技术，作为一种通用的信息承载工具，被广泛应用于金融、媒体、交通、物流、商务、旅游等各个领域。

一　二维码及其优势

我们最常使用的二维码又称为 QR 码（Quick Response Code），外观呈正方形，黑白两色。在四个角落中有三个角落上印有较小的像“回”字的正方形图案，称为定位点，用来帮助解码软件定位。它由数字码字、纠错码字、版本信息和格式信息的编码区域和包括位置探测图形、分隔符、校正图像和定位图形的功能图形组成。[1]

二维码的识别过程简单易操作，只需将安装有扫描软件的智能手机或平板电脑的摄像头作为识读设备，轻松扫码即可获得相关信息，给使用者带来极大的便利（图一）。

图一　智能手机扫描二维码示意图

二维码的广泛使用与互联网的飞速发展及智能手机和平板电脑等智能终端设备的普遍使用密不可分。据中国互联网网络信息中心（CNNIC）2015 年 1 月提供的《中国互联网络发展状况统计报告》统计数据显示，截至 2014 年 12 月，中国网民规模已达 6.49 亿，手机网民规模达 5.57 亿，手机上网使用率为 85.8%，平板电脑上网使用率达到 34.38%。[2]

二维码本身特点决定了其无可比拟的优势，归纳而言主要有以下六点[3]：

第一，信息容量大。可容纳500个左右的汉字或1850个大写英文字母或2710个数字。

第二，编码范围广。可以将图片、声音、文字、签名、指纹等数字化信息进行编码。

第三，容错能力强。即使因穿孔、污损等造成局部损坏时，仍可以得到正确识读，损坏面积达50%仍可以恢复信息。

第四，可靠性高。误码率不超过千万分之一，比普通条形码的错误率百万分之二还要低。

第五，防伪保密性高。引入加密机制，保护数据信息，以确保在接受解码过程中不受外界干扰。

第六，制作简单、成本低廉。目前最常见的制作二维码的方式主要是采用二维码生成器软件，将需要的内容输入后，选择合适的尺寸，仅用3~5秒时间就可以制作一个二维码。

鉴于以上优点，现代博物馆也已开始借助二维码进行相关运作。除了观众免费取票和检票，文物信息管理、文物收藏展示及文物修复等领域均是二维码的用武之地。

二　二维码在博物馆领域的应用

我国网络环境的基本形成和智能手机、平板电脑的使用率增长，给二维码的使用提供了契机，博物馆行业在宣传教育、文化传播、社会服务以及互动领域也适时开展了相关的尝试和创新。比如故宫博物院的全景图导联系统，在故宫范围内基于二维电子地图为游客实现精准定位、路线推荐、景点介绍、语音讲解等服务。[4]苏州博物馆使用二维码语音解读，以方便访客进行游览。[5]浙江省博物馆在馆内覆盖无线网络，免费提供二维码识别软件，使智能手机成为条码识别的随身便携工具。[6]重庆中国三峡博物馆使用微信智能导览，游客通过扫描二维码或关注博物馆的微信公众号两种方式，以网络在线的形式借助微信智能导览平台实时了解三峡博物馆的最新展览资讯，还能用手机在参观的同时免费收听语音导览。[7]

二维码在博物馆藏品陈列说明文字方面也发挥着独特的作用。众所周知，藏品是博物馆的根本，主要通过陈列展览的方式面向社会大众，是博物馆发挥文化知识传播，思想道德教育职能的途径。因此，博物馆藏品的说明文字作为特殊的语言，在成就博物馆自身使命的同时，也发挥着不可替代的社会功能，成为沟通博物馆和广大观众的工具。

传统的藏品说明是以纸质或亚克力材质的说明牌为主要载体，以单一的文字说明为主，主要功能是在相应的位置引导观众参观展品，向观众介绍展品基本信息，如名称、类型、时代、尺寸、发掘时间及地点等。此外，说明牌也包括由展品衍生出来的相关内容（内涵信息），如展品用途、价值、历史地位等。但是大多数说明牌尺寸固定、空间有限，仅介绍展品基本信息，至于内涵信息则很少在说明牌中体现出来。对于级别较高的珍贵展品，其本身蕴涵的历史文化信息极其丰富，但在有限的空间里用只言片语是很难描述和解释清楚的，尤其是对于没有专业历史考古背景知识的普通参观者而言，其心中的疑问是显而易见的。还有一种情况是，藏品的内涵说明文字很详细，但是说明篇幅占很大面积，或是文字集中于一块有限的说明牌上，造成文字字体小、间距紧凑，既不美观，也对观众的辨识造成一定的困难，分散对藏品本身的注意力。而集中式的传播模式，也会造成参观者当时记得住、过后全忘记的尴尬，由此反而达不到说明白、讲清楚的目的。以上两种情况是目前我国各大博物馆文物陈列展览中普遍存在的现象。

三　二维码在陈列说明文字方面的应用

借助二维码体积小、信息存储量大的特点，可以将博物馆藏品说明文字，包括基本说明和内涵说明，都转化为小小的二维码，在对应藏品的位置放置。二维码具有唯一性，每件藏品都有相对应的专属二维码，作为文物的身份标识。观众在博物馆进行参观时，仅需扫描藏品二维码，即可获得藏品各自相对应的详细信息。

以徐州博物馆陶俑为例。徐州博物馆陶俑展厅特展橱中的北朝彩绘女俑，是该馆最具代表性和知名度的陶俑之一。目前这件彩俑仅有一个说明牌，介绍其名称、时代、出土地点等基本信息。因为是彩绘俑，所以观众拍照时必须使用关闭闪光灯的摄像设备，隔着展橱玻璃拍照很容易产生反光，禁止使用闪光灯也会使照片质量下降。但是将说明文字二维码化后，情况则大为改观。该彩绘女俑的二维码，既有基本信息也有延伸说明。基本信息主要有陶俑的正、背面高清像素图片及详细的尺寸、时代、出土地点。延伸说明则包括彩绘陶俑局部彩绘特写照片，展示陶俑的发式、面部化妆等细节内容，并附加北朝服饰妆容方面的知识介绍。此外，还提供其他地区出土的同时期同类型的陶俑图片及相关介绍，补充相关历史背景知识，介绍魏晋南北朝时期民族融合背景对服饰文化方面的影响。

通过这一事例，可以明显看出将说明文字二维码化之后，观众获得的信息在内容和质量上都更加丰富。

将陈列藏品说明文字二维码化具有以下主要优势：

有助于提升参观者的观览体验。这种体验不仅局限于博物馆实体中，而且在参观结束后，观众仍可以通过保留在移动终端中的馆藏文物信息，观赏到文物的精彩，体会到博物馆的魅力，因此具有延续性。同时提供给观众一系列高像素的文物图片，省去其反复拍照的时间，更能集中注意力观赏藏品实物。

有助于维持参观秩序。观众通过二维码免费获得电子化的展品图像及文字信息，可以自行阅读了解文物相关信息，弥补现场参观的遗漏，能在一定程度上缓解观众滞留博物馆时间过长、人流拥挤的问题，也能缓解博物馆讲解人员的压力。

有助于藏品保护。博物馆展厅虽禁止使用闪光灯等强光照明设备拍照，但仍难以保证无人违禁使用闪光灯拍摄造成文物伤害等诸多问题。而电子化的展品图像，使观众不用拍照就能免费获得文物的高品质清晰图片，包括各个角度和细节部分的图片，即使现场拍照也不一定能获得同等质量的效果，从而达到保护的目的。

有助于提高博物馆的关注度。如今我国社交网络发达，很多网民都会使用社交网络进行信息交流和分享，观众扫描二维码后获得的文物信息，可以通过微博、微信等分享给好友，实现资源共享，如此也能达到提升博物馆影响力的作用。

四　博物馆二维码的使用规范

如前所述，二维码信息存储量大、制作简单、成本低廉，这是博物馆陈展藏品说明文字二维码化的前提，但在实际操作过程中还要严格遵循一定的规范和要求，主要体现在以下几点。

1. 准确规范

现代博物馆利用二维码技术传播给观众的知识信息量庞大，制作二维码时所使用的内容必须精准，这是慎之又慎的工作，需要极大的耐心和精力，也是对博物馆相关人员的艰巨考验。制作每件藏品说明文字的二维码时，要了解文物的历史背景、文化内涵、社会影响等相关知识。对文字本身也要反复校对以保证准确无误，否则稍不留神便会闹出笑话或是导致不良反馈。

2. 详略得当

文物说明文字在前人兢兢业业的积累基础上已经成果斐然、数量可观。但是考虑到二维码毕竟也有其信息存储限度，因此在制作二维码时必须整合文字、有所取舍，使说明文字既能在深度和广度上达到一定层次，将新发现、新结论、新视角、新见解及时补充更新，又不至于超出存储限度。

3. 独具匠心

馆藏文物说明虽然是描述性文字，但可以增加语言的组织，用优美的文字来表述，更能增加参观者的兴趣。通过图文并茂的方式，将枯燥的专业知识以轻松易懂的方式向大众传播，着实是考验博物馆人创造力和想象力的事情。

4. 标准鲜明

为避免复杂凌乱，二维码制作或可采用统一标准，如颜色搭配和设计风格。同时应该将其布置在文物附近，位置显著鲜明，以便于游客对应扫码。此外，也可根据博物馆的地方文化特色，考虑设计使用一些创意二维码，使其富有艺术设计感又独具一格，令人印象深刻。如美国《时代》杂志的创意二维码，就不再局限于黑白两色的编码格局，既能突出其品牌标志“TIME”，又增加了漫画效果，使原本单调的二维码立刻生动起来（图二）。[8]

图二　美国《时代》杂志创意二维码

五 未来的展望

随着博物馆事业的稳步发展，博物馆的信息传播不再单纯借助电视、报纸等权威机构媒体进行传播，而转向依靠网络来实现自我展示和公开目的。伴随无线互联网的发展和移动终端设备的应用，二维码技术在博物馆领域的应用前景令人期待。

教育与服务是博物馆的主要社会职能之一，本着“以人为本”的宗旨，将有助于人的发展和愉悦作为主要任务，向观众进行详细的知识传播以满足其观赏学习的目的。业界同行已经在这一方面有了积极的尝试，国内各大博物馆采取的“观众本位”思想和各项服务措施，正是这种宗旨的体现，将陈展文物藏品说明文字二维码化，正是在新时期新技术的发展背景下，贯彻这一宗旨的勇敢实践。

二维码技术本身也在不断更新，在二维码的基础上还出现了三维码，即利用色块的灰度或颜色增加一个数据维度，使信息量成倍增加，能容纳一段短视频或是语音说明，而无须网络和后台资源的支持。[9]随着二维码技术的发展和应用，将进一步推动数字化博物馆的建设，在保护文物藏品的前提下，更好地为公众社会服务。

注释：

[1] 张苗苗、阎俊生、张游杰：《iPhone 手机二维码系统设计与实现》，《电脑开发与应用》2012 年第 12 期。

[2] 中国互联网络信息中心：《第 35 次中国互联网络发展状况统计报告》，2015 年 1 月。

[3] 马晶晶：《二维码技术及其在博物馆中的应用探析》，《文物世界》2014 年第 2 期。

[4] 吴伟如、宫雪、王文毅、赵涵思：《基于智能手机的博物馆导览模式研究与设计——以民间美术馆为例》，《艺术与设计（理论）》2015 年第 4 期。

[5] 蒋菡、茅艳：《浅谈二维码识别技术在博物馆中的应用》，《苏州文博论丛》，文物出版社，2012 年。

[6] 蒋菡、茅艳：《浅谈二维码识别技术在博物馆中的应用》，《苏州文博论丛》，文物出版社，2012 年。

[7]《三峡博物馆用微信智能导览》，《发展》2014 年第 6 期。

[8]《令人拍案叫绝的 15 个二维码创意设计案例》，独创意设计网。

[9] 顾秋凡：《二维码：科技博物馆的信息化标签》，《上海信息化》2013 年第 10 期。

打造非物质文化遗产公共服务平台

——以苏州碑刻博物馆“苏州碑刻技艺展示体验中心”为例

刘逢秋

（苏州碑刻博物馆　江苏苏州　215007）

内容提要：非物质文化遗产作为一种和现代生活方式相去甚远的文化存在，不为普通公众所知。打造一个将“非遗”与公共对接的平台是“非遗”为当代人所用、为当代人提供文化滋养的有效途径。本文以苏州碑刻博物馆“苏州碑刻技艺展示体验中心”为例，探讨了打造“非遗”公共文化服务平台的必要性及具体措施。

关键词：非物质文化遗产　公共服务平台　苏州碑刻技艺展示体验中心

一　“非遗”与公众之间存在着巨大的信息差距

根据联合国教科文组织发布的《保护非物质文化遗产公约》，非物质文化遗产（以下简称“非遗”）指被各群体、团体，有时为个人所视为其文化遗产的各种实践、表演、表现形式、知识体系和技能及其有关的工具、实物、工艺品和文化场所。主要包括口头传统和表述、表演艺术、社会风俗礼仪、节庆、传统的手工艺技能等。

“非遗”的主要特点为非物质性（无形性）、传承性和地域性。不同于固化的物质化的文化遗产实体，“非遗”表现为一种习俗、一种技艺，是一种无形的文化存在，是通过祖辈一代代口传心授、言传身教的形式流传下来的，是某一地域特定人群个性、审美习惯的“活”的显现，具有强烈的地域特征。总之，“非遗”产生于特定历史时期，通过口传心授、言传身教的方式代代传承并逐渐走向小众化，本质上是一种和现代文明相去甚远的文化存在，与公众之间存在着巨大的信息差异。

以苏州碑刻技艺为例。苏州碑刻制作技艺历史悠久、精巧细致、格式独特、内容丰富，其制作技艺有石材精致、刻工博学、精巧雅致、要求碑刻制作与原作惟妙惟肖四大特点，2007年被列入“江苏省非物质文化保护遗产”。技艺传承主要以师傅带徒弟的形式传授，由于史料记载缺乏，至今可查实的仅有周梅阁、钱荣初、时忠德一脉单传的碑刻技艺传人，技艺传承已处于濒危状况。一般大众对该项技艺更是知之甚少。

二 打造“非遗”公共服务平台是宣传“非遗”的有效途径

1.“非遗”公共服务平台的概念

“非遗”公共服务平台是面向普通大众的、综合展示某一项或几项“非遗”的固定机构。具有一定的软、硬件基础，目的是对接“非遗”和普通公众，利用“非遗”为普通公众提供文化滋养。

“非遗”公共服务平台的主要特点为直观性、综合性和互动性。平台通过照片图示、相关工具（道具）展示、现场演示等方式将“非遗”这一无形的非物质的文化存在更具体、直观地表现出来，是一个致力于多角度、多层次、多渠道传播的平台，强调与普通公众之间的互动。

以苏州碑刻技艺展示体验中心为例。该中心为博物馆下属机构，总面积70平方米，分为“刻碑展示区”和“拓碑展示体验区”两部分，分别陈列刻碑、拓碑相关材料和工具，并配以刻碑和拓碑流程的版面说明及电子触摸屏，每周固定时间由苏州碑刻技艺代表性传承人及其徒弟现场展示碑刻技艺部分工艺流程，并向普通公众提供“碑刻传拓”互动体验服务。即便是从未接触过碑刻技艺的普通大众也可以在专业技术老师的指导下完成整个流程，得到属于自己的“传拓作品”。

此外，中心还出版了宣传小册子和普及教材，设置了留言簿，开通了官方微博，形成了良好的宣传和信息反馈机制。

2.“非遗”公共服务平台的宣传优势

（1）化“无形”为“有形”，直观表现“非遗”，加强公共认知

“非遗”提供一定场所和一系列的实物载体，通过相关工具（道具）展示、照片版面图示和现场演示等方式将“非遗”这一无形的非物质文化存在更具体地表现出来，具有很强的直观性。对于和“非遗”之间存在巨大信息差异的普通公众来讲，更容易引发兴趣、获得认知。

苏州碑刻技艺展示体验中心将石材、刻刀、拓包、棕刷、复刻碑等碑刻技艺相关工具和材料进行实物展示，将刻碑、拓碑流程进行图文并茂的版面说明，录制了专业人员展示的刻碑、拓碑流程视频，定期进行专业人员现场展示并针对预约观众提供“拓碑体验”服务，将无形的苏州碑刻技艺转化为看得见、摸得着的直观实物形象。吸引普通公众走进中心，看一看，摸一摸，从而获得对这一古老技艺的感性认识，进而引发兴趣，加强公众对苏州碑刻技艺的认知。

（2）综合性传播形成传播合力，加强宣传效果

“非遗”公共服务平台是一个多角度、多层次、多渠道的传播平台。传播内容的多层次性和传播方式、传播媒介的多样性形成传播合力，弥补了公众对“非遗”认知的不足，加强了宣传效果。

苏州碑刻技艺展示体验中心运用不同的物质载体，通过不同的方式多角度宣传苏州碑

刻技艺。石材、刻刀、拓包、棕刷等实物展示诉诸公众的视觉、触觉，使其对碑刻技艺的基本材料和工具产生感性认识，版面介绍、宣传材料和普及教材通过文字图片给予系统化的工艺流程介绍，相关讲座和专题展览提供更加广泛的知识，视频资料和专业人员现场演示使公众的认知更加直观全面，互动体验为公众提供了亲身感受的机会，从而形成其个人的、具体的独特感受和认知，系统课程则传授了整个碑刻技艺的流程工艺。这种多角度、多层次、多渠道的宣传形成一定的传播合力，加强了公众对于苏州碑刻技艺的认识。

(3) 为公众互动提供平台，在体验中获得认知

“非遗”公共服务平台能够为公众体验具体某项或几项“非遗”提供条件，公众通过自身体验加深了对“非遗”的认知。

苏州碑刻技艺展示体验中心每周固定时间为普通公众提供“拓碑体验”服务。由专业技术老师对体验者进行指导，并准备体验所需的一切工具和材料，普通公众只需简单预约，即可在预约时间内获得该项体验服务。

中心还定期举办“碑刻技艺进校园”、“碑刻技艺进社区”活动，通过专题讲座、现场体验、系列课程等多种形式，将苏州碑刻技艺连同相关工具、材料、技术指导老师一起送到社区居民身边、送到学生身边。为公众参与、体验苏州碑刻技艺提供便利。

三 打造“非遗”公共服务平台的具体操作

1. 必备的硬件和软件支持是打造非遗公共服务平台的基础

打造“非遗”公共服务平台必须具备一定的硬件和软件。包括适合展示、参观、体验的场地及必备的物质载体，精通某项或几项非遗的代表性传承人或团队，运作“非遗”公共服务平台的团队及配套的各种制度。

苏州碑刻技艺展示体验中心拥有占地 70 多平方米的物理空间，供展示体验的碑刻 25 平方米，相关材料工具若干，宣传版面、视频、教材若干，电子触摸屏一台，留言簿一本。中心由苏州碑刻技艺传承人及其徒弟担任专业技术指导老师，进行工艺展示并指导公众体验。中心由活动项目策划人员、项目执行人员及宣传人员组成运作团队。制定有严格的对外开放和体验制度、对外宣传制度、团队管理制度。

2. 项目化运营是打造“非遗”公共服务平台的关键

“非遗”公共服务平台的职能是通过展示具体某项或几项“非遗”向广大公众提供公共文化服务。项目化运营实实在在地为公众提供文化服务，是实现“非遗”公共服务平台职能的关键。

苏州碑刻技艺展示体验中心以中心的软、硬件为依托，进行项目化运营。自开放以来，分别推出了“感受非遗　文化惠民”拓碑体验、“碑刻技艺进社区”、“碑刻技艺进校园”等多个项目。“感受非遗　文化惠民”拓碑体验项目是中心的常规活动项目，在每周三、周六固定时间接待普通公众进行“拓碑体验”；“碑刻技艺进社区”活动则走进一个个社区，将碑刻技艺送到普通居民的身边；“碑刻技艺进校园”活动和学校合作，整合中心和校方资

源，将“碑刻技艺”融入学生的课程中，系统地传授碑刻技艺的整个流程和工艺。通过这些具体的项目，中心切实将“苏州碑刻技艺”有效地展示给更多的公众，使更多公众能从这一“非遗”中获得滋养。

3. 积极宣传，形成品牌是打造“非遗”公共服务平台的必由之路

“非遗”和公众之间存在巨大的信息差距，公众对“非遗”公共服务平台的认知率也非常低，因此“非遗”公共服务平台自身的宣传非常重要。公众首先必须知道有这样一个平台，才可能进一步通过这一平台获得服务。

苏州碑刻技艺展示体验中心非常强调对中心自身的宣传。中心具有一套完整的视觉识别系统（VI 系统），有“碑刻技艺”字样的 LOGO、标准色和标准字。中心配备专门的宣传人员负责中心的日常宣传工作，并积极运用新媒体，在苏州碑刻博物馆官方微信、微博设有“苏州碑刻技艺展示体验中心”版块，对中心的基本情况和活动情况进行宣传介绍。此外，中心还积极利用报纸、电视等大众传播媒体，宣传中心相关情况及特色项目，努力将苏州碑刻技艺展示体验中心打造成一个有一定影响力的公共文化服务平台，使这一“非遗”公共服务平台能够为更多公众所认识、了解、使用。

四　结语

“非遗”是先人留给后世的宝贵文化遗产，如何传承、保护和合理利用，使之能够为当代人提供文化滋养是一个非常宏大的课题。本文以苏州碑刻博物馆“苏州碑刻技艺展示体验中心”为例，提出打造“非遗”公共服务平台是对接现代公众的一个良好尝试，并就具体如何打造提供了一些思路。期望能够抛砖引玉，引发对“‘非遗’如何为当代人提供文化滋养”这一命题更多的思考和实践。

参考文献：

1. （美）斯蒂文·小约翰著、陈德民等译：《传播理论》，中国社会科学出版社，1999 年。
2. 乔晓光：《活态文化：中国非物质文化遗产初探》，山西人民出版社，2004 年。
3. 吴文科：《论“非物质文化遗产”保护的根本性原则》，《浙江艺术职业学院学报》2005 年第 3 期。
4. 杨怡：《非物质文化遗产概念的缘起、现代及相关问题》，《文物世界》2003 年第 2 期。
5. 贺学君：《关于非物质文化遗产保护的理论思考》，《江西社会科学》2005 年第 2 期。

公共服务谱新篇　画卷漫展佳境来

——南通博物苑"掌上博物馆"建设的实践与思考

黄　金

（南通博物苑　江苏南通　226001）

内容提要： 近年来，移动互联网的发展和智能移动终端的广泛运用引起了博物馆界的极大关注。本文以南通博物苑"掌上博物馆"项目为例，概括了"掌上博物馆"建设的背景，并从组织策划、界面设计、内容构建、创新导览、测试修改五个方面系统介绍了项目建设开发的实践过程与经验总结，重点探讨了在增强现实、自助导览、互动体验等应用引领下的博物馆导览手段创新。

关键词： 掌上博物馆　APP　移动互联网　公共服务　创新导览

作为中国第一座公共博物馆，南通博物苑首次通过 APP 的形式，将"馆园结合"的独特风格搬上移动终端，用实景导航、历史复原、自助导览等技术手法带领公众进入全新的参观导览模式，步入新馆、中馆、南馆、北馆、东馆以及张謇故居——濠南别业，观赏珍稀古树、中草药植被。除通过文、图、声、影等形式介绍最新展览和馆藏文物外，还通过二维码扫描、语音编码查询、园区景点自助导览定位、水印相机等互动功能为公众提供更便捷的参观服务。该 APP 获得江苏省旅游局颁发的 2014 年度"江苏省智慧旅游优秀项目"。

一　背景

1. 时代发展的需要

中国互联网络信息中心（以下简称 CNNIC）发布报告称，截至 2014 年 12 月，中国网民规模已达 6.49 亿，其中手机网民规模达 5.57 亿，占比由 2007 年的 24.0% 提升至 85.8%（图一）。此外，各种智能手机、平板电脑普及速度加快，越来越多的网民选择使用这些移动终端获取各种信息。国内 3G、4G 网络用户越来越多，家里、办公室、宾馆、公共场所等地方的 Wi-Fi 也已经相当普及。

移动互联网和移动终端的快速发展，营造了互惠分享的网络空间，同时催生了自媒体的产生。在自媒体时代，公众既是媒体内容的浏览者，也是制造者，既可以被动接受信息，也可以主动撰写发布信息。公众成为博物馆信息交互的主体，拥有了更大的话语空间和自主权，可以自由构建自己的社交网络。自媒体现已成了大众张扬个性、表现自我的最佳场所。据 CNNIC 报告显示，2014 年，有 60.0% 的网民对于在互联网上分享行为持积极态度，其中非常愿意的占 13.0%，比较愿意的占 47.0%（图二）。

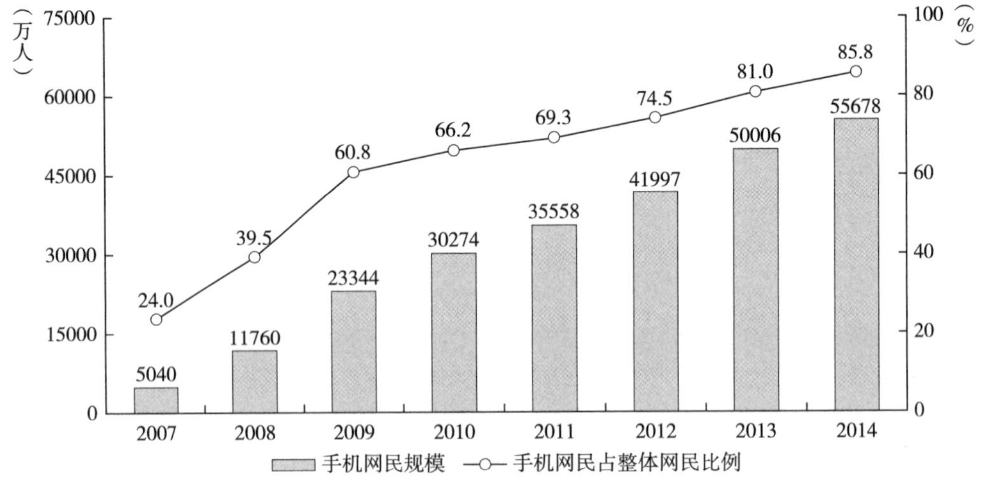

图一　中国手机网民规模及其所占网民比例

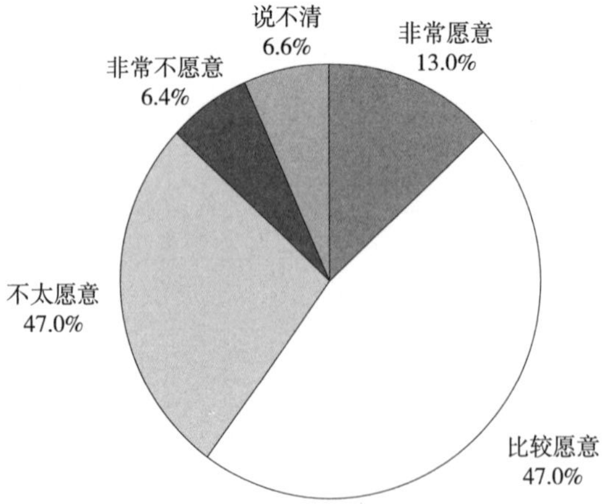

图二　2014 年度网民分享意愿

2. 公共服务的需要

随着生活水平的不断提高，公众的文化需求日益增长，社会对博物馆的要求也越来越高。依靠单一枯燥的陈列方式以及过于专业化的展示语言，已难以达到大众化的宣传效果，这些都促使博物馆不得不重新审视其传统的传播路径，寻找更加贴近公众的新策略。《国家“十二五”时期文化改革发展规划纲要》明确指出，要提高公共文化服务的数字化、网络化水平；重视新媒体建设、运用和管理，制作适合手机等新兴媒体传播的精品佳作，提高传播能力等。刚出台的《博物馆条例》中也规定，博物馆应当根据自身特点、条件，运用现代信息技术，开展形式多样、生动活泼的社会教育和服务活动。

据CNNIC报告显示，2014年95.9%的网民年龄结构处于10～59岁（图三）。这一群体或因学业、工作和快节奏的现代生活等原因，少有参观各类实体博物馆的机会，博物馆对于他们来说，更像调味品而并非必需品。另一方面，看不懂、听不懂、缺少交流沟通、文化理解差异也成为阻挡公众参观实体博物馆的主要因素。因此，博物馆要转变观念，不但要博物，还要博传，应有效利用馆藏资源进行多元化展示，以通俗易懂、寓教于乐、具有广泛参与性的方式进行博物馆文化传播。以南通博物苑APP为例，其用实景导航、历史复原、自助导览等技术手法带领公众进入全新的参观导览模式，还通过二维码扫描、语音编码查询、园区景点自助导览定位、水印相机等互动功能为公众提供更便捷的参观服务。

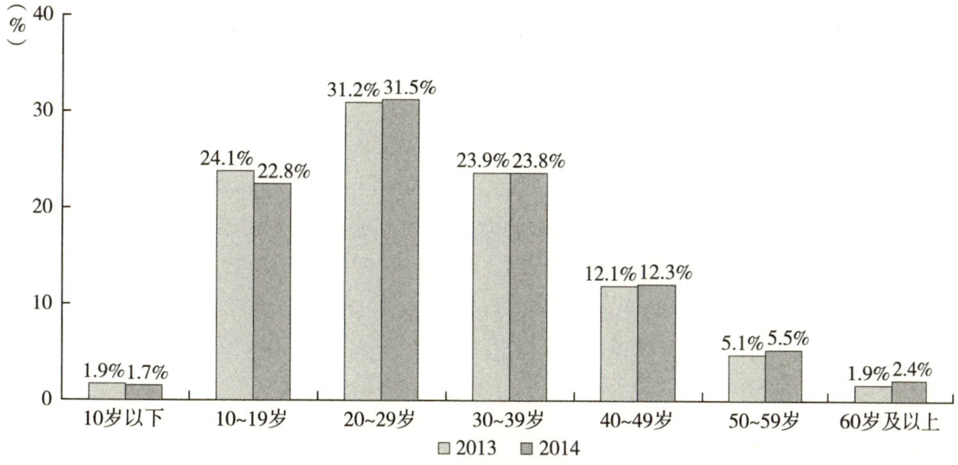

图三 中国网民年龄结构

二 实践

1. 精心组织策划，打造公共服务品牌

南通博物苑新馆基本陈列共分三个部分：讲述南通古代文明的“江海古韵”、呈现博物苑精品文物的“馆珍遗韵”、陈列江海鲸类及生物资源的“巨鲸天韵”。此次“掌上博物馆”是南通博物苑新馆基本陈列更新工程的一个子项目，因此，其内容设计和功能定位也必须紧紧围绕基本陈列进行。南通博物苑特别成立了展陈更新电子组，电子组主要负责制定具体方案，包括形式设计、内容设计和功能设计，并制定工作清单和任务分解表，同时和开发商沟通协调，以确保项目顺利推进。

南通博物苑“掌上博物馆”在设计之初就强调要找准定位，将文化与科技、服务与展示相融合，既要充分利用博物苑资源特色，又要多元化服务公众。南通博物苑是中国人自己办的第一座公共博物馆，是一座“馆园一体”的城市园林式综合性博物馆，融历史建筑群与精美的园林为一体，集参观与游览于一体，既发挥了博物馆的作用，又不失园林的功能，是公众参观、学习和休闲的良好场所。所以，“掌上博物馆”被定位为集社会教育和休闲旅游于一体的智能掌上终端。此外，博物馆的一项重要职能是服务公众，“掌上博物馆”建设也应贯彻这一理念。整体开发与逻辑设计要遵循公众体验的思维模式和行为习惯，遵循寻找博物博、认识博物馆、参观博物馆、分享博物馆和博物馆互动等几个环节，提升公众服务能力。

为提供便利的使用环境，南通博物苑还建成了覆盖新展馆所有区域的免费无线网络。“掌上博物馆”分iPhone和Android两个版本，公众在参观时，只要连上互联网，用手机扫描对应二维码并安装这个APP软件，即可通过手机畅游博物苑。

2. 界面清新自然，布局设计清晰合理

UI即User Interface（用户界面）的简称，UI设计是指对软件的人机交互、操作逻辑、界面美观的整体设计。好的UI设计不仅让软件变得有个性有品位，还能让软件的操作变得舒适简单，充分体现软件的定位和特点。

南通博物苑“掌上博物馆”UI设计定位是为公众设置便捷的操作方式和较为直接的信息呈现形式。UI设计方面，借鉴了该苑VI（Visual Identity）视觉识别系统，整体布局、色彩搭配上给人一种清新明快、温馨自然的感觉。栏目方面，首页上方是滚动公告通知和天气提醒；首页的左上角是侧边栏，点击后可以进行登录、文物编号搜索、官方微信关注、博物苑风景、结伴出游、游记、留言板、软件常用设置等操作；首页屏幕中间以该苑6个主要展馆建筑外景作为展馆快捷入口，分别为中馆、南馆、东馆、北馆、濠南别业、新展馆；首页下方共有5个一级栏目——资讯、导航、首页、AR、文物。不管处于什么页面，只要点击界面下方的“首页”均可回到首页。

3. 立足资源优势，构建特色内容平台

南通博物苑“掌上博物馆”充分利用了博物苑文化及文物资源特色，内容充实而不冗余，形式新颖而不复杂。

首先，文物展示方面，共展示130件文物。这些文物能反映南通博物苑作为综合博物馆的收藏特点，不仅有历史文物，还有矿物、动植物等自然标本，以及园中珍稀古树、地方中草药植被等。130件文物中，“江海古韵”占33件，“馆珍遗韵”占28件，“巨鲸天韵”占12件，此外还有园区珍稀古树9株，中药坛药用植物48种（其中位于中馆四周的有32种，位于南馆四周的有16种）。与之对应，新馆基本陈列展厅里共有73件文物藏品具有语音编码查询牌，12件文物藏品还具有二维码标示牌。

其次，引入时间轴概念，呈现给公众清晰明了的展览介绍。“跋涉百年——南通博物苑历史展”以时间轴的方式展现南通博物苑一百年来的历史变迁，包括前言、创始篇、磨难篇、新生篇、跨越篇、结束语等篇章。每一个篇章以时间点为主线，介绍南通博物苑期间发生的主要大事记。以时间轴的形式来介绍博物馆展览，清晰简洁，层次分明，一目了然。

最后，为“掌上博物馆”制作专用宣传视频。“掌上博物馆”视频具有其自身的特点，不能简单用现有视频资源替代。一方面视频尺寸比例、占用空间大小和格式要适合在移动终端进行观看；另一方面，要对内容进行重新策划，要有重点、有针对、有秩序地对博物馆进行介绍。为此，首先策划视频文本内容，并依此形成总视频脚本和分镜头脚本，接着

根据脚本搜集相关图片资料并进行筛选，同时联系制作方现场补拍空缺的镜头，然后经过剪辑、录音、配乐、合成输出制作成片。该宣传视频部分采用了航拍，体现了南通博物苑独特的“馆园一体”文化气息，声色并茂地对博物苑概况、历史变迁、园林景点、展馆藏品、文物征集、社会教育、学术研究、成绩荣誉等进行了系统介绍。

4. 创新导览形式，提升公共服务能力

一是增强现实的应用。允许公众看到真实世界，同时也能看到叠加在真实世界上的虚拟景象，帮助公众更好的解读展品内容，这就是简单意义上的增强现实（AR）。目前“掌上博物馆”上线的AR增强现实选取了被誉为“中国博物馆圣地”的标志性建筑——南馆，再现张謇与梅兰芳携游博物苑的美好时光。将手机摄像头对准南馆整体建筑，点击AR键，瞬间出现了“1920年1月12日，张謇邀请梅兰芳游博物苑时在南馆前的合影”、“南通女子师范附属初等二、三年级学生参观博物苑时在南馆前的合影”以及“100多年前的南馆”等老照片。而放下手机，仿佛又从百年前“穿越”回了现代。

二是自助导览的应用。以往公众在参观博物馆的时候，只能直观地看到展品及简单的文图信息，如果想要了解更多知识，就要聆听人工讲解、使用讲解设备或者查阅资料。博物馆传统人工讲解方式有很多不足：公众必须紧跟讲解员，造成区域拥堵，且无法独自游览，若错过解说，无法重复收听；不同讲解员之间的解说可能会相互影响；讲解员数量有限且讲解需收费等。传统的讲解设备也存在使用不便、收费偏高等问题。南通博物苑“掌上博物馆”支持公众自助导览，通过二维码技术，公众“扫一扫”就能获得展品的文字、图片、语音等信息。同时，公众通过发送语音编码或输入展品名称，利用掌上博物馆的查询功能就可以收听该展品详细的语音介绍。这两种自助导览技术功能实用、使用方便，使原本单调的观展形式变得丰富多彩，大大提高了公众的参观兴趣。此外，公众还可以将感兴趣的展品信息保存到手机，或转发到微博、微信、QQ等社交平台与朋友分享，使得展品为更多人所了解。

三是互动体验的应用。对于第一次到南通博物苑参观的外地公众来说，他们参观时更想知道附近有哪些特色景点或展馆，最近的洗手间在哪里等。南通博物苑“掌上博物馆”采集了40个主要园区景点GPS坐标信息，通过地图定位导航技术，公众只需跟随手机屏幕中的坐标信息悠然信步即可，提升了公众的观展互动体验。此外，“掌上博物馆”还采用了多种信息技术手段，丰富公众的互动体验功能。如苑内导航：7个园区360°虚拟全景展示尽显“馆园结合”独特风格。苑外导航：馆址定位，交通路线指引好帮手。水印相机：相机拍照加入水印应用，让中国博物馆最早的观览证以水印的形式留在照片里。结伴旅行：通过结伴功能，把具有共同爱好和需求的用户组合到一起，一起参观博物苑。游记：既可以自己制作游记，也可以查询其他参观者留下的游记，帮助公众快速汲取别人的旅途精华。留言板：游览后可以对景点或展览留言，分享此刻的心情，给予其他公众更多的参考信息。

5. 力争精益求精，反复测试修改完善

“掌上博物馆”系统完成基本制作后，在上线之前，还对其进行了一系列的校对和测试工作，具体包括文字校对、图片校对、影音校对以及错误测试、功能测试、效果测试等。

校对主要是检查错别字、字体和排版，图片像素比例，文图影音是否匹配等。测试主要测试系统的稳定性、兼容性、可移植性、易操作性，各个链接是否正确有效，各种媒体是否播放流畅，展厅二维码标牌扫描是否方便，在不同的手机系统版本上运行测试，一旦发现错误立即反馈给制作方修正。

据不完全统计，“掌上博物馆”经过校对共发现25个错误，例如水印相机图片错误、展厅文物实物和图片不对应、文物语音和文字不一致等。安卓和苹果手机系统各进行过4次测试，共修正11个问题，例如侧边栏博物苑风景图片不能滚动浏览、要有首次使用引导页提示、使用导航功能要提示打开手机GPS定位、文物编码查询不能仅靠回车还要放置搜索图标、苑内导航不能旋转屏幕、为减少程序打包大小将视频上传至优酷在线传输给公众等。

三 思考

1. 保持和制作公司的良性沟通

“掌上博物馆”的策划设计和程序开发不可能一蹴而就，开发过程中，博物馆和制作方难免会有分歧。制作方具备优秀的策划、形式设计、程序开发能力，但对博物馆行业文化、各项业务都不熟悉；而博物馆人员则熟悉博物馆文化和业务，了解公众的实际需求。遇到分歧时，博物馆人员要积极和制作方相关人员进行沟通，把设计意图或不成形的想法告诉制作方，他们再充分发挥自己的特长和经验，制作出双方都满意的成品。

2. 必须坚持以公众为本

“掌上博物馆”作为服务公众、拓宽社教空间的一种有效手段，必须坚持以公众为本，一切从公众的角度出发。“掌上博物馆”不能过分强调展示效果、追求技术含量或艺术形式，这些东西表面看能激发公众兴趣，实际上往往会分散公众注意力，使宣传效果大打折扣。“掌上博物馆”需要借助一定的艺术形式，但只有将充实的内容与完美的外在形式有机结合，才能真正调动公众的参观积极性，达到传授博物馆文化的目的。

3. 注重后期运营和推广

“掌上博物馆”代表着博物馆的整体形象，是独立的信息发布平台，一旦上线，还要注重后期运营维护和推广。要在如苹果App Store、豌豆荚、百度移动应用、手机助手等多种手机平台推广成品，还要制作相应的宣传资料，组织各种线上、线下宣传活动。其次，要收集用户反馈，不断改善产品体验。“掌上博物馆”第一期文物语音编码和二维码共推出了73件文物，听取公众意见后还会相应增加数量。此外，文物3D展示、展馆3D导航、展厅360°全景展示等功能也将逐步添加。

参考文献：

1. 中国互联网信息中心：《第35次中国互联网络发展状况统计报告》，2015年1月。

2. 刘洋：《新技术应用创新博物馆观展方式》，中国文物信息网。
3. 王勇：《浅谈博物馆与移动互联网应用》，《文博》2013 年第 2 期。
4. 张永春：《论博物馆展览手段的创新——以浙博“掌上博物馆”项目为例》，《东方博物》2012 年第 2 期。
5. 项堃、刘新阳：《智能手机在博物馆导览中的运用》，《文物春秋》2014 年第 6 期。

浅谈史料征集工作中互联网的辅助运用

——以苏皖边区政府旧址纪念馆为例

於剑山

（苏皖边区政府旧址纪念馆　江苏淮安　223002）

内容提要： 史料征集工作是近现代历史博物馆的基础工作。在国际互联网已触及世界每个角落的今天，史料征集工作也应与时俱进。互联网提供了海量的数字化资源，从而拓展了史料征集途径和范围，使史料征集工作变得更加便利。通过互联网进行史料征集将成为今后近现代历史博物馆文博工作者的基本技能。

关键词： 史料征集　互联网　数字化资源

史料征集工作在近现代历史类博物馆中具有基础性地位。随着互联网的普及和网络资源的日益丰富，充分利用互联网可以给史料征集工作带来极大的便利。苏皖边区政府旧址纪念馆2008年开通了官方网站，此后又开通了微信公众号，在馆内开放了免费无线网，利用网络宣传苏皖边区历史，加强了与社会各界的互动交流，并在利用互联网辅助史料征集方面进行了一些有益的探索。

一　网络时代的史料征集准备工作

做好前期准备工作是史料征集工作的前提，过去获得史料征集信息的主要渠道是通过知情者，但现在随着人口流动性的增大，通过传统途径得到史料征集的信息将变得越来越困难，而互联网则给史料征集工作打开了一扇全新的窗口。目前，许多政府机关、企事业单位都建立了网站，因此，在掌握史料征集工作大致方向的情况下，可以很方便地从这些网站获得所需地方政府或相关单位的地址、联系方式等信息。由于互联网的日益普及，很多人都开通了博客、微博及个人网站，其中不乏专家学者及史料征集工作所需的知情者。就与苏皖边区政府相关的人来说，中共华中分局书记邓子恢之女邓小燕、边区政府副主席季方之女季明、高等法院副院长徐凤笑之子徐志坚等人均开通了个人博客，他们还在其中展示了许多与父辈的革命生涯有关的内容，其中很多照片和文字本身就具有很高的史料价值。

2013年，苏皖边区政府旧址纪念馆展开原苏皖边区政府秘书长张恺帆的史料征集工作，由于张恺帆已逝世多年，而纪念馆以往并未掌握其亲友的联系方式，征集工作很难进行下去。于是，我们首先通过互联网，查找到了张恺帆家乡及曾经战斗和生活过的安徽合肥市、无为县等地的档案馆、烈士陵园、党史办等单位的地址和联系方式，并通过网络搜寻及电话联系的方式确定了各单位所掌握的张恺帆相关资料概况。还在安徽省社会科学院的网站上查找到了《张恺帆口述自传》的作者、著名党史人物研究专家宋霖先生的联系方式，最后通过宋霖先生顺利联系到了张恺帆之子张新元先生。在实地征集开始之前，我们还使用网络地图规划了征集工作的路线及行程。由于准备工作充分，张恺帆史料的征集进行得十分顺利，节省了大量时间和经费。

二　史料征集信息的网络化发布与征集

发布史料征集信息是史料征集的一个普遍做法。传统的报刊、广播、电视等媒介有着权威性强、受众面广等优势，但成本较高，不够精准，且影响范围以媒介传播范围为界，仍有一定的局限性。而通过互联网发布史料征集信息是近年来较为流行的手段。通常可将史料征集信息发布于征集单位的网站上，并根据需要设置为头条或置于醒目位置。发布于大型综合性网站时则与传统的媒体渠道相类似，成本较高，也缺少针对性，但影响的范围一般比传统媒体更广一些。而有针对性地发布于专业性或地方性的网站、论坛，则成本较低甚至无须经费投入，却往往能收到令人满意的效果。

在互联网尚未普及的时代，史料征集直接通过网络实现是不可想象的。要实现某一件实物史料的征集，必须通过专业的旧书市场或文物市场、古玩市场、拍卖会等，若没有较高的收藏方面的专业学识及人脉关系会是十分困难的，其过程可谓大海捞针，所投入的时间、人力及资金成本是巨大的。仅就史料的征集来说，其文献必须具有资料性的价值，而不必有太高的稀缺性，价格过于昂贵的更是应该尽力避免。这样的话，通过传统渠道进行搜集，效率会特别低下。线上购物、拍卖等网站的兴起使得一般的史料征集工作变得较为容易。以苏皖边区政府旧址纪念馆的史料征集工作为例，近年来，除专题征集工作仍需通过传统途径外，很多一般史料的征集工作都可通过网络完成。如 2013 年，通过孔夫子旧书网，纪念馆购得了苏皖边区政府教育厅编辑审定的小学课本四册、边区政府李一氓编写的《九宫山》剧本一册。而其他人物回忆录、纪念集、图片册、讲话稿、历史资料汇编等方面的文献征集到上百件。如果是通过传统的史料征集途径，恐怕很难在短时间内搜集到这些史料，而传统征集方式所耗费的人力和资金成本也将是十分巨大的。此外，淘宝等常用购物网站及一些文物收藏、拍卖的网站或论坛也是史料征集中可以使用的。不过，需要注意的是，由于网络的虚拟性，在选择正规可信的交易平台的同时，仍要对其中的信息进行仔细的鉴别，特别是遇到报价特别高的情况时，更不可盲目交易，以免造成不必要的损失。

三　数字化资料的征集

数字化资源与传统的以实物存在的史料相比，有着便于保存、便于查找等诸多优点，因此，数字化资源也可成为资料征集的重要内容。存在于互联网上的数字化资源可谓浩如烟海，没有合适的工具和方法搜寻起来是十分困难的。目前，搜寻网络资源最主要的工具就是搜索引擎，其中谷歌是世界第一大搜索引擎，百度则是中文第一大搜索引擎，此外如必应、搜狗、360 搜索也是比较重要的中文搜索引擎。这些搜索引擎通过程序抓取海量的网络信息，只需输入合适的关键词即可很快找寻到所需要的信息。如要获得某个人物的资料，只需在搜索引擎内输入这一人物的名称，很快便会得到相关的链接及其简要的内容，点击这些链接便可直接进入相关网页和网站查看详细信息。在运用搜索引擎的过程中，除简单的关键词搜索外，还有一些技巧可使搜索更为准确。如我们要查找毛泽东与江苏的相关资料，便可同时输入“毛泽东”和“江苏”这两个关键词，中间用“＋”号或空格隔开。如果要查找毛泽东与江苏无关的信息，则可以输入“毛泽东”，再输入“－江苏”，这样就排除了毛泽东与江苏相关的信息。这是最为基本的搜索方法，此外还有一些高级技巧，可参考各搜索引擎的帮助文档。图片资料的搜寻则可以运用谷歌图片搜索、百度图片搜索等图片搜索引擎。在得到的搜索结果过多的情况下可利用搜索引擎提供的筛选功能加以筛选，如选择照片或人物，彩色或黑白等等。还可通过相似图片搜索、以图搜图等功能获得更贴近的结果。

搜索引擎所提供的信息往往是较为大众化的资料，与史料征集的需要有一定的距离，因此，我们还需要一些更加专业化的工具。学术搜索引擎最主要的有谷歌学术搜索和百度学术搜索。这类搜索与常规网页搜索有很大的不同。如我们通过搜索引擎查找“苏皖边区政府”，得到的多为旅游和新闻等信息，但通过百度学术搜索，则可以得到许多苏皖边区政府的研究类文章。百度百科、维基百科等汇聚了广大网民的力量，与传统的百科全书相比，内容更全面、查找更方便，而且无须购买就可提供十分丰富的资料。如笔者在征集苏皖边区名人史料的过程中，便通过百度百科查找到了大量的人物信息。需要注意的是，由于这类网络百科是由网民提供与编辑的，其条目质量良莠不齐，所查询到的信息应该通过其他途径加以核实。中国知网、万方等数据库则是更为专业的学术资源搜索平台，其搜寻出来的内容都来自正规出版物，较为专业和权威，是史料征集的可靠来源。以读秀搜索为代表的电子图书数据库，不但可以查找书名、关键词、目录等，甚至可以实时查找图书的内容，十分方便与实用，在史料征集中可以发挥很大的作用。这类数据库唯一的缺点是收费往往较高，而且只订购一两种数据库往往效果不佳，这对资金较为紧张的中小博物馆来说是一个难题。不过，现在全国的公共图书馆系统建立了联合参考咨询网，通过这一平台可以查询到以上大部分专业数据库。查询到相关信息后，图书馆的在线管理员会将你所需要的资料发送到所提供的电子信箱。此外，国家图书馆及地方各级公共图书馆也提供了很多有特色的数字资源查询服务，进一步方便了通过互联网进行史料征集的工作。

科学技术前进的浪潮势不可挡，博物馆保存的是传统，但也应积极拥抱最新科技。博物馆人需要沉潜于历史，但同时也应站在时代的潮头。互联网是一种工具，也日益成为一种生活方式，充分了解与运用互联网，博物馆才能更好地融入这个互联网时代。

中国海盐博物馆观众问卷调查分析与思考

黄明慧

（中国海盐博物馆　江苏盐城　224005）

内容提要：博物馆观众问卷调查是博物馆了解观众参观满意度的有效手段之一，其目的是为了更好地提升博物馆的服务质量。本文以盐城中国海盐博物馆为例，通过调查问卷的分析，反思博物馆在展览提升、观众服务、公共文化设施等方面的问题，进而更好地服务大众，服务社会。

关键词：问卷调查　社会服务分析思考

观众问卷调查是数据收集的有效手段之一，博物馆通过收集到的第一手资料获取观众对博物馆的意见和建议并进行分析研究，从而改进展览、提升服务，不失为博物馆免费开放后评估收效的手段方法。为此，根据中国海盐博物馆的现状，特设置《中国海盐博物馆观众问卷调查》（以下简称《问卷调查》）共计23题，从陈列展览、社会服务等几个方面向观众普遍征求意见，调查工作持续开展半年左右，以向参观人群随机发放的形式进行。《问卷调查》表发放200份，收回200份，其中有效问卷196份，基本满足调查的需求。

一　博物馆观众调查的目的和意义

自2008年全国博物馆、纪念馆免费开放以来，越来越多的群体走进博物馆，改变了过去博物馆门可罗雀的局面，尤其是近些年文博事业飞速发展，博物馆也在改变着过去的传统理念，向更先进、更舒适、更具特色等理念靠拢，博物馆不再仅仅是文化传播、普及教育的区域，更是集服务、休闲、娱乐等功能为一体的新场馆。中国海盐博物馆2008年11月正式对外开放，是全面反映中国海盐历史文明的专题博物馆。博物馆建筑面积1.8万平方米，展厅面积约5500平方米，分为“序厅”、“生命之侣”、“史海盐踪”、“煮海之歌”、“盐与盐城”五个部分。开馆多年来参观人数已达数百万，观众群体不一，反响不一。作为专题类博物馆，在主题展览和观众服务方面如何更上一个台阶是本次调查的主要目的，拟通过调查研究博物馆的受众群体，从而了解本馆陈列展览和社会服务中的问题，更进一步地改进和提升本馆的展陈形式、社会服务等功能。

二　博物馆受众群体调查分析

本次观众问卷调查的主要对象是自由参观的散客、有组织参观的团体游客、学生等。

回收的《问卷调查表》显示，男性观众占总人数的72%左右；比重较多的为公司职员、管理者、学生等，占62%；家庭主妇比例很少，只占2%。参观群体年龄段偏重于中青年，其中18～25岁最多，占总人数的52%；25～35岁、35～55岁段各占20%；10岁以下未成年人及55岁以上老年人仅占8%。受教育程度偏重于高中和大学本科，分别占12%和80%。外地观众较本地观众多，占68%。从本次调查的数据显示，参观博物馆的群体多为上班人群和在校大学生。由于调查开展的时间是随机的，中小学生参与程度不够，仅在周末或假期由家长陪同参观，因此，在调查数据中显示10岁以下观众比例较少。在受调查的人群中，学历程度多数都在本科或本科以上，说明虽然博物馆向社会各阶层免费开放，但是受教育程度较低的人群鲜有走进博物馆。同时，博物馆的受众群体中外地观众明显多于本地观众，因为多数外地观众在到达本地后第一选择就是参观博物馆，这样能较快地体会本地文化。我们要反思是否本地观众在本馆开放之初出现爆发性人流，但开放多年后，由于当地有更多的学习途径或者休闲方式，所以博物馆没有成为他们二次或者多次的选择地。

三　博物馆展示、教育、服务、休闲等功能的调查分析

1. 展览功能是博物馆展示本馆文化的基本手段

展览是博物馆的灵魂所在。如何让参观人群领略本馆的文化精髓，通过何种有效的手段直观展现，什么样的形式最能吸引观众，观众最感兴趣的展览内容是什么，都是本次调查的目的。

参与本次调查的观众大部分曾多次参观过全国各类型博物馆，其中参观过2次以上的观众占总人数的78%。多数观众出于对博物馆的兴趣和参观愿望走进博物馆，在馆内滞留的时间能达到一个小时左右。在参观展览的过程中，多数观众对我馆的特色文化——海盐文化兴趣较浓，对盐城地方历史和海盐的生产制作技艺表示出同样的兴趣，分别占统计数据的48%和40%。而展览藏品不足成为急需改进的问题，有26%的观众明确表示展览展品不丰富，形式较为单调，并提出在多媒体设备等方面加强新兴技术的应用，加强对外交流，增加英文讲解服务等。

多数观众选择通过讲解员的带领参观展览，认为通过讲解员的讲解能较快地了解展览信息，能更有趣、更仔细地参观展览，更加深入了解盐城的盐文化知识，增长孩子的知识和见闻。86%的观众选择愿意再次前来参观，有部分单位组织的观众需要更长的时间去消化展览，并愿意带领家人和朋友前来继续深入了解展览信息。也有部分观众觉得展览形式不具吸引力而放弃下次参观，这也是我馆目前急需解决的问题。

2. 社会教育功能成为全民参与博物馆的根本体现

新形势下的博物馆不再仅仅是传统的集展览、收藏、研究于一体的场所，不能只关起门来搞研究，而应该打开门去面向全社会。我们面临的对象是社会阶层的各行各业，除了展览，还要通过其他各种形式向全社会进行文化传播。

（1）临时展览是博物馆教育职能的新途径

博物馆基本陈列的内容常年变化不大，致使部分观众流失，许多观众多次参观后发现并无新意便失去参观兴致，这也是为何博物馆会常年更新临时展览的原因之一。而原因之二，是通过临时展览向观众传递更多的信息，以期达到博物馆宣传教育的目的。通过调查，有56%的观众了解并参观过我馆举办的临时展览，但半数的观众只能大致描述展览的主要内容而不能准确说出展览的名称，也从侧面反映出我馆临时展览的宣传力度还较薄弱。临时展览不定期地变换展览的内容和形式，通过不同类别的文物展、书画展、摄影展等等，向观众传达不同的信息，使本地的观众有机会领略到其他地域风格不一的历史和文化，这是博物馆社会教育功能的体现。

如何更好地让观众接触临时展览是急需解决的问题。临时展览目前已成为博物馆一项重要的工作，我馆临时展厅的数量有限，不能承载太多的展览，但是一年十场的展览量还是能带给观众不少精品体验。在硬件条件满足的情况下，就要考虑如何在软件上突破呈新。我馆宣传部门利用传统纸质类媒体、新闻媒体以及网络新媒体等多种渠道，向全社会广泛宣传，通过与市场的合作，让更多人走进展览，吸引人气，以期达到博物馆的社会教育目的。

（2）文化教育功能是博物馆的新要求

新形势下的博物馆是一个开放的场所，是一个希望更多观众参与其中的新领域。博物馆希望资源能得到更多的共享，不仅仅面对本行业人士，也面对社会上的研究者、爱好者甚至普通市民，从互动中获得良好的社会效益，更好地体现博物馆的文化教育职能。调查中，44%的观众希望在博物馆得到专业文博知识的传授，48%的观众希望能查阅到相关行业的专业书籍，12%的观众希望能购买到相关行业的专业论著、论文专辑等等。调查数据显示，观众对博物馆的要求已经不再仅仅停留在参观展览上，而是通过博物馆平台获取更多的知识信息，博物馆内的专业人员和丰富的图书资料等等都能很好地为大众服务，体现博物馆的文化价值。我馆近年已经组织了多场专业文博知识讲座，邀请馆内专业人员或者本行业的专家学者为大众提供有价值的文化大餐。

3. 社会服务功能是新形势下博物馆长足发展的新要求

服务功能是当下对博物馆提出的新要求，建立优质的社会服务和观众服务体系是博物馆人迫切需要解决的问题。博物馆的服务体系具有多样性，高质量的展览内容、优秀的接待服务、简便的参观方式、整洁的参观环境、完备的服务设施等都可作为博物馆优质服务的参照标准。

目前，国内大多数地市级博物馆的观众数量可观，许多著名博物馆还需通过控制参观人数来保证展厅的安静和文物的安全，普通老百姓也愿意把博物馆作为休闲旅游的新选择。那么，如何让观众在参观过程中得到更好的服务，或者说博物馆的硬件设施是否能让观众满意，软件上如何提升，也是本次调查的重要内容。

通过对我馆公共空间的服务设施、休闲功能、参观方式等方面展开调查，72%的观众对公共设施满意度较高；86%的观众对参观环境表示满意；42%的观众希望通过现场发放的形式领取门票，通过简便的方式进行参观。对于馆区的其他方面，比如卫生情况、绿化景观空间、工作人员服务等都得到了观众的赞赏。但也有部分观众对休闲区域和卫生设施提出建议，有22%的观众建议休息区再增加一些舒适的座椅，建议增加卫生间的数量，使服务更加贴近群众。

如今，许多国内外优秀博物馆的规模越来越大，展厅越来越多，展品越来越丰富，观众参观时间也越来越长，由于观众不会无间歇地连续参观数小时，所以用休闲餐厅、咖啡厅、茶座、商店等配套设施留住观众的脚步成为最佳选择，在观众接受传统文化熏陶的同时，可以重新定位博物馆的服务。然而我馆观众在参观后能够选择的休闲方式比较单一，除了休息座椅外，茶舍和咖啡厅暂时还没有，64%的观众对此提出迫切希望。此外有46%的观众希望博物馆能够提供阅览室或者图书馆，以供参观后稍作休整，细细品味博物馆独特的文化内涵，度过放松的休闲时光。庄重肃穆的传统博物馆理念正在改观，由服务少数人逐步转向服务公众，博物馆被赋予新的角色，其服务功能的意义也将大大超越传统。

最后，问卷征询了观众对我馆的意见和建议，有观众对建筑主体、外广场环境、讲解服务等提出许多有益建议，这些建议都有助于我馆更好地提升自我、服务社会。

四　结论

本次调查是中国海盐博物馆进行的一次有针对性的社会问卷调查，问题的设置相对主观，调查的内容并不全面，比如本馆网站在此次调查并未涉及，调查的对象是随机的，调查的开展也是一次性的，得到的数据相对薄弱，呈现的结果并不完全反映全部参观观众的真实想法。但是，我们本着实事求是的原则、严谨认真的态度，总结和对比了问卷调查统计的数据，粗略可以得出以下结论。

1. 展览的推陈出新是博物馆长足发展的基本要求

观众参观博物馆是迅速了解当地文化和特色的快捷途径。博物馆界一般公认的基本陈列的更新周期大约为十年，但随着时代发展，社会资讯更新速度迅猛，同时，中国海盐博物馆作为新兴的盐业领域专题博物馆，伴随研究的深入，成果的不断出新，更新周期大大缩短，以充分展示新的研究成果和弥补原有展陈中的不足。

另外，临时展览也可成为激活展览的有效手段。临展更新在任何一个博物馆都应该常态化，新颖的形式、丰富的内容可以带给观众更多的新鲜体验。中国海盐博物馆在基本陈列的内容和形式等方面得到大多数观众的认可，观众对展览内容的丰富性、互动性以及推陈出新提出了更高的要求。临时展览的常态更新工作虽得到保证，但宣传工作做得还不够到位。通过本次调查的观众反馈意见，我们认识到在展陈方面的欠缺，以期通过整改提升展览内涵，更好地为观众服务，把中国海盐博物馆定位为中国海盐文化的研究中心，真正成为行业内的领头羊。

2. 新科技、新媒体成为当今观众参观博物馆的新要求

使用新技术和新媒体，拓宽展览的广度和深度，打破时间和空间的局限，增强观众对博物馆的理解。区别于传统博物馆站在馆内看展板、看文物的体验形式，观众更希望在博

物馆内利用新科技、新媒体实现互动，体验博物馆的魅力。例如360°呈现文物的三维技术，身临其境的4D参观体验，操作简单的电子查阅系统等，这些新科技、新媒体的支撑必将成为未来博物馆发展的新趋势，问卷调查中观众普遍对新技术、新媒体的期待也证明了这一点。

3. 观众对博物馆社会服务、资源共享的高诉求

观众参观博物馆不再仅仅是走马观花，公众逗留在馆区的时间越来越长，而茶座、餐厅、咖啡厅、阅读室等休闲场所成为其休息时的不二选择，博物馆要利用其独特的人文环境为观众提供服务。更多的观众在休闲娱乐的同时，还希望共享到博物馆的专业资源，博物馆要成为提供专业知识的平台，让博物馆在和观众的互动中不断推陈出新，向前发展。

参考文献：

1. 陆建松：《博物馆观众调查与研究》，《东南文化》1993 年第 2 期。
2. 史吉祥：《博物馆观众调查的几个问题》，《中国博物馆》2000 年第 1 期。

浅析文保单位“两线划定”管理

——以常州市金坛区文保单位“两线划定”工作为例

冯　铁

（常州市金坛区文物管理委员会办公室　江苏金坛　213200）

内容提要： 文物是不可再生资源，在城乡建设快速发展的今天，努力推进文物保护工作的法制化进程显得尤为重要。笔者结合常州市文物保护现状，以“两线划定”管理为例，分别从三个方面阐述了这项工作，一是开展“两线划定”工作的依据和保障，二是实施“两线划定”工作的对策和方法，三是坚持“两线划定”工作的意义和前景，以期能促进文物保护工作的健康发展。

关键词： 文物保护　两线划定　管理

近年来，江苏省常州市金坛区文物部门认真贯彻实施《文物保护法》，在加快城乡建设发展的同时，努力推进文物保护工作的法制化进程。以“保护为主、抢救第一、合理利用、加强管理”的方针为指导，推动本区文物保护单位的合法保护和合理利用。文管办会同区规划局组织制定了《常州市金坛区文物保护单位保护范围及建设控制地带划定》紫线图，目前共有51处文物保护单位，其中全国重点文物保护单位2处、省级文物保护单位4处、市级文物保护单位44处。包含名人故居、古代遗址、石刻、古墓葬等实物遗存，具有历史、艺术、科学价值，承载着地区的历史文化信息。但与此同时，文物保护、利用、传承之间的良性互动与矛盾抵牾也时常交替显现，划定“两线”有利于文物保护工作的健康发展。

一　开展“两线划定”工作的依据和保障

什么是文物保护单位的“两线”？《文物保护法》要求在文物本体以外有一定的安全区域，即划定保护范围与建设控制地带，通常这项工作被简称为“两线划定”。关于保护范围，《文物保护法实施条例》第九条明确规定：“是指对文物保护单位本体及周围一定范围实施重点保护的区域。并在文物保护单位本体之外保持一定的安全距离，确保文物保护单位的真实性和完整性。”关于建设控制地带，《文物保护法实施条例》第十三条明确指出：“是指在文物保护单位的保护范围外，为保护文物保护单位的安全、环境、历史风貌对建设项目加以限制的区域。”保护范围和建设控制地带都应当根据文物保护单位的类别、规模、内容以及周围环境的历史和现实情况合理划定。这两道防线相互补充，共同发挥着对文物本体进行有效保护的功能，其中保护范围这条线与本体的关系更紧密。如果少了一道防线，文物本体的安全隐患就会增加，极易构成对文物本体的威胁。因此，为了文物保护单位本体的安全，应切实重视“两线”的划定。

文物保护和管理要求有针对性且明确具体的管理措施，要结合文物遗存的分布及地形地貌的实际情况划定保护范围线和建设控制地带线。《文物保护法》第十五条规定：“各级文物保护单位，分别由省、自治区、直辖市人民政府和市、县级人民政府划定必要的保护范围，作出标志说明，建立记录档案，并区别情况分别设置专门机构或者专人负责管理。”

二　实施“两线划定”工作的对策和方法

结合文物保护工作的实际情况，常州市金坛区组织文物部门、规划部门专家和专业技术人员对全区51处文保单位进行现场测绘与勘察。在文物保护单位“两线划定”实际工作中，着重把握文物保护单位的本体与保护范围、建设控制地带，文物保护单位的建筑面积、占地面积与周边自然环境的关系，区别不同文物的特性。金坛区文保单位按类别可以分为古遗址、墓葬类、石刻、古建筑、现代重要史迹及代表性建筑等五类，根据文物分类的实际情况确定“两线”的走向是一项很严谨的工作，也是将来依法保护的重要依据。在“两线”划定过程中，首先要确保每一个文物保护单位的保护范围必须绝对大于本体，而建设控制地带必须绝对大于保护范围，如果这三者关系次序颠倒，“两线”的功能也将形同虚设，会给文物保护单位本体的保护带来隐患。

在划定古建筑、现代重要史迹及代表性建筑的“两线”过程中，要正确认识文物保护单位的建筑面积与占地面积的关系。在划定过程中，不能仅仅将一组建筑、一间房子当作文物的本体，而要把院落、围墙以内没有建筑存在的空地也认作文物的保护范围或建设控制地带。应该树立把文物古建筑与周边环境当作一个整体系统、进行统一保护的规划理念。我们在确定文物保护单位的文物占地面积时，要明确这个占地面积可以是地表上有建筑样式存在，也可以是没有任何建筑样式存在，要防止以文物的建筑面积来取代文物占地面积的情况。

在划定古遗址、墓葬类的“两线”过程中，要正确区别文物保护单位的整体与局部的关系。同一个文物保护单位因历史原因被分割成多个部分等现象，给“两线”的划定工作带来了一定困难，这就需要我们正确处理好整体与局部的关系，要看清相互间的有机联系，尽量不要分割。比如一些土墩墓葬群因自然原因而被分割开，则可以通过“两线”划定工作使它们实现合并，从而为以后的文物保护留下空间。另外遗址、墓葬类文物“两线”划定也有其特殊性。这类文物的本体主要存在于地表以下，都处于荒郊野外，偏离城镇，对这类文物保护单位的保护范围要划得稍大些，建设控制地带也要根据周边自然风貌及地理环境合理扩大。

在划定“两线”过程中，要处理好文物保护单位的范围与自然环境的关系。文物保护单位的东、西、南、北界域是划定文物保护单位的一种专用名词描述，由于文物保护单位及其周边环境是不规则的，划出的“两线”大多是多边形，要充分结合文物保护单位周边的自然环境来进行划定。在一些特殊的自然环境下，也会出现保护范围与建设控制地带在同一界域上重合的可能性。因此，文物保护单位的“两线”划定工作具有独立性，需要到现场进行专门调查、研究判断。

“两线划定”工作除了文字描述需要严谨、准确、周全外，还必须通过图件来进行直观反映，同时文字描述与图件表达应具有同一性。在“两线划定”工作开展之前，文物部门应主动和测绘、规划等部门协调，争取他们的配合和支持。实际工作中，我们会同测绘部门对金坛区51处文物保护单位及其周边地形进行了现场测绘，给“两线划定”工作提供了技术保障，也确保了“两线划定”时的文字与图件表达一致。划定“两线”是为了更加有效地对文物本体进行科学保护，对“两线”范围内的文物进行控制保护，并提供法律保护依据。

金坛区51处文保单位“两线划定”工作圆满完成，区政府发文公布保护范围及建设控制地带，确保了文物本体及周边环境得到有效保护，推动了本区文化遗产的保护和利用工作。

三　坚持“两线划定”工作的意义和前景

坚持“两线划定”工作便于对文物保护单位周边环境进行综合把握，为科学保护文物保护单位提供可靠的历史依据和自然环境依据。坚持“两线划定”工作便于在同一张图纸上将同一个文物保护单位本体以外的“两线”区域情况一目了然地展现出来，同时在同一个文本上将本区的文物保护单位“两线”划定内容全部反映出来。坚持“两线划定”工作便于工作中进行简明有效的操作，能与相关部门就同一个问题进行磋商达成共识。坚持“两线划定”工作便于文物部门会同规划部门履行报批程序及相关审批手续。坚持“两线划定”工作便于广大群众进行社会监督，使“两线划定”工作真正发挥出应有作用。

“两线划定”工作推动了文物保护规划与城乡建设规划同步编制及制订，是构建文物保护工作的支撑体系，完善了文物保护的法规体系，以及监管文物安全的防范体系。同时也为今后的文物行政执法工作提供了法律保障。

常州市金坛区结合历史遗存的实际分布状况，全面保护历史与文物保护单位遗存。“两线”是文物保护单位的两道外围防线，对文物保护单位起到双重保护作用。这项工作看起来是两根线，但从工作性质，是同一项内容，是合二为一而不是一分为二。总之，通过文物“两线划定”工作，可以使文保单位科学的、可持续的利用保护，有章可循，有法可依，从而提高对文物保护工作的预见性、规划性。

从淹城遗址看大遗址保护与城市文化复兴

许　佳

（武进区博物馆　江苏常州　213161）

内容提要：武进春秋晚期的淹城遗址位于苏南中部太、隔湖间的江苏省常州市武进区湖塘镇，距今约有3000多年历史。遗址规模宏大、形制奇特，是我国目前同时期古城遗址中保存最为完整的一座，在吴文化的形成和发展过程中起着举足轻重的作用。淹城遗址的城市考古研究和开发利用对复原城市历史、复兴城市文化具有深远的意义。

关键词：淹城遗址　大遗址保护　城市文化

一　淹城遗址概况及出土文物

淹城遗址位于江苏省常州市武进区湖塘镇西南，距今约有3000多年历史，是我国目前保存最完整、最古老的地面城遗址。1959年被列为省级文物保护单位，1981年被列为太湖风景游览区的重要景点，1982年3月被列为江苏省一级文物保护单位，1988年1月被列为全国重点文物保护单位。2005年，淹城遗址被列入申报世界文化遗产预备名录。2007年4月，淹城被评为“中国第一水城”。法国“中国之家旅游团”评价其为“中国文化、古迹的一颗明珠”。日本东京国立博物馆馆长认为“其开发价值不亚于秦皇陵”。[1]淹城遗址规模宏大、形制奇特，在吴文化的形成和发展过程中起着举足轻重的作用。

在当地，流行着这样一句话：“明清看北京，隋唐看西安，春秋看淹城。”淹城地势较高，东西长850米、南北宽750米，总面积约65万平方米。有民谣曰：“里罗城、外罗城，中间方形紫罗城，三套环河四套城。”它有三重城墙，分别为子城、内城和外城，每座城墙都有护城河环绕，三城三河，城河相依（图一）。子城呈方形，周长1里；内城近似方形，周长3里；外城为不规则的圆形，周长5里；另有外城廓，周长7里，与《孟子》中提到的“三里之城、七里之廓”相符。淹城虽规模不大，但形制较为规整，特别是子城和内城都呈方形，说明建城前是经过精心设计的，与《考工记》中的周王城图相符。淹城的城墙，系用开挖护城河所出之土堆筑而成，其方法是从平地起筑，因淹城土质黏性较大，故筑城墙时不挖基槽不经夯打，一层一层往上堆土，有的地方铺一层干土、铺一层湿土，依次堆筑，不以版筑，故城墙较宽。目前，淹城的三道城墙均呈梯形，上宽8～13米，墙基宽32～43米，高3～6米。护城河河宽30～50米不等，水深平均4米左右，河水清澈，常年不涸。外城河深而宽广，清道光《武进阳湖合志》载“广可十五丈，深亦不减三丈”，实测其河面宽度为50～60米，最宽处的龙潭（又叫龙泉）一带达80米。[2]这种建筑形制，在我国古城池遗存中可谓举世无双。因为当时的城池大多只有一城一河，少数是两城一河或两城两河，而“三城三河”者仅此一处。它的建筑形式，不仅反映了远古时期人们的智慧和创造，而且为研究中国古代建筑提供了极为珍贵的依据，具有重要的历史考古价值和学术研究价值。

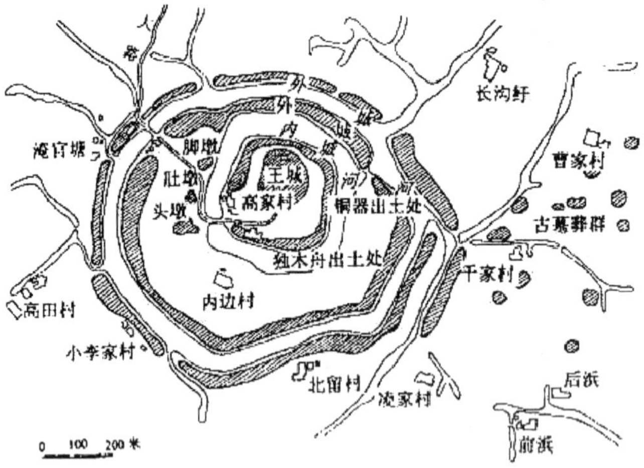

图一　淹城遗址平面图

淹城三道城墙之间现均有一土坝相通，这三道土坝筑于 20 世纪 50 年代。春秋时进出淹城没有陆路，而是水道划船（独木舟）进出。其走向为：在外城墙的偏西处进口，沿着脚墩、肚墩、头墩的西侧向南，直达外城墙的南部城脚，沿头墩的南北两侧东折进入内城河，这条河道又沿着内城墙现今的出入口进入子城河。外城门和内城门均为水门，淹城完全由水道进出。古淹城的“三城三河”相套的建筑形制以及城市水上交通、水门的建设等都明显具有南方特点。因为只有在水资源丰富的南方地区，这种城市的建设不仅有必要而且有可能。由此进一步得见古代人们是怎样做到城市建设和所在地的自然环境和人文生态的和谐统一。

子城门位于子城墙南部正中位置，宽约 2 米。子城内原有一茅庵，何时始建已无法查考，相传是奄王的宫殿遗址。茅庵在抗日战争中被毁，现存清康熙三十年（1691 年）重修古刹石碑一块，上刻：“……淹溪古迹，曲水环绕，苍松郁秀，颇有空山无尘绝俗之境。”

淹城内外原来土墩连片，外城内有 3 个较大的土墩，俗称“头墩”、“肚墩”、“脚墩”，高度 15～20 米，面积分别为 7 亩、3 亩、5 亩，传说是奄王杀其女分葬处（图二）。[3]《越绝书》载：“东南大冢，淹君子女冢也。”城外 2 公里范围内，散立着大小不等的 200 多座土墩。民谣称：“内高墩、外高墩，四周林立百余墩，城中兀立王女墩。”通过考古发掘，证明淹城城内外的这些土墩为西周至春秋时期江苏南部地区流行的土墩墓。城内为一墩一墓，可能为贵族墓葬；城外为一墩多墓，可能是平民的家族墓葬。土墩墓发掘结果表明江南地区当时已经进入了阶级社会，出现贫富分化的现象，客观上促进了社会经济的发展。这里曾出土 2000 多件珍贵文物。其中有西周时期的独木舟 4 条，被誉为“开天辟地第一舟”。出土春秋时期的青铜器20多件（图三），以及大量的原始青瓷器和几何印文陶器。部分出土文物具有鲜明的吴文化特色。

图二 “头墩”、“肚墩”、“脚墩”

图三 淹城双兽三轮盘

二 淹城的筑造年代及功能性质

淹城的最早历史文字记载出自东汉袁康《越绝书：吴地传》：“毗陵县南城，故古淹君地也。东南大冢，淹君子女冢也，去县十八里，吴所葬。”常武地区，在春秋时称延陵，至汉改曰毗陵，春秋时期为吴王寿梦四子季扎的封邑。北宋《太平寰宇记》云：“常州府春秋时为吴国内地。”《史记》云：“吴公子季扎所据，是为延陵之邑。”吴为越所灭复属越，到战国时越为楚所灭复属楚，故《越绝书》谓之“淹君城”。清代《读史方舆纪要》云：“淹城，在（常州）府东南二十里，其城三重，壕垫深宽，周广十五里。”除此之外，常武地区的一些地方志亦有零星的记载，如宋《咸淳毗陵志》云“淹城在阳湖延政乡”等。

尽管东汉以来对淹城不断有记载，但真正对其进行研究只有近70年的历史。1953年卫聚贤、陈志良等考古学家首次对淹城进行了实地调查，确认淹城为一处古代居民的活动遗存，并发表了《淹城访古记》一文，使藏于深闺的淹城重为世人所知，并引起了学术界的重视。1986年5月至1991年8月，江苏省淹城遗址考古发掘队对淹城进行了为时6年的考古发掘，解决了一些悬而未决的问题，积累了一批珍贵的考古资料，为全面研究淹城和常州的历史奠定了良好的基础。

关于淹城的性质和早期历史，目前根据学术界研讨的成果和历代记载可归纳为6种观点：①淹城是商代江南土著奄族人所筑。奄族原居于淹城一带，后迁徙于今日的山东曲阜。②周成王东征时，奄人徙于江南始建淹城，作奄国都之用。③淹城是春秋晚期吴王夫差时吴国所筑，作囚越质子之用。④淹城是春秋晚期吴国季札所筑，作延陵邑治用。⑤淹城是春秋早期吴国所筑的都城。⑥淹城是春秋晚期吴王阖闾时吴国所筑的军事城堡，作吴内河水军训练基地之用。

持以上诸观点的研究者们提出的理由莫衷一是，然而均有历史文献和考古资料的依据。肖梦龙在《淹城吴都考》中谈道：“淹城所体现出的吴文化特征是多么典型强烈，而它又对晚期苏州都城建设之影响是何等深刻，先后的嬗变规律明显可寻。因此我们认为淹城当是吴国中期都邑。”其理由一是淹城出土遗物完全呈现吴文化特征，为吴文化的有机组成部分和优秀代表；二是淹城三道城墙建筑方法均同土墩墓的营造，即累土成垒，非经行夯，这又是吴文化建筑学上的一个地方特点；三是淹城布局为王都建制，同时特别具有军事防御性能，这也是吴都建筑上的显著特点，对以后苏州城的建立有着直接影响。[4]

然而笔者认为历史是不断变化发展的，我们应遵循哲学的基本原则之一，即以发展的眼光看问题，来探究淹城的历史。因此，根据诸多文献资料和考古发现综合考证，笔者认为：最早居住淹城的是奄族，迁至时间为西周晚期；春秋晚期淹城属吴时，淹城成为季札的封地，是延陵邑初治所在；吴王阖闾伐楚返国后，出于形势所迫，迁延陵邑治于今江阴申港，遂将淹城改作军事防御设施之用；西汉时淹城曾作毗陵邑初治。[5]

三 淹城遗址保护及城市文化复兴

每个中国古代城市都有自己的发展特点，城市的起源及其发展是中国考古学研究的重点。对淹城遗址的调查、勘探及发掘是常州市开展的最重要的城市考古工作之一。淹城遗址的城市考古为我们复原常武地区古代城市的历史和文化面貌、剖析城市演进中的个性特征及一般规律、进而探索和研究古代城市人的思想和行为模式提供了极大的帮助。

随着经济的发展和城市现代化进程的加速，城市考古与大型古代城市遗址的保护工作逐渐成为近代考古学极为重要的组成部分。城市考古与文明社会有着更为直接、密切的关系，这在我国历史文化名城的城市考古中表现得尤为突出。其实，城市考古由来已久。著名的意大利庞贝古城和赫库兰尼姆古城的发掘，开创了世界城市考古的先河。20 世纪 20 年代，随着近代考古学的传入，我国考古学者在河南安阳开始了对商都殷墟的发掘，从此亦揭开了我国城市考古的序幕。新中国成立以后，国家对西安、洛阳等古代城市考古给予了极大的关注和相当的投入，取得了世界瞩目的众多成果。[6]镇江市古城考古所所长刘建国先生认为，城市考古谱写的“城市史”，不同于一般史学、地学的城市史，前者是以考古发现的遗迹、遗物及各种文化信息，通过分析判断，揭示出某一城市千百年来的历史变化和兴衰过程，有些实物资料要比历史文献记载确切、实际得多，其自身价值是其他学科无法取代的。[7]

淹城作为大型古代城市遗址，包含了逐渐积淀蕴藏的丰富的文化信息，其保护工作不容忽视，除了需要专业考古人员的帮助以外，还需要得到当地政府和民众的大力支持。武进区人民政府根据“保护、考古、修复、利用”的方针，做了大量工作，原城内的居民已全部搬迁至城外。同时，相关部门为整治遗址范围内部的环境问题做出了持续的努力。

1985 年 9 月，武进区在淹城遗址附近成立博物馆开展遗址的管理和保护工作。然而，我们强调大型古代城市遗址的保护，不仅仅是指对文化遗产本体的保护，还要通过规划等各种有效手段来保护和管理周边环境，追求大型古代城市遗址自身的文化内涵与周围景观的和谐一致。[8]常州市武进区相关部门还应努力控制遗址周围环境，使其与遗址的文化价值和谐统一，完善绿化，保护原有的自然环境。

历史文化对于一个城市的发展壮大具有不可忽视的影响。任何一个城市要想区别于其他的城市，就必须坚持这个城市的文化记忆，将文化视为城市发展的灵魂，这样才不会被卷入城市同化的浪潮。俞伟超先生说："只有人类才能产生'文化'，使前代积累的能力（当然含知识），能通过'文化'的传递而代代积累，使'文化'得到发展。"[9]历史悠久的春秋淹城遗址无疑是复兴常州城市文化的重要突破口。淹城虽为历史遗址，但并不乏现代文化的生机。为了丰富淹城旅游的文化内涵，武进特别成立了淹城春秋文化研讨会，举办学术研讨和参观考察，完成学术报告20多篇。此外还度身打造了《淹城春秋》舞台剧，并请著名文艺家乔羽和徐沛东作词作曲、著名歌唱家宋祖英演唱《淹城之歌》，30集电视剧《淹城春秋》也即将开机。[10]深入挖掘馆藏的淹城遗址出土文物资源，开展考古调查，邀请国内外专家合作开展学术研究，正是常州市武进区博物馆（春秋淹城博物馆）近年来的努力方向。笔者建议春秋淹城旅游区管委会利用淹城现有的"三城三河"建筑形制的特征，定期组织中小学生开展历史文化考察与学习；每年在遗址附近举行一次当地民俗文化表演，例如戏剧演出和婚俗展示；在常州举行一系列的国际和地区会议，如"亚洲古城文化开发与发展峰会"和"中华春秋文化交流会"等。

城市考古以探寻城市的"昨天"为宗旨，为城市"明天"的发展提供有益的启示和借鉴。在淹城遗址的城市考古中所发现的珍贵历史文化遗存可进一步加以开发、利用，为推动和拓展常州经济的发展，复兴常州城市文化发挥独特的作用。我们应该要让城市考古成为城市社会生活的有机组成部分，积极参与到古代遗址的整体保护中来，为城市文化的传承和发展做出不懈努力。

注释：

[1] 肖飞：《千古之谜话淹城》，《民主》2011年第8期。

[2] 彭适凡、李本明：《三城三河相套而成的古城典型——江苏武进春秋淹城个案探析》，《考古与文物》2005年第2期。

[3] 李洪兴：《淹城遗址》，《江苏地方志》1996年第1期。

[4] 肖梦龙：《淹城吴都考》，《东南文化》1996年第2期。

[5] 林志方：《淹城早期历史探秘》，《江苏地方志》2010年第6期。

[6] 刘建国：《城市考古学导论》，《南方文物》1995年第4期。

[7] 贺云翱：《在名城建设中崛起——镇江城市考古侧记》，《南方文物》1995年第4期。

[8] 单霁翔：《关于大型古代城市遗址整体保护的思考》，《考古》2006年第5期。

[9] 俞伟超：《古史的考古学探索》，文物出版社，2002年。

[10] 黄娟：《从淹城谈常州的城市文化复兴——基于城市社会学视角下的对策研究》，《中国城市经济》2011年第26期。

连云港汉代神祇研究

马振林

（连云港市博物馆　江苏连云港　222006）

内容提要：西汉以后，由于东王公、西王母所属神性的人为发展和扩大，得到了上层阶级的重视，被列入当时的重要神祇。本文结合这种现象，对连云港地区相关墓葬及遗迹中的东王公、西王母神祇形象进行了初步探讨。

关键词：西王母　东王公　神祇　研究

中国宗教史上，东王公、西王母在汉以前并不占有重要地位。只是到了汉代，特别是西汉以后，由于他们所属神性的人为发展和扩大，合于当时社会所求的功利目的，得到了上层阶级的重视，被列入当时的重要神祇。他们在神仙世界地位的提高，和当时盛行的道家神仙思想密不可分："夫道有情，有信，无为无形，……西王母得之（道），坐乎少广。"[1]西王母成了道家修炼成正果的神仙，她与东王公对偶的关系日趋明确，成了分管女仙、男仙的两大首领。汉初有童谣云："着青裙，入天门，揖金母，拜木公。"意谓世人得道升天，须先拜谒西王母和东王公。《汉尚方镜铭》亦作："尚方作竟其大巧，上有仙人不知老，渴饮玉泉饥食枣，东王公，西王母。"[2]可见东王公、西王母至汉代始相提并论。

江苏省连云港市古称海州，已有2000多年的历史，由于其特殊的地理位置，一直是政治、经济、文化中心，是州、郡政权所在地，常辖东海、赣榆、灌云、沭阳等地，素以东海名郡著称。近年来，这一地区发掘了许多较为典型的汉墓，如西汉西郭宝墓、海州网疃庄汉墓、海州西汉霍贺墓、东海尹湾汉墓、昌梨水库汉墓群、连云港双龙汉墓等。纵观连云港地区的汉代墓葬和汉代遗迹，有许多都发现了东王公、西王母的身影。下面针对连云港地区相关墓葬及遗迹中的东王公、西王母神祇形象作逐一分析。

一　东海昌梨水库汉墓群东王公形象

1957年3月，东海昌梨水库的拦河大坝将要动工，考古部门对该地汉代墓群进行了发掘。其中一号墓是石室墓，有画像石。其余5座都是砖室墓，仅在门柱与门额上有雕刻的画像石。一号墓前室南、北立面各由23厘米高的基石、110厘米高的立柱、44厘米高的横额构成，横额立柱上都有雕刻。[3]南立面中间立柱上部刻着东王公，头戴山形帽，身后有羽翼，坐于比较矮的几上，此形象与山东临沂白庄画像石中的东王公形象极为相似（图一）。临沂与东海山左口昌梨水库相去不远，在汉代又同属一个郡，这两幅图的形象很可能出自一人之手。与连云港双龙汉墓汉尺上的东王公形象相比，昌梨水库汉墓的东王公穿衣形象较为紧凑，不像双龙汉墓汉尺上的东王公着宽袍。在柱子中部刻一神怪，面如虎形，张口露齿，口内横衔着一把刀，头上顶弓，弓弦已张在弩机上，腰圆，脐眼突出，前肢上举，左腋下有一剑，右腋下有一戟，下肢内屈作蹲的样子，尾下系一斧，足的两趾内部都夹着刀。柱子下部刻一回首的动物，有些像鹿。这个柱子总共分为上中下三层，最上部是东王公的形象，象征东王公至高无上的神祇地位。

图一　东海昌梨水库汉墓东王公形象

二　连云港双龙汉墓汉尺东王公西王母形象

2002 年 7 月在连云港市海州双龙村发掘了双龙汉墓，在三号棺出土一具西汉不腐女尸“凌惠平”，该墓距今已有 2000 多年历史。经过抢救性发掘，该墓出土了漆奁、名谒、铜镜、木梳等一大批珍贵文物，尤其在三号棺出土了一把制作精美的木质汉尺，正反两面都绘有线条优美、色彩艳丽的车马出行图，场面极为壮观，在同类汉尺中实属罕见。

尺的正面分为五个部分，最左端（第一部分）描绘的是西王母的侧面形象，其凭几而坐，戴冠，衣宽袍，两手拢在胸前作拱手状，周边云气升腾（图二）。西王母的形象整体感觉态度和蔼、姿态端庄、雍容尔雅。最右端（第五部分）图像模糊不清，但从保留下来的衣服褶皱线条和跪姿线条判断，这幅图应该是个仙人，但相貌已模糊难辨（图三）。根据《神话主神研究》所述：“在汉代神画中，虽然两对主神分属不同的思想体系，其成因与发展过程也不尽相同，但他们间还是有着许多共性。伏羲、东王公与女娲、西王母都分别代表了男女不同的性别，而且在神界都和日、月神有关。而伏羲、女娲或东王公、西王母之间又都有男女、阴阳等对称关系。同时还表现为功能对称，规天—矩地，掌管男仙—掌管女仙，如此等等，在绘画表现上则有形象、结构及其他构成元素上的对称。”[4] 由此可以推断，这个模糊的图像与左端相对应，应为东王公。另外，汉代神话中的东王公、西王母经

图二　连云港双龙汉墓汉尺西王母形象

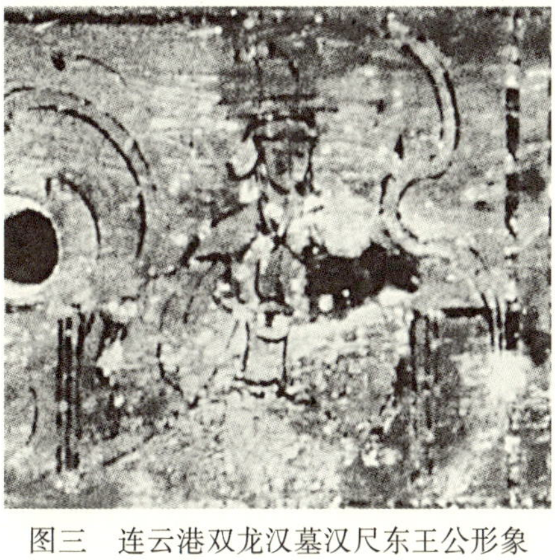
图三　连云港双龙汉墓汉尺东王公形象

过了前朝的发展，到了汉代已经形成了明确的夫妻、阴阳、日月、东西的对应关系，这是世俗对于天上神灵的要求，也是世界所存在的一种十分普遍的对称现象的反映。因此，从阴阳及对称这个角度考虑，结合残留的人物线条，我们可以断定这个模糊的图像是东王公。

尺的反面也分为五个部分。最左端（第一部分）描绘的是西王母凭几而坐的形象，头上戴胜杖，衣宽袍，有披肩，双手拢于腹部，周边祥云缭绕。从装饰物上看，西王母所戴胜杖背后没有羽翼。从坐姿看，汉尺上的西王母是凭几而坐，也就是靠着几坐的，与尺上东王公的坐姿类似；衣着方面，汉尺上的西王母形象也是衣宽袍，袖子较为宽大，符合汉代衣着特征。最右端（第五部分）的图像同样为仙人，仙人面貌模糊不清，据前述推断也应为东王公。

三　孔望山汉代摩崖造像中西王母形象

孔望山在连云港市区南，山上最为珍贵的是汉代画像石刻，依山岩的自然形势凿成。

图四　孔望山摩崖造像之西王母像拓片

孔望山的西王母像镌于摩崖造像的最高处，位于人像的正中上方（图四）。汉画像中的西王母像之所以处于最高的位置，是因为在汉代，西王母已是神话传说中的中心人物，是天上的总神了。如《历中经》所称："西王母夫人两乳者，万神之精气。"西王母像端坐于一块独立的小山石上，背后有一深2厘米的龛室，是为西王母"穴处"的"石室"。据《汉旧仪》："祭王母于石室皆有所，二千石令长奉祀。"西王母像的头饰很高。头饰左侧有两条类雀尾状的系挂，一平一斜下；右侧的线条很模糊，这些线条可能意为西王母的首饰。如《汉书·司马相如传》中的《大人赋》所说："吾乃今目睹西王母暠然白首，戴胜而穴处兮。"[5]由此推断这个首饰可能是戴胜。西王母的形象较为雍容，身上的衣服也较为宽大，双手拱于胸前，动作与双龙汉墓汉尺上的西王母动作相似。但双龙汉墓汉尺上的西王母戴峨冠，帽子上部隆起；孔望山的西王母帽子则是山堆形，形制简陋如同汉代小吏所戴之帽。

综上所述，连云港地区的东王公、西王母形象虽各有所异，但体现着一个共同的特点，那就是在神仙世界地位都有着不能替代的高度，反映出在汉代连云港地区政治、经济、文化是非常发达的，与上层社会的联系是非常紧密的。

注释：

[1]《庄子·大宗师》，第六篇。
[2] 朱芳圃：《中国古代神话与史实》，中州古籍出版社，1982年。
[3] 黎忠义：《昌梨水库汉墓群发掘简报》，《文物参考资料》1957年第12期。
[4] 陈履生：《神话主神研究》，紫禁城出版社，1987年。
[5] 李洪甫：《孔望山造像中部分题材的考订》，《文物》1982年第7期。

南京地区出土吴晋时期魂瓶

——兼论佛教早期传播与影响

邱晓勇

（南京市博物总馆　江苏南京　210000）

内容提要： 魂瓶源自东汉中晚期出现于浙江会稽地区的五联罐或五管瓶，流行于三国孙吴和西晋时期，主要分布在浙江、江苏两省，安徽、江西也有少量发现。虽然流行时间短，分布范围小，但魂瓶将当时社会的大量民俗、宗教、建筑及丧葬信息集中于一体，反映了吴晋时期社会生活的各个方面，多年来一直受到海内外学者的广泛关注与研究。

关键词： 吴晋　魂瓶　葬俗　佛教

魂瓶主要流行于三国东吴晚期到西晋时期，东晋初年的墓葬中已十分罕见，其流行区域也仅限制在浙江、江苏，安徽和江西偶有出土，并以越窑青瓷制品最为常见。其典型特征为主体罐上部堆附四只小罐或小罐之变体角楼，在颈腹间堆贴塑飞鸟瑞兽、门阙楼阁、仙佛人像、乐伎杂耍等题材，历来的研究者常称之为谷仓罐、魂瓶、堆塑人物楼阁罐等。魂瓶是六朝初期陶瓷制品中造型最为奇特、装饰最为繁复的古代工艺品，是两汉以来意识形态领域的丧葬礼俗中厚葬之风影响下的产物。同时，它也隐含着丰富的社会精神方面的信息和古代造物艺术的设计思想。南京市博物馆历年发掘的南京地区六朝墓葬大约有700余座，出土的各类魂瓶只有十余件。南京地区墓葬出土的魂瓶只发现于东吴、西晋时期，并且基本只出现于吴晋时期大中型墓葬中。

魂瓶从外形上来看可以分成上下两个部分，上部主要以堆塑装饰为主，下部为罐形身。上部的堆塑装饰比较难以在实用功能层面上加以利用，下部的罐身则是实用器中具有普遍意义的造型。罐本身有存储的功能，但是对于魂瓶而言，虽然整体造型上保留了传统罐的痕迹，但细节部分的设计却和存储功能相悖。魂瓶很多是上下一体无法打开的，同时部分魂瓶在罐身处开有小孔，也不符合存储时不漏的要求。因此从功能上来看，它是一种特殊的陪葬明器。

魂瓶上的堆塑大致可分为三类：动物形象、人物形象和建筑形象。动物形象有飞鸟、鱼蟹、鸡、狗、羊、兔等。人物形象主要有胡人、佛像等。其中出土于南京锅炉厂的一件“孝子送葬”魂瓶[1]，罐的肩部堆塑人物21个，其中一人头缠孝巾，跪倒在棺材前痛哭，顶礼膜拜，其他人物围绕在棺材四周，有的鼓瑟，有的吹笙，有的打鼓，姿态各异，似在为死者送葬，场景热闹非凡，反映了当时的丧葬习俗（图一）。

建筑形象是孙吴、西晋时期魂瓶上的重要装饰内容。从魂瓶的整体演变规律来看，有很强烈的屋宇化趋势，魂瓶上的建筑堆塑形象不断丰富、日渐复杂，并最终成为魂瓶上的主体堆塑。对于魂瓶上的建筑堆塑，国内学者有两种观点：一种认为是佛寺建筑的形象，另一种认为是当时吴地豪族地主庄园的真实形态。日本研究学者则认为魂瓶上的建筑堆塑很有可能表现了昆仑山上仙人居住的楼阁，这种表现手法反映了希望死者早日升仙的意愿。

魂瓶上常见的堆塑建筑形象主要有双阙和重檐屋门、楼阁院落、龟趺碑。

阙门建筑是中国古代特有的一种建筑形式，主要是表现阶层观念、地位等级。屋门、双阙与魂瓶的罐相连通，露出了可供进入内部的通道。这类建筑在孙吴早期已经出现，孙吴中期以后形态成熟并一直持续到西晋末年，南京地区出土魂瓶上的建筑内容基本保持这一特征。屋门和双阙有正面设置的，也有前后对称设置的，也有四面各有一组的。而阙的运用更为灵活，除了与屋门搭配出现外，还作为一种繁缛的装饰物成对出现于魂瓶上半部的各个位置。大部分双阙位于魂瓶肩部，最高则位于盖部顶端，虽然门阙的装饰采用了夸张的手法，但不论建筑造型还是装饰观念，基本上都继承了汉代的传统（图二）。《晋书·张轨列传》："初，汉末博士敦煌侯瑾谓其门人曰：'后城西泉水当竭，有双阙起其上，与东门相望，中有霸者出焉。'至魏嘉平中，郡官果起学馆，筑双阙于泉上，与东门正相望矣。至是，张氏遂霸河西。"阙门装饰的普遍应用，正是世家大族炫耀其权柄和声威的一种手法，也是吴地庄园建筑的真实写照。

孙吴晚期，随着魂瓶上的建筑堆塑不断发展，逐渐弱化"五罐"特征，开始变成在罐口加圆攒尖顶形或庑殿顶形盖，后来演变为单层或多层的塔式楼阁，一直持续到西晋末年。三国两晋南北朝是阁楼建筑的发展时期，出现了高高的阁楼式塔。有观点认为佛教在此期间传入中国，佛塔与阁楼建筑相互促进发展，为阁楼建筑的发展奠定了深厚的社会基础。

图一 "孝子送葬"魂瓶

图二 阙门建筑类魂瓶

在吴末至西晋早期流行一种四方院落形盖，将魂瓶的屋宇化推向高峰。这种院落平面呈四方形，中间为庑殿顶的多层或单层楼阁，周围一圈是高墙围绕的城垣建筑，在院落四角各有一个方形庑殿顶角楼，每角楼在对外的两面皆开一窗（图三）。魂瓶上的院落建筑与汉代特有的坞壁建筑非常接近，坞壁建筑实物现已不存，但其陶质模型在汉代墓葬中多有发现，其基本形制为内部有房屋，外部有墙围绕的方形城垣建筑，前后开门，门上和坞壁的四隅建有角楼。因此，结合其他考古材料可知，这种院落造型正是吴晋时期长江下游地区流行的豪强地主庄园的真实形态。这些魂瓶上所见的院落模型应该属于“门楼”。从当时的文献记载来看，“门楼”多指城门上所筑的楼。《三国志·吴书》卷四十六注引《江表传》：“（孙）策尝于郡城门楼上，集会诸将宾客。”一般的院落四角建楼的布置，至少在形式上还保留着古代防御性建筑的遗风。孙吴时期的“门楼”也是豪强地主赖以生存的地主庄园，防御性的加强和管理的军事化是这一时期地主庄园的显著特征，以适应东汉末期至孙吴时期战乱频繁的社会环境并保证豪强地主的奢华生活，也成为地方割据势力的军事堡垒。

龟趺碑是魂瓶上另一常见的堆塑形式，碑为尖首圭额形，上面大多刻划文字，有纪年、官职、祝福吉语等，为研究魂瓶提供了有效的信息。如江宁区下坊陈家山东吴墓出土一件魂瓶，魂瓶正中置一龟趺，上立圭形牌位，刻有“凤凰元年立长沙太守□作浃使宜孙子”字样（图四）。[2]墓碑在魏晋时期屡遭禁断，《宋书·礼志》指出，建安十年，魏武帝以天下凋敝，下令不得厚葬，又禁立碑；晋武帝咸宁四年，又诏曰“石兽碑表，既私褒美，兴长虚伪，伤财害人，莫大于此。一禁断之，其犯者虽会赦令，皆当毁坏”。但墓碑并

图三　四方院落形魂瓶

图四　龟趺碑魂瓶

未消失，“立碑之俗，不绝如缕”。《三国志·魏书·刘司马梁张温贾传》载：“青龙中，帝东征，乘辇入逵祠，诏曰：‘昨过项，见贾逵碑像，念之怆然。’”南方地区立碑也很常见，《三国志·吴书》卷五七注引《会稽典录》：“上虞女子曹娥，父溺江流，投水而死，立石碑纪，炳然著显。”《三国志·吴书》卷六四注引《江表传》曰：“朝臣有乞为恪立碑以铭其勋绩者，博士盛冲以为不应。孙休日：‘盛夏出军，士卒伤损，无尺寸之功，不可谓能；受托孤之任，死于竖子之手，不可谓智。冲议为是。’遂寝。”虽然遭反对而碑未立，但其理由并非节葬，而是因为无能无智，勋绩不足以立，言外之意，凡勋绩显赫者立碑纪之是很自然的事情。魂瓶上的龟趺碑就是当时流行的墓前立碑习俗的反映。

关于魂瓶是否标示墓葬等级关系这一假设，中外学者已经给予了高度的关注。大多数学者从墓室结构大小、随葬器物的质地和数量等方面对六朝墓葬进行了等级划分，谢明良先生在此基础上结合墓葬中出土的典型器物，进一步说明了它们也是辨别等级高低的符号之一，认为堆塑罐是吴晋时期官僚阶层用器。从南京地区考古出土有魂瓶的墓葬简报看，除江宁区淳化乡索墅砖瓦厂西晋墓墓葬后室在考古发掘前就已经损毁，后室残长只有2.86米[3]，其他墓葬最短的是4.46米，基本都在6~9米，江宁区科学园东吴墓的长度甚至达到20.16米[4]。可见魂瓶多出于大中型墓之中。此外，从魂瓶堆塑本身的工艺来看，其装饰繁复，各种堆塑、印贴需要熟练技巧的工匠才能完成，其工序一定相当复杂，制作成本很高，因此也不是一般平民所能拥有的。

佛教起源古印度，自汉代传入中国后绵延千年。作为外来宗教，佛教在传入之初就表现出外来文化与中国传统文化的碰撞，为求生存，其教义、佛像都与中国传统文化、宗教观念相结合，以实现在中国的传播和发展。佛教最初依附于中国的黄老神仙方术和传统的鬼神观念而发展，受地区的影响，各地表现佛教信仰的器物各具特色。

长江流域早期佛像的传播载体主要可分为三部分：长江上游与西南地区的佛像载体主要表现为摇钱树；长江中游地区的佛像载体主要表现为佛兽铜镜；长江下游地区的佛像载体主要表现为魂瓶。长江上游地区有最早的佛像、尖帽胡人像、白毫相人像，但早期佛像数量较少。到了长江中下游地区，佛像数量逐渐增多，年代逐渐变晚。因此，根据早期佛像在长江流域分布、演变的总体趋势，我们可以得出早期佛像是自长江上游顺江而下传播的结论。[5]

魂瓶是综合性明器的典型代表，尤其在长江下游地区早期佛教和道教的传播方面，魂瓶是不可忽视的研究对象。作为一种孙吴西晋时期江东世家大族的随葬器物，它反映了上层统治阶层的宗教信仰、社会生活和丧葬习俗，虽不具有广泛性，却是当时的社会主流，因而不少内容都可以从文献记载中找到对应，并进而阐释其文化内涵。魂瓶上的堆塑内容非常丰富，其中最为我们关注的是魂瓶上的佛像堆塑，它是研究佛教早期初传的实物见证。佛像在魂瓶上主要位于瓶上顶部、瓶肩口沿、瓶腹部。对于佛像在魂瓶上的堆塑位置，有一种比较普遍的看法，认为其最初贴塑于瓶腹部，与飞鸟、朱雀、鱼等混杂相间排列在一起，明显不受尊重，后逐渐上升至瓶肩盘口处，再升至瓶上部楼阁建筑中的“主神位置”，呈现一种上升的发展规律与逐渐受到尊敬和崇信的过程。

综观南京地区出土魂瓶上的佛像，其造型虽然粗糙，但姿态基本相同，都隐约显示出较单一的“禅定印”。佛像多结禅定印，趺坐于莲花座上，这一特征与汉末入吴地传法的三位高僧（支谦、安世高、康僧会）有一定的渊源关系，正是他们将禅法与禅定式佛像造型带到吴地并流传开来。早期佛像造型与道教神仙的造型共同出现在魂瓶的堆塑内容之中，这是佛教初传的表现之一。

吴晋时期魂瓶的佛像装饰源于佛教在中国的传播。两汉之际，佛教经由“丝绸之路”传入中国。《历代三宝记》卷四记载：“（窄融）大起浮图祠，以铜为人，黄金涂身，衣以锦彩。”又说“（东汉）孝桓帝世又以金银作佛形象”。表明早在东汉时期，随着佛教的初传，佛教造像便如影随形地出现了。目前所知最早的是1955年南京中华门外赵士岗吴凤凰二年（273年）墓出土的红陶飞鸟人物罐，贴塑“十二尊人像，拱手交叉胸前，作祈祷施礼的形象似为僧人”。吴晋时期魂瓶的佛像装饰，一般均为先模印佛像，然后贴饰于罐体的肩部或上方的近楼阁处。所饰佛像的数量多为一到三尊，少数的甚至多达七尊，均手结禅定印，身披通肩长衣，趺坐于莲花座上，多数佛像还见肉髻和背光。由于两汉时期黄老道家思想、追求长生不死的神仙方术，以及迷信和对天帝、鬼神、祖先崇拜及祭祀等巫占之风盛行，佛教传入中土后，为了吸引社会上层人士，自然要适应当时的意识形态。因此，佛教在汉魏、西晋时期，被视为黄老神仙方术的一种，依附于中国的原始道教，发展缓慢，在意识形态领域尚未得到后世那样的尊崇，这一局面到南北朝时期才发生翻天覆地的变化。此时佛像在魂瓶装饰上所担当的角色，一如道教的神仙，为的是让死者灵魂升天、羽化登仙。

在汉魏时期，佛教初入中原，经历了与中国传统文化的撞击与融合，终成为与儒道二者并驾齐御的“释”。统治者为了麻痹百姓，借助佛教的前世今生、因果报应等学说，迫使已经一无所有的百姓安于现状、修福来世。而苦难的人民需要精神寄托，这“装饰在锁链上的虚幻的花朵”给予他们朦胧的希望和慰藉。在这样的文化政治背景下，佛教得到极大发展，成了人民不论贵贱、贫富的共同选择。佛教宣传主要是利用佛经的翻译、解说和寺院、佛像的礼拜。而佛像作为佛教宣传的载体，在视觉和感觉上给崇奉者一种威严、慈悲、敬畏的心理冲击，使得佛教的发展更加深入人心。同时佛像造像也从早期的建筑、祭祀的依附地位中独立出来，丰富了中国雕塑的技艺手法和雕塑内容，成为一种具有独特魅力的艺术品。

南京地区出土的吴晋时期魂瓶，在中国明器发展史上具有异常突出的地位，对于研究当时的丧葬制度和社会生活的各个方面具有相当重要的意义，尤其是关于长江下游地区早期佛教的传播，魂瓶都是不可忽视的研究对象。作为一种孙吴西晋时期江东世家大族的随葬器物，它更多的是反映了上层统治阶层的宗教信仰、社会生活和丧葬习俗，也从侧面反映了长江下游地区豪门世族奢华生活的真实面貌。

注释：

[1] 戴慧婷：《褐釉孝子送葬魂瓶》，《博古珍赏——南京市博物馆精品集（二）》，南京市博物馆，2013年。

[2] 华国荣：《江苏南京江宁县下坊村发现东吴青瓷器》，《考古》1998年第8期。

[3] 周裕兴:《南京狮子山、江宁索墅西晋墓》,《考古》1987 年第 7 期。
[4] 王志高、马涛、龚巨平、周维林、许长生:《南京江宁上坊孙吴墓发掘简报》,《文物》2008 年第 12 期。
[5] 何志国:《论早期佛像在长江流域的传播——以汉晋考古材料为中心》,《东南文化》2004 年第 6 期。

明清时期的海上丝绸贸易

张晓平

（苏州丝绸博物馆　江苏苏州　215001）

内容提要：地理大发现导致东西方贸易成为现实，海上贸易的盛行导致白银的流入。白银的流入促使丝、绸之镇在明清时期有了突飞猛进的发展，丝银对流促成市场分工的不同。本文试由此探讨明清政府的对外开放政策是如何主导市场发展的。

关键词：海上丝绸之路　地域分工　城镇发展　白银流入

世界地理大发现源于一本书激起了西方人对东方世界的向往，它使欧洲人第一次知道了中国的印刷术、火药、指南针，第一次知道了除欧洲之外还存在广阔的天地及高度发达的文明，这本书就是《马可波罗行纪》。书中将东方描绘成遍地黄金的理想国，从而促使哥伦布开辟了新航线（1492 年，明弘治五年）。新大陆的发现又促进了麦哲伦的环球航行（1519 年，明正德十四年）。随着西方拓夺殖民地的运动开展，全球化贸易从此拉开帷幕。16～17 世纪，从中国到菲律宾、从马尼拉开往新西班牙（墨西哥）阿卡普尔科的商帆，除少数年份以外，都可以称之为“丝船”，因为船中载运的货物以中国生丝和丝织品价值最大，这就是著名的“大帆船贸易”。这种海上贸易已非陆地贸易可比，形成了横跨太平洋的“海上丝绸之路”。

一　海外贸易往来

众所周知，宋元时期的市舶司极大地推动了海外贸易，到了明朝，由于倭寇骚扰而实施海禁，阻碍了贸易的正常往来。明初设定的朝贡贸易政治意义大于经济意义，远远不能满足贸易需求量，致使走私盛行，在今天的江浙一带同样如此。“今直隶、浙江势豪之家私造双桅沙船，伺风越贩。”比如大家熟知的沈万三就是靠走私成为富豪的。[1] 朝廷的禁令没能有效落实，不但沿海的居民走私，官吏、驻军也参与其中。朝廷中对于禁或解禁，始终存在不同的看法。《明实录》洪武四年十二月乙未条记载：“上谕大都督府臣曰，朕以海道可通外邦，故尝禁其往来。近闻福建兴化卫指挥李兴、李春私遣人出海行贾，则滨海军卫，岂无知彼所为者乎。苟不禁戒，则人皆惑利而陷于刑宪矣。尔其遣人谕之。有犯者论如律。”

沿海地区地狭人多，许多官民都是靠海外贸易求生存的。同时很多人为了谋生漂泊到南洋，在吕宋岛建立起生丝市场。尽管朝廷有禁令，但仍阻挡不了人们出海谋生。冯璋的《通番舶议》载：“泉漳风俗，嗜利通番，今虽重以充军处死之条，商犹结党成风，造船出海，私相贸易，恬不畏忌。”后来朝廷也看到了海禁的弊端，逐步放开了海禁。毕竟出海贸易能够解决沿海居民的生存问题，军饷、国库也有了充实。

明朝中叶以后，弘治年间，明朝打破惯例，对朝贡使的附带货物也开始征收关税。“弘治间定，凡番国进贡内，国王、王妃及使臣人等附至货物。以十分为率，五分抽分入官，五分给还价值……如奉旨特免抽分者，不为例。”[2]到了正德年间，则允许朝贡使以外的民间船只进港，向他们征收关税，这已成了通常情况。正德十二年（1517年）五月辛丑“命番国进贡并装货舶船，榷十之二，解京及存留饷军者，俱如旧例，勿执近例阻遏”[3]。以上事例说明此时海禁政策已经松动，明朝政府不拒绝贸易往来并且开始征税，等于默认了往来的贸易。

清朝在康熙收复台湾之后，由于海外交通方便，丝绸、茶叶、瓷器大量出口。康熙五十五年（1716年），仅苏州一地出海贸易的船只“至千余”。随着中国商品的大量出口，也必然伴随着洋货的大量进口，乾隆年间，苏州城“山海所产之珍奇，外国所通之货贝，四方往来千万里之商贾，骈肩辐辏”[4]。在徐扬的《盛世滋生图》上可看到两家悬挂“洋货行”市招的店铺。随着苏州洋货业的发展，嘉庆中期还成立了洋货业“咏勤公所”。

二　朝廷对贸易往来的看法

隆庆元年（1567年），明廷允准福建巡抚涂泽民的奏请，部分废除海禁，准贩东西二洋贸易。因为明朝政府意识到“市通则寇转而为商，市禁则商转而为盗”。开禁设县通商之后数十年来，饷足民安。

万历四十一年（1613年），福建巡抚称：“愚民蹈利如鹜，其于凌风破浪，直偃息视之，违禁私通，日益月盛。”[5]为什么有这么多人甘愿冒巨大的风险跨海越洋呢？明末给事中傅元初说，吕宋等国“惟籍中国之丝到彼，能织精好缎匹，服之以为华好。是以中国湖丝百斤，值银百两者，至彼得价二倍”[6]。如此巨额利润，自然在所不惜。而且许多沿海村落是大家凑集资金一起投资的，一年的生计就在于此。

康熙十九年（1680年）二月七日，江南巡抚慕天颜疏称：“银之出于外国者无穷，而以有易无，流通不竭。从古海洋商舶之利，于民者莫大焉。往时江、浙、闽、广之富饶倍于他省，岂地产之独厚乎？要皆资于海外者源源而来也。渔盐之利既为沿海地方所固有，而洋货出入经其地，每有一本而获十利者，或一舶所载，货盈百千万缗。试问直省中富商巨贾连樯贸易有此满载重货轻本大利者乎，民安得不富。……臣思海舶通商诚有利益于民生。盖地产所出丝布药材等货原属平常之物，一至外国之金银岁入于我，百姓赖以充裕，赋饷赖以转输，岂非生财之大原。较之斤斤议节议捐不啻霄壤悬殊也。”

康熙年间，内阁大学士石柱考察广东、福建各地，返京后向康熙皇帝汇报见闻。康熙指出：“百姓乐于沿海居住者，原因可以海上贸易捕鱼之故，尔等明知其故，海上贸易何以不议准行？边疆大臣当以国计民生为念。”[7]

乾隆二十四年（1759年），李侍尧奏折：“外洋各国夷船到粤，贩运出口货物，均以丝货为重。每年贩卖湖丝并绸缎等货自二十万余斤至三十二三万斤不等。统计所买丝货，一岁之中，价值七八十万两，或百余万两。至少之年，亦买价至三十余万两之多。其货均系江浙等省商民贩运来粤，卖与各商行，转售外夷，载运回国。”[8]

从这些奏折中可以清楚地看到，当不存在外来危险时，朝廷还是以国计民生为重，并不是通常所认为的闭关锁国。贸易带来了财富，民生就安居乐业，赋税就不成问题，国库充盈了，天下何愁不太平，利国利民的结果何乐不为呢。

利玛窦在他的见闻中就精辟地指出：他们（指中国官员）已经听说，欧洲人以贸易为借口，征服了马六甲和印度。他们的猜疑并非全无道理，因此一当接到葡萄牙使节的申请时，他们马上禁止葡萄牙使节入境。但他们本身对财富是那样的盼望，以致他们不能完全约束自己对贸易的渴求。国家资金的岁入和从贸易中私人企业所得的利益，大到连地方官也很快地把猜疑心撇在一边。他们从未完全禁止贸易。[9]

三　贸易引起的地域分工

宋代时有谚语“苏湖熟，天下足”。到了明代中期，这个谚语却变成“湖广熟，天下足”。明初起江南的赋税特别重，由于蚕桑所得倍于稻田，农民依靠蚕桑勉强能应付沉重的赋税，于是植桑的面积自然扩大，稻谷相应减产，造成鱼米之乡缺米，粮食依靠外省进口的情况。崇祯年间，黄希完在《抚吴檄略》指出：“吴所产之米原不足供本地之用，若江广之米，不特浙属借以远济，即苏属亦望为续命之膏。”[10]雍正十一年（1733 年），浙江总督程元章奏：“窃查杭嘉湖之府属地窄人稠，民间多以养蚕为业，田地大半植桑，岁产米谷，除办漕运，既丰收之年，尚不敷民食，向藉外江商贩接济。”[11]

苏南地区的赋税历来是最重的，明代尤其如此。徐光启在《农政全书》中说道：“壤地广袤，不过百里之遥，农亩之人，非有加于他郡邑也。所由供百万之赋，三百年而尚存视息者，全赖此一机一杼而已。非独松也，苏杭常镇之币帛，嘉湖之丝纩，皆恃此女红末业，以上供赋税，下仰俯给，若求诸田亩之收，原必不可办。”[12]

明代吴地的民生是这样，清代的民生也是如此。清初侨寓苏州的著名学者唐甄在《潜书》里记载：“吴丝衣天下，聚于双林，吴越闽番至于海岛，皆来讪焉。五月，载银而至，委积如瓦砾。吴南诸乡，岁有百十万之益。是以虽赋重困穷，民末至于空虚，室庐舟楫之繁庶，胜于他所，此蚕之厚利也。”

不难看出，如果没有丝绸的巨额利润，太湖流域是难以应付如此重赋的，可以说五百年的赋税，全靠这一机一杼来担当的。各地的经济利益促成了地域的分工不同，贸易的兴盛加快了市镇的发展。吴江在弘治年间的三市四镇，嘉靖年间发展到十市四镇，康熙年间增加到十市七镇。江南市镇的发展在明代嘉靖、万历时期形成第一个高峰，数量约 300 个，到清代乾隆时期形成第二个高峰，达到 500 个左右。[13]

发现新大陆的这个契机，开辟了全球化的丝绸贸易。在巨额利润的驱使下，太湖流域的田地遍植桑树，使得原本的鱼米之乡要从外省调拨粮食来供应。丝、绸的贸易，促成了无数丝镇、绸镇的兴旺。太湖流域的市镇化正是这一历史时期的最好见证。

四　白银的流入

德国学者弗兰克在《白银资本》一书中说，在 16 世纪和 17 世纪，世界上三分之一的白银通过贸易流向了中国。[14]中国虽不盛产白银，但靠对外贸易的顺差，银币成为明朝流通最广泛的货币。16 世纪 80 年代，葡萄牙人每年约把 16000 公斤的白银输入中国。在明末的几十年间，日本共输出白银 5800 万两，其中大部分流入中国。由日本一方的记载可知，万历三十七年（1609 年），明朝有 10 艘商船开到萨摩，其中已知 3 艘商船船主为薛荣具、陈振宇、何新宇，光陈振宇船就装有缎、绸等丝织品 603 匹。[15]

白银的流入对于当时社会的影响，我们可从本国历史中得到佐证。万历年间，张居正全面实行“一条鞭法”，白银作为流通货币，取代实物的赋税。这是现代田赋制度的开始，具有划时代的意义。而正是因为贸易的巨额顺差带来了可观的白银，才使得一个缺银的国家有了充足的银流通量。“一条鞭法”的施行不仅限于田赋制度的改革，实乃代表了一般社会经济状况的各个方面。

据一些学者研究，自 16 世纪末到 17 世纪初，每年到吕宋的中国商船约有四五十只左右。[16]《马尼拉大帆船》的作者舒尔茨曾观察到：“每当中国人了解到马尼拉缺乏银元时，这一年来的船只就会减少。”[17]这无疑能有效避免遭遇市场无力支付的损失。

早期的葡萄牙人和西班牙人是运输白银的主要担当者。他们穿梭载货，把丝绸运往远方，把白银运往中国。葡萄牙人最乐于装船的大宗商品莫过于中国丝绸了，他们把丝绸运到日本和印度，因为那里是现成的市场。住在菲律宾群岛的西班牙人也把中国丝绸装上他们的商船，出口到新西班牙（墨西哥）和世界的其他地方。[18]

苏州昆山的周无逸是经营远洋生意的大佬。“远商巨舶至者咸以君为宗，一岁之间钱以缗计者及万缗，银以两计者及万两，随其用而品置之，执盘校筹毫厘不爽……至者日益众”。[19]不管是官方贸易还是民间走私，当时贸易量最大者都是丝绸，满载的船出去，回来装运的基本都是白银，那时中国对洋货需求甚少，以至于白银充斥了中国市场。

从现代全球化的视角来看当时的市场影响力，新大陆的发现打开了新的市场，把原本局限于日本和东南亚的国际贸易推向了新旧大陆。丝绸贸易量的大增，加快了中国江南一带市镇化的发展，促使了地域分工的形成。丝银对流的脉络清楚地告诉我们，原本看似孤立的事物之间也有着千丝万缕的牵连，市场这只无形的手改变了世界。尽管还有诸多疑问没有解决，诸如工业化何以没有出现在长江三角洲，但白银对这一地区乃至全国的经济影响是显而易见的。

注释：

[1]《吴江县志》：“沈万三有宅在吴江二十九都周庄，富甲天下，相传由通番而得。”
[2]《礼部·给赐番夷通例》，《万历大明会典》卷 113。
[3]《明实录》，正德十二年五月辛丑。
[4] 沈寓：《治苏》，《皇朝经世文编》卷 33。
[5] 史薛贞奏报，《明神宗实录》卷 513。
[6] 傅元初：《请开洋禁疏》，《天下郡国利病书》第 16 册。
[7]《内阁起居注》，康熙二十三年七月十一日。
[8] 李侍尧：《奏请将本年洋商已买丝货准其出口折》，《史料旬刊》第 15 期。

[9]（意）利玛窦、（比）金尼阁著，何高济、王遵仲、李申译：《利玛窦中国札记》，中华书局，2010 年。
[10] 黄希完：《抚吴檄略》，崇祯年间刊本卷 1。
[11] 程元章奏折，《朱批谕旨》第 52 册。
[12] 徐光启：《农桑广类・木棉》，《农政全书》卷 35。
[13] 范金民：《明清地域商人与江南市镇经济》，《中国社会经济史研究》2003 年第 4 期。
[14]（德）安德烈・贡德・弗兰克著，刘北成译：《白银资本——重视经济全球化中的东方》，中央编译出版社，2000 年。
[15]《异国日记》，卷 4。转引自木宫泰彦著、胡锡年译：《日中文化交流史》，商务印书馆，1980 年。
[16] 朱亚非：《明代中外关系史研究》，济南出版社，1993 年。
[17] 曹琳：《温和的拓殖者——明代华商在东南亚的商业经营活动》，《紫禁城》2010 年第 8 期。
[18] 沈定平：《论十六世纪至十八世纪中国与东南亚的贸易关系》，《学术研究》1987 年第 3 期。
[19] 郑文康：《周无逸墓志铭》，《平桥稿》卷 11，《文渊阁四库全书》。

浅谈《东园图》

裔中平

（金坛博物馆　江苏金坛　213200）

内容提要：名园时有兴废，在没有细致的文献研究之前，不大容易梳理它的来历，一篇园记、一轴画卷，无疑能带来极大的可信度和想象空间。本文以袁江、袁耀先后创作的《东园图》为例，探寻曾经盛名又永远消失的古代雅园，去了解它是如何产生，如何被绘于纸绢，又是如何消失于历史尘埃中的。

关键词：扬州《东园图》　乔氏东园　贺氏东园

清朝自康熙中期以后，随着圣祖皇帝推行“督河工、重农桑”的经济发展政策，大运河沿岸及黄河、长江中下游地区的农业生产得以迅速恢复，在扬州及江南一些城市首先形成商贸繁荣的局面。这里商贾云集、贸易发达、民生富庶，由此吸引并催生出一大批适应社会现状的文人阶层。他们一方面按商业需求大量“制作”书画作品、文学作品，另一方面在长期艺术实践活动中努力提高和完善自己的功力，形成独具一格的艺术风貌。袁江、袁耀以及“扬州画派”、“金陵八家”等众多书画名家，都是在这样的背景下脱颖而出。

出生于江苏扬州的袁江、袁耀叔侄（一说为父子）初时在画界尚不出名。他们先是以古代书画临摹入手，其后在市场经济需求下走上书画作品销售之路，从中探索出具有独特风格的绘画语言。袁江、袁耀先后创作的《东园图》，便是这样的时代产物。

清中期，在商业繁华的扬州附近，曾有几位商人先后营建了三座较为有名的“东园”，一座在天宁寺，一座在瘦西湖，还有一座在甪里村。袁江笔下描绘的东园，位于扬州城郊的甪里村，按照造园主人姓氏被称为“乔氏东园”。而袁耀随后所绘的东园则位于瘦西湖，被称为“贺氏东园”。

在中国封建时代，商业贸易虽然从未断绝，但因儒家思想理论一直占据统治地位，商人一直都受到社会主流的歧视。他们无论拥有多少物质财富，也必须与达官显贵、上层贵族和文人学士相联系、相往来，只有这样才能实现个人身份的转换，才能在社会上拥有较为尊贵的地位。

正是在这样的背景下，“乔氏东园”的主人乔国桢利用他与扬州当地官僚、文人们建立起来的千丝万缕的联系，开始宣扬自己营建的东园。康熙四十九年（1710 年）东园建成后，乔国桢即邀请当地官场和学界的名流陆续来到东园观赏，希望由他们创作颂扬的诗词文章。是年，主持两淮盐漕事务的高官曹寅被请到扬州东园，他对园中的美丽景致颇为赞赏，亲自为其中的八景命名，并各题诗文一首，合为《寄题东园八首》。扬州文人张云章则受邀撰写了《扬州东园记》，详细介绍该园的布局与景致，对园林的构景面貌和相关寓意都进行了描述。

为了继续宣扬东园美景，乔国桢又想到当时的学界泰斗王士祯，希望由他撰写一篇关于东园的文章。王士祯博学好古，能鉴别书画、鼎彝之属，精金石篆刻，诗词为一代宗匠，若是得到名士的评价，东园必当声名鹊起。王士祯年轻时曾在扬州任官，对扬州感情颇深，故爽快答应了题赞东园的请求。但是王士祯远在山东，不可能亲自去游览东园。正是由于这一特殊原因，乔国桢邀请袁江前往自己的私家园林，绘制实境《东园图》。

该图以工笔技法为主，采用传统的多点透视，由近及远。画卷右侧先以疏朗的郊外农田开局，之后为阡陌小路、商旅行人。图中部有板桥跨河连接，中央是一处平湖丘陵，水村环绕，茂林修竹。园林总体分为三路，以各式古典建筑构建起整个庄园，建筑之间再以长廊、拱桥、水榭、曲径相连；建筑空地之上则广植杂树，高低掩映，前后错落；散布各处的长松翠竹、梧桐海棠、绿柳红花共同衬托着古典建筑，营造出东方园林娴静而雅致的风姿。画卷后部，画家将视点汇集于乡间生活，牧童嬉戏，水牛悠闲，农家院落中有三五村人正忙于晒粮收获。画卷尾部则烟霭缭绕，景色空疏，将无尽的空白留给观者自己去遐想，充分展现了传统绘画以景布局、突出中心、虚实相间的创作技法。无论是前堂后馆、高楼水榭，还是花墙拱桥、曲径回廊，都采用典型界画形式，所有线条以界尺为规，用笔工整，横平竖直，几近完美，袁江绘画技巧高超不在话下，时刻流露出的“临泉之志，山野之情”或许才是这幅画的真谛。

《东园图》一完成，众人赞赏有加，但这只是园主为了求得王士祯文字的工具，能够使东园流芳百世的是王士祯这位一代宗师的文字，即使画匠画得再细致再精巧。

此后，乔国桢派门生携画卷赶往王士祯老家。年届 78 岁高龄的王士祯对《东园图》颇为欣赏，他在卷后题书慨叹：“乔君斯园，独远城市，林木森蔚，清流环绕。因高为山，因下成池，隔江诸峰，耸峙几席，珍禽奇卉，充殖其中，抑何其审处精详而位置合宜也！”随后，王士祯将《东园图》又转送自己的好友宋荦，曾经担任江苏巡抚、吏部尚书等职的宋荦也欣然命笔，于观图后写下《东园记》一文，使得该画卷被赋予更多的文化气息。

袁耀所绘《东园图》，即所谓的“贺氏东园”，位于江苏扬州的瘦西湖畔，是由旅居扬州的山西人贺君召出资修建。据清人李斗在乾隆晚期所著《扬州画舫录》记载，雍正年间，山西临汾人贺君召在扬州五亭桥以东一带营建一座私家园林，当时，贺氏命人在荒滩之上开辟园址，于湖中广种莲藕，建造了嘉莲亭，此处景致即成为“东园十二景”之一。乾隆九年（1744 年），为了纪此胜迹，贺氏邀请当时著名文人、画家到园中作客，由他们歌咏撰文、写生作画，当时的书画名家李鱓、金农等人均曾创作“十二景题”对联，使得贺氏东园声名鹊起，袁耀的《东园图》也随之享誉天下。

袁耀创作的《东园图》亦为园林景观。画面上水村别居，杨柳依依，荷塘拱桥，水榭楼台，其总体构图与绘画风格与袁江所作极为相似，有异曲同工之妙，反映了两人在艺术创作中的传承关系。袁耀作品与袁江作品的主要不同之处，是画面之上增加了较多人物，如文人学士、农夫市民，乃使全画更具人气，也更加接近写实风格。原因在于贺君召不赞同江南私家园林只是闭门自娱，索性将自己的园林向公众开放。

扬州乔氏、贺氏两座东园虽然建造精美，并且分别留下大量诗文和绘画图卷，但它们并没有得到最终保存。清咸丰年间，因太平天国农民军起义，大军曾途经扬州地区，对城内城外的众多建筑加以摧毁，两座东园和众多古典建筑在烈烈战火中均遭焚毁。如今，两座扬州东园虽然早已不复存在，但由袁江、袁耀两人创作的两幅《东园图》还保存于世，分别收藏于上海博物馆和江苏金坛博物馆。山水变迁，园已不见，唯有画卷留住了那藩篱外、流水畔、芳草青的园中风貌。

浅析海上画派的起源及其艺术特色

邓　健

（南京博物院　江苏南京　210016）

内容提要：中国绘画流派众多，海上画派是其中之一，在中国绘画史上有独特的地位。本文从海上画派的绘画艺术起源和发展、艺术特色及其在中国绘画史中的成就、“海派”绘画的沉沦与“新海派”的兴起等方面阐述了海上画派的艺术特色。

关键词：海上画派　起源　艺术特色

在中国千余年的绘画史上，曾出现津京画派、吴门画派、金陵画派、扬州画派、岭南画派、虞山画派、海上画派等众多流派。这些带有地域特点的画派都拥有才华横溢影响广泛的代表人物，其中不乏如吴昌硕、任伯年、倪墨畊、溥儒、金城、张大千、潘天寿、陈师曾、齐白石、傅抱石、关山月、李可染、陆俨少、刘海粟等杰出的近现代艺术大师。他们从中国画的传统美学出发，继承和发展了宋元南北二宗的绘画语言，以及明清时期“四王吴恽”（王时敏、王鉴、王翚、王原祁、吴恽）博采众长、寄情山水、师法自然“理、趣、气兼到”的画风，古今贯通、融汇出新，在中国绘画史上各领风骚。

海上画派是近现代画派中成员众多、影响广泛、画作丰富、人才荟萃、大师辈出、功力深厚、意境深邃、中西交融、兼容并蓄的最具时代特色的中国画坛主流画派，在中国绘画史上有独特的地位。

一　海上画派绘画艺术的起源和发展

纵观中国绘画史，一个画派的形成和发展与时代风貌密切相关，并与当时地域经济文化发展及历史人文脉络息息相关。历朝历代的繁华京师、商贸都会，既是培育具有地域特色画派的必要环境，也是书画艺术交流的重要通道和交易市场。如唐代时期的长安、洛阳，五代十国时期的南唐，都在中国绘画史上写下过辉煌的一页，留下了《韩熙载夜宴图》这样的传世瑰宝。北宋时的汴京（今开封）诞生了享誉世界的名作《清明上河图》。元代的江南文化中心临安（今杭州）诞生了国宝名画《富春山居图》。元朝末期苏州地区经济繁荣，取代了杭州地位，成为明代300年文人聚集的江南文化中心，繁华富裕的都市、发达的经济文化催生了名重一时的吴门画派。明末清初金陵商贸发达、人文荟萃，成为经济文化的重镇，在绘画史上也产生了以龚贤为代表的金陵画派。清初的扬州以盐业为中心，盐商聚居富甲天下，各地画家纷沓而至聚集交流，扬州画派就此产生。

鸦片战争以后，上海因五口通商成为全国最大港口城市。号称“海上银都”的上海，吸引了全国各地大批画家汇集于此。正如清代作家张鸣珂在《寒松阁谈艺》中所言：“自海禁一开，贸易之盛无过于上海一隅，而以砚田为生者，亦皆源源而来，侨居卖画。”据高邕记载，清末至民国时期活跃在上海地区的“海派”画家人数已达700人之多，在中国绘画史上盛况空前，人才辈出，举世瞩目。诞生于清末、鼎盛在民国时期的“海派”绘画艺术，以其众多的艺术大师、突出的艺术成就、独特的艺术风格和时代精神闻名于世，在中国和世界绘画史上建立了不朽的丰碑。“海派”绘画艺术也以其缤纷绚烂的色彩，为历史的画卷书写了辉煌精彩的一页。海派艺术在浩瀚的中国艺术史中如璀璨的明珠，散发着动人心魄的艺术魅力。

海上画派的形成和发展，与其处于晚清民国时期的特殊历史背景及经济文化环境有着不可分割的联系。鸦片战争以后，帝国主义用坚船利炮打开了中国的大门，终结了清朝闭关自守的局面。五口通商及租界的设立，也开拓了上海优越的经济文化发展空间。但是，晚清民国时期的中国正处于国势衰弱之际，西学东渐与中华大地创新求变之风激荡着已不符合时代潮流的委婉柔美、儒弱娟秀的传统画风，追求刚健遒劲的绘画风格成为时代的要求。创新求变的社会思潮直接影响了人们的审美观和价值取向，尤其给对社会风尚和审美情趣变化最为敏感的绘画艺术界带来了一股变革创新之风。在这样的时代背景下，“海派”绘画应运而生。

绘画艺术作为上层建筑，必然有与之相适应的经济基础。上海以其优越的经济环境和繁华的艺术市场，如磁石般吸引了全国各地的优秀画家，尤其是受清末太平天国战乱影响最严重的江浙地区的大量画家流寓上海。据《海上墨林》一书记载，这一时期涌入上海地区活动的画家约有500余人。因此也可以说是太平天国催生了“海上画派”的诞生。这一时期最早进入上海的画家是张熊，字子祥，浙江嘉兴人，他擅长画花卉，画作妩媚华丽又端庄典雅，首开海上画风之先（图一）。同样来自嘉兴的画家周闲，字存伯，所作花卉丰腴美姿，其书法出自魏碑，颇具金石气（图二）。来自吴江的王礼，字秋言，画风清秀，构图新颖，素为张熊所推重（图三）。他们都以师法自然、重视写生而闻名于大江南北。张熊画风华贵，周闲画风丰美，王礼则画风遒劲，三人以不同的艺术个性和艺术风格共同构筑了扬名中外的海上画派，成为“海派”绘画的先驱。继承和发展“海派”绘画艺术先有朱偁（字梦庐），后有任颐（字伯年），他们成为“海派”集大成者。之后又有“海派”大师吴昌硕，以独特绘画风格和风靡画坛的杰出成就成为“海派”的领军人物。清末还有“海派”画坛名家胡远（字公寿）、钱慧安（字吉生）、杨伯润（字佩甫）、吴谷祥（字秋农）、吴石僊、吴大澂等，他们的绘画创作一直延续到民国时期。整个民国时期到新中国成立初期，张大千、徐悲鸿、黄宾虹、吴湖帆、朱屺瞻、谢稚柳、林风眠、唐云、江寒汀、刘海粟、程十发、陆俨少、王个簃、丰子恺、赵云壑、陶冷月等大批“海派”名家涌现，成就了民国时期“海派”画坛万紫千红的盛世景象。

图一　张熊《富贵长春图》

图二　周闲《榴石萱花图》

图三　王礼《紫薇双鹊图》

二　“海派”绘画的艺术特色及其在中国绘画史上的成就

特殊的时代造就了“海派”绘画的辉煌，也赋予“海派”绘画的时代风采。“海派”绘画艺术在继承中国画传统的基础上推陈出新，在中国绘画史上取得了杰出成就。

1. 创造了继承与发展、传统与创新、生活与艺术高度统一、具有时代精神的新画风

清末民初上海地区门户开放、商贸活跃、市场繁荣，已成为戏剧、绘画、文化教育各方人才汇聚盛极一时的经济文化中心。南北画坛各流派交汇，画家群体在继承中国传统绘画的笔墨章法的文人画基础上，更提倡创新求变，贴近平民阶层。因此，在明清时期文人传统水墨技法为主导的画法基础上强化色彩的交融，更强调画家探索自然深入生活，“师法自然”作为创作原则，把写生作为绘画创作的重要手段，取得了丰硕的艺术成果。例如“海派”绘画大师程璋，字德璋，以生动活泼、充满自然情趣名扬画坛。他的动物画无论松鼠、白兔、梅花鹿还是蝴蝶、小猫、游鱼无不富有情趣，画面往往情景交融生动逼真。“海

派”绘画已突破“四王吴恽”为主的宫廷体正统画派的束缚脱颖而出。在中西文化急剧碰撞中诞生的“海派”，坚持民族主义的中国画传统精神，又不墨守成规、坐井观天，他们的画作体现了崇尚自由、回归自然、关怀民俗的人文精神。这方面也可以从另两位“海派”最具影响力的绘画大师朱偁和任伯年的画作上充分体现出来。朱偁的画轻灵、爽朗、墨彩并用，凝艳而无宋元画的脂粉气，画风温煦脱俗极富情趣，兼张熊之工细及王礼之豪放（图四）。另一位以人物画为主的“海派”绘画大师任伯年，自1868年赴上海即投入张熊门下，其画风刚劲浑厚而不失秀丽清雅，所绘人物惟妙惟肖、栩栩如生，个人风格堪称刚柔相济、遒劲华美，乃晚清“海派”人物画之杰（图五）。吴昌硕可称“海派”绘画的一代宗师，他对于“海派”在中国绘画史上所奠定的历史地位有重大贡献，被誉为“海派”栋梁及领军之帅，与虚谷、蒲华、任伯年并称“清末海派四杰”（图六、图七）。吴昌硕在“海派”中创立了“金石书派”，以其深厚的中国书法底蕴，在历史悠久的传统中国画中注入了独树一帜的书法元素，并把书法的金石古韵在绘画中发挥到极致，使人感到画面上的金石之气力透纸背，达到“书中有画，画中有书”，书画交融、淋漓尽致的神奇境界（图八）。吴昌硕在“海派”绘画中有如此崇高地位和深远影响，固然与他极深厚的书法涵养和篆刻功底有关，尤其是中国古代石鼓文书法所给予的启迪，另外“海派”艺术大师任伯年刚健浑厚、融汇古今、神形兼备的画风也给了吴昌硕重要影响。“金石派”成为“海派”不可分割的组成部分，在中国绘画史上占有重要地位。吴昌硕在“海派”创立的金石画风，不仅深深地影响了朱屺瞻、赵叔孺、王震、黄宾虹、赵云壑、王个簃、唐云等“海派”名家，而且影响远及“海派”以外如齐白石、李苦禅、潘天寿这些名扬中外的画坛艺术大师。

图四　朱偁《花卉蔬果图》

图五　任伯年《人物》

图六　虚谷《秋菊图》

2. 继承中国画优秀传统的基础上吸取西洋文化精华，开创中国画多元化新格局

“海派”绘画开创了中国画笔墨技巧与西洋画写实色彩、光影透视手法的融会贯通，形成了中国画坛百花争艳的繁荣景象。这方面人才辈出，佼佼者中有清末的任伯年、程璋，民国时期的徐悲鸿、张大千、林风眠、汪亚尘、刘海粟、陶冷月等“海派”名家。他们在传统中国画基础上融入了西洋画的透视、光影、明暗对比等技法，画面上注入了西洋文化的元素，在中国画雄健浑厚秀逸清雅中透露出华洋荟萃、古今交汇的多元化画风，体现出“海派”绘画兼容并蓄海纳百川的开放心态。“海派”画家中如徐悲鸿、刘海粟、林风眠等都有留法习画的经历，程璋、刘奎龄、陶冷月等都精通透视、光影等西洋画技巧。随着清末民初的中西文化交流，西方绘画中的洋红新颜料以及解剖学等知识的传播，十里洋场的上海更成了中西方文明交汇的中心。因此，西方文明的影响是形成海上画派的重要条件，我们可以从“海派”大师的传世杰作中感受到西方文明的踪影。如程璋的动物画（图九）、徐悲鸿的奔马图（图十）、林风眠的人物画（图十一）、陶冷月的山水画（图十二），都受到了透视、明暗对比、光影色彩、解剖等西洋画法与造型艺术的影响。“海派”绘画吸收了西洋绘画技法，革新了中国绘画中宋元绘画的格律正统的宫廷体画风，以及明清时期统治中国画坛的“四王吴恽”为代表的雍容端雅的传统主义文人画，强调创新求变、推陈出新、兼容并蓄、雅俗共赏的时代精神，涌现出如应野平（山水画家）、丰子恺（简笔画家）等一批富有自然情趣和人文色彩的“海派”名家。他们的画作更具有时代感，更符合广大民众的审美情趣。“海派”绘画的崛起和发展为中国绘画史增添了无比灿烂的历史篇章。

图七 蒲华《水阁联吟图》

图八 吴昌硕《赤城瑕》

图九 程璋《花鸟》

图十 徐悲鸿《奔马》

图十一　林风眠《仕女》

图十二　陶冷月《寒月听松图》

三　“海派”绘画的沉沦与“新海派”的兴起

“海派”绘画在清末创立和发展，民国时期进入鼎盛时期。虽然民国时期仍秉承晚清“海派”画风，但画家笔墨涵养更精深、文化素养更丰厚、视野更宽广，无论金石派、写实派或工笔、写意都能融汇古今贯通中外，大师辈出，出现了名震中外的“海派四杰”吴湖帆、吴徵、吴华源、冯超然（图十三～图十六）。

及至新中国成立以后，“海派”绘画逐渐衰落，仅有徐悲鸿等少数“海派”画家仍活跃在画坛。20世纪50年代经历了“整风”、“反右”等一系列政治运动，海上画派被作为封建主义、资本主义的“山头”加以讨伐并一举铲平。又经历了“文革”时期的十年浩劫，“海派”更受到毁灭性打击，终于曲尽人散销声匿迹。

粉碎“四人帮”后，邓小平提出改革开放、拨乱反正，各行各业都呈现了蓬勃发展的繁荣景象。“海派”画坛春潮涌动，迎来了欣欣向荣的新时期。朱屺瞻、刘海粟、谢稚柳、唐云、汪亚尘、程十发、王个簃、应野平等民国时期已极负盛名的“海派”画坛大师，重现师法自然、古今相融、博采众长、开放豁达的画风，以耄耋之年奋笔作画。山水、人物、花鸟、虫草等广泛题材，都显示出“海派”笔墨雄厚功力、广纳百川的博大胸怀，可以从这些作品中感受到动人心魄的“海派”艺术感染力。新时期以这些“海派”宗师为核心，聚集了一批如杨正新、吕大伟、蔡天雄、陈无忌等为代表的继承“海派”传统又具有鲜明时代精神的中青年杰出人才（图十七～图十九）。他们在上海画坛构筑起“新海派”的画家群体，正在中外画坛上发出时代的强音，产生广泛的影响。即使像陈逸飞、陈丹青这样的上海出生有留洋背景的画家，在他们以油画为主的画作中，我们仍可感到“海派”刚柔相

图十三　吴湖帆《松溪亭榭图》

图十四　吴徵《溪山策杖》

图十五　吴华源《九华秋净图》

图十六　冯超然《竹荫高士图》

图十七　杨正新《锦鸡图》

图十八　吕大伟《河塘鸭禽》

济、秀雅俊美的风韵，隐约透出了“海派”土壤——上海的故都气息（图二十）。

我们期待“新海派”的崛起，为中国绘画史写下浓墨重彩的新篇章。正如宋代诗人杨万里《桂源铺》诗：“万山不许一溪奔，拦得溪声日夜喧。到得前头山脚尽，堂堂溪水出前村。”

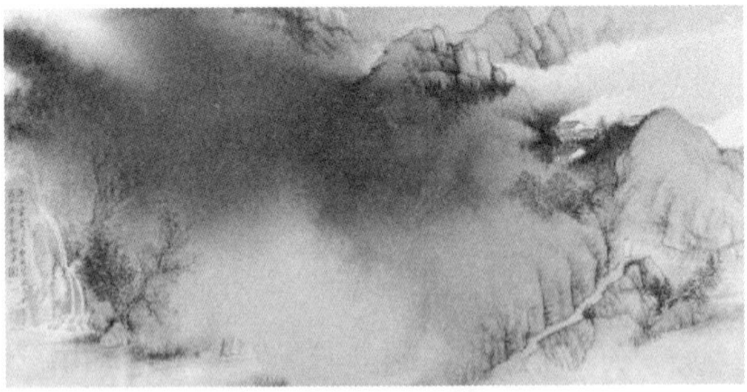

图十九　陈无忌《溪山云漫》

图二十　陈逸飞《周庄》

参考文献：

1. 苏高宇：《海上风光》，《保利通讯》2005 年 10 月第 1 期。
2. 石允文：《中国近代绘画概述》，《晚清民初水墨画集》，台湾历史博物馆，1997 年。
3. 《华辰拍卖》图录，2002 年。
4. 《瀚海拍卖》图录，2005 年。
5. 《西泠印社》图录，2007 年。
6. 《嘉德拍卖》图录，2003 年。
7. 《天津文物》图录，2005 年。
8. 《泓盛拍卖》图录，2008 年。